디자인씽킹

제품과 서비스개발을 위한 혁신적 문제해결방법

두번째 디자인씽킹 저서 발간에 즈음하여

디자인씽킹은 현재 세계적인 추세로 빠르게 확산되고 있다. 저자들이 2016년 첫 번째 디자인씽킹 책을 출간한 이래 국내에서도 많은 도서가 잇따라 출간되어 다양한 시각으로 디자인씽킹을 바라볼 수 있는 계기가 마련되었다. 특히 비즈니스 분야에서 여러가지 저서가 출판되고 있으나 일반적인 분야, 예컨대, 의료 분야, 조직개발 분야, 교육훈련 분야, 공학 분야 나아가 제품, 서비스 개발 분야에서는 우리 실정에 맞는 도서를 찾기는 쉽지 않다.

본서는 상기 분야에서 다년간 교육훈련, 컨설팅, 워크숍, 교과목 운영, 그리고 캠프 등을 해온 저자들의 경험을 통해서 얻은 자료를 많이 수록하려고 노력하였다. 이를 위해 저자들은 그동안 국내외에서 개최된 다수의 국제대회. 국제학회 등을 참가하면서 디자인씽킹 워크숍을 수행하고 학습한 경험을 바탕으로 본서가 글로벌 수준의 디자인씽킹을 다루는 저서가 되어 기존의 책들과 차별화 시키고자 시도하였다.

오늘날 우리 사회는 제반 분야에 걸쳐 과거와 단절하고 새롭고 또 다른 새로운 시작을 절실히 요구하고 있다. 여기에 필요한 역량이 바로 변화와 혁신을 추구하는 이노베이션 능력으로 그 대상은 예컨대 정치, 경제, 사회, 문화 그리고 기타 등 전 분야가 해당된다.

이노베이션의 시발점은 바로 생각하는 방법에서부터 나온다. 이를 위해서 밟아야 할 필요단계는 인간중심의 공감하기, 고객에 대한 통찰과 니즈파인딩을 통한 근본원인과 행동패턴을 찾아내는 문제정의하기, 개인이 아닌 다수가 팀으로 아이디어와 솔루션을 내고, 실패를 조기에 많이 경험함으로써 학습을 통한 이노베이션을 추구할 수 있다. 그리고 그 방법론은 디자인씽킹 프로세스가 제공하고 있다.

디자인씽킹은 공학설계와 같은 정형화된 프로세스라기보다는 보다 유연한 접근이 가능한 방법론이다. 또한 대부분의 자료가 오픈 소스로 공개되어 있다. 그런데 그 소스가 오픈되었다는 것과 프로세스가 단순하다는 것만 가지고는 쉽게 학습하고 실행하는 것이 가능하다고 보기는 힘들다. 왜냐하면 디자인씽킹의 프로세스를 자유롭게 활용할 수 있으려면 많은 실습과정이 필요하기 때문이다. 즉, 디자인씽킹 프로세스를 자유자재로 활용할 수 있는 방법은 많이 해 봄으로써 몸에 체화시키는 것이다. 대상에 구애받지 않고 많은 경험을 쌓는 것이 디자인씽킹을 자기 자신, 팀과 조직, 제품 개발, 서비스 개발을 위하여 그리고 사회와 인류를 위해서 사용할 수 있는 지름길이다.

이 책에서는 저자들이 그간 학습하고 또 경험한 다양한 사례와 문헌조사를 통해 얻은 자료를 소개 하였다. 비록 모든 우수한 사례를 총 망라하지는 못했지만 가능한 다수의 사례와 구체적인 절차 그리고 방법론을 소개하려고 노력하였다.

본서가 "제품, 서비스 개발 분야에서부터 사회를 혁신하는 체계적 방법론"으로 활용하는데 도움이 되었으면 좋겠다고 생각한다. 우리 사회가 그간 여러가지 다양한 방안으로 변화와 혁신 즉 이노베이션을 시도해 왔지만 여기 소개하는 디자인씽킹이란 새로운 방법론은 분명히 기존과 다른 성과를 내는 기회를 제공할 것이라고 확신한다.

모쪼록 본서 디자인씽킹이 여러분들에게 혁신에 이를 수 있는 통찰을 제공해서 우리 사회가 좀 더 밝고 경쟁력 있게 재탄생하고 나아가 미래 지향적 가치를 창출하는데 기여하기를 작으나마 보탬이 되고자 간절히 기원한다. 끝으로 본서를 출판하는 가디언북의 이상령대표에게 깊은 감사를 드린다.

2020. 01. 01.

저자 일동

Design Thinking

차례

Design

1

이노베이션과 디자인씽킹

Thinking

Design Thinking

1.1

역사에서 배우는 이노베이션

<국가 재건을 위해서 에디슨으로 부터 배우자!>라는 운동은 그의 탄생 150주년이 되던 1897년 미국에서 일어난 사회혁신 운동이었다. 토마스 에디슨은 <발명계의 나폴레옹> 또는 <멘로 파크의 마술사>라고 불리며, 1,000여개 이상의 발명을 통해서 미국 사회 전체의 부를 10% 가까이 창출한 슈퍼맨이었다. 에디슨은 <미래를 향한 안내자>라고 불리면서 깊은 사색과 고뇌를 통해 <아이디어 조종사>로서 시대를 리드한 사람이었다.

토마스 에디슨은 전구를 발명하고, 이와 동시에 전기 관련 산업 전반 생태계를 개발하였다. 다시 말해 에디슨의 전구는 대표적인 발명품으로 세간에 알려졌지만, 전기를 만드는 발전시스템과 전기를 보내는 송전시스템을 그가 개발하지 아니했다면, 전구는 단지 촛불을 대체하는 수단에 불과했을 것이다.

에디슨의 천재성은 단순히 하나의 발명품을 개발하는 것이 아니라, 이 발명품과 연관되는 전체 시장까지도 동시에 다루었다는 사실에 있다. 에디슨은 항상 자신이 개발하는 발명품을 사람들이 어디에 또 어떻게 사용하는지를 예측하였는데, 이것이야 말로 고객욕구에 부합하는 니즈 파인딩을 함께 한 것이다. 나아가 그는 기존의 발명품을 개조하여 또 다른 발명품으로 개발하였다. 물론 그의 선견지명도 항상 옳은 것만은 아니었다. 예를 들어 그는 원래 축음기가 음악 감상보다는 녹음하고 재생하는 용도로 주로 쓰일 것이라 예상했었다.

그는 사용자들 즉 시장이 필요로 하는 것과 선호하는 것이 무엇인지에 대해서 깊이 생각하였다. 시대의 흐름 즉 고객의 니즈를 파악하기 위해 매일 여러 종류의 신문들, 주간지, 월간지 등을 자신의 탁월한 속독을 통해 꿰뚫고 있었고, 그 자신이 신문 등 메스미디어에 추후 트렌드를 지속적으로 소개하였다.

이러한 에디슨 식 연구개발은 오늘날 "디자인씽킹"(인간중심적 혁신 활동)이라고 하는 방법론의 원조에 해당된다. 에디슨의 연구사례를 살펴보면 특정 제품이 만들어지고 포장되고 홍보되고 판매되는 관리 방식 이전에 먼저 선행되어야 할 것이 있다. 사람들이 '무엇을 원하며 필요로 하는지'와 '무엇을 좋아하거나 싫어하는지'에 대한 심도 있는 이해가 선행되어야 한다. 인간에 대한 깊은 이해야 말로 성공적인 혁신의 전제조건이고 이것은 직접적인 관찰, 인터뷰 그리고 고객으로서의 체험 등을 통해서 얻어질 수 있다.

에디슨의 가장 위대한 발명품은 <연구 및 개발 실험실>과 <실험적 연구방법론>이다. 그는 실패를 통해서 학습하는 것이 연구개발의 기본이란 것을 누구보다 잘 알고 있었다. 실패를 하지 않으면 학습이 안된다는 것을 누구보다 잘 투시한 에디슨은 실패를 환영한 유별난 과학자로 더욱 유명하다.

나아가 그는 좁은 분야에 특화된 과학자라기보다는 예리한 비즈니스 감각을 가진 만능인이었다. 뉴저지(New Jersey)에 있는 그의 멘로 파크(Menlo Park) 실험실에는 재능 있고 능숙한 제작자, 즉흥적인 아이디어 발상자, 그리고 뛰어난 실험담당자들로 구성된 팀이 함께 연구를 해 왔다. 실제, 그는 "외톨이 천재 발명가"라는 고정관념을 탈피하여 혁신을 위한 팀 기반 접근법을 창안하고 실천한 당사자였다. 에디슨의 전기작가(傳記作家)는 이 흥미로운 팀이 즐거운 우정을 나누었다고 기술하지만, 이 팀의 연구과정은 끊임없는 시행착오의 연속이었다(그 유명한 에디슨이 내린 천재의 정의처럼 "1%의 번쩍이는 아이디어와 99%의 땀"이 바로 천재를 보통 사람과 구분한다고 강조하였다). 그의 방식은 이미 있는 가설을 입증하는 것이 아닌 실험자가 계속해서 실패를 거듭하며 새로운 지식과 정보를 습득하는 데 있었다.

혁신은 힘든 작업이다. 그러나 에디슨은 이 혁신을 예술, 기술, 과학, 비즈니스, 그리고 소비자와 시장에 대한 뛰어난 직관력을 결합하여 새로운 일자리 즉 직업으로 만들었다.

디자인씽킹은 이러한 에디슨식 전통을 이어 받은 적통자라고 할 수 있다. 디자인씽킹은 디자이너의 감수성과 방법론을 동원하여, 현재의 기술과 비즈니스 전략으로 고객 및 시장의 가치를 창출할 수 있는 범위 내에서, 사람들의 필요와 욕구를 충족시키는 데 사용하는 방법이다. 따라서 에디슨의 피나는 노력이 담긴 혁신 과정처럼, 디자인씽킹을 통한 혁신 또한 엄청난 노력이 필요하다.

대부분의 경영전략을 비용 없이 모방할 수 있고 최고의 성공사례를 도입할 수 있는 오늘날, 디자인씽킹이야 말로 비즈니스 세계에 큰 공헌을 할 수 있다고 믿는다. 오늘날 조직을 경영하는 리더들은 혁신이야 말로 차별화와 경쟁력 강화의 원천으로 보고 있으며, 혁신 과정의 모든 단계에 디자인씽킹을 결합하고 적극적으로 활용하는 시도를 하고 있다. 여기서 말하는 조직에는 정부(중앙정부 및 지방정부) 기관, 대학, 병원, 사회적 조직들 그리고 그 밖의 제반 기업들을 포함한다.

SK그룹 최태원 회장, 2019.10.18

CEO는 결정권자, 책임자로만 인식됐지만 앞으로는 근본적인 혁신을 위한 '수석 디자이너' 역할을 해야 한다고 주문했다. CEO들이 그동안 관행에서 벗어나 창의적으로 문제해결을 할 수 있는 '디자인 사고'가 필요하다는 점을 강조한 것이다.

사람들이 가진 이면에 숨겨진 욕구를 파악하자

역사적으로 보면 새로운 문명의 시대는 신기술과 사고방식의 전환과 함께 찾아왔다. 우리는 오늘날 역사상 그 유례가 없는 격변기를 통과하고 있다. 즉, 기술의 급격한 발전으로 변화의 주기가 짧아졌고, 빠른 기술변화로 말미암아 제품의 생명주기도 짧아지고 있다. 나아가 고객의 니즈는 지금까지와 전혀 다른 패턴으로 바뀌고 있다. 즉 자고 나면 우리는 또 하나의 다른 새로운 시대를 맞이하며 살아가고 있는 것이다. 세상은 현재 진행 중인 AI(인공지능) 혁명이, 이끌고 있는 제 4차 산업혁명 때문에 '발견의 시대'에서 '실행의 시대'로 바뀌었고, '전문지식의 시대'에서 '데이터의 시대'로 재빠르게 진입하고 있다.

그 결과 지금까지 유용하였던 종래의 산업구조도 전면적으로 전환을 하지 않으면 안 되는 상황에 이르렀다. 끊임없이 개발되는 신기술을 활용하고 사람들의 욕구를 파악하며 새로운 제도를 만들고 또 사회변화를 예측하면서 미래의 신상품을 기획하고 개발하는 일이야말로 그 어느 때보다 중요하게 되었다. 따라서 거의 모든 분야에 걸쳐 새로운 지식과 서비스의 창출이 최우선 목표가 되고 있다.

오늘날 도래한 4차 산업혁명 시대 모든 분야는 예상되는 문제를 새로이 발견하고 문제 해결을 위한 새로운 해법들을 모색하여야 하는 시대인 것이다. 그런데 새로운 방식으로 문제를 발견하고 해결하기 위해서는 총체적이고 시스템적으로 조망하면서, 체계적으로 분석하고 종합하며 창조적이고 혁신적으로 접근하려는 노력이 필요하다. 즉 전체의 정합성을 추구하며 부분을 최적합하게 만들어야 할 뿐만 아니라 실행 가능하면서도 혁신적인 문제해결 방법을 찾아야 한다.

기술 변혁의 시대에 혁신은 기술 분야에만 국한되는 것이 아니다. 그대신 우리가 사물을 바라보는 방식, 맥락이나 현상 속에서 문제를 발견하고 문제를 해결하는 방식으로까지 혁신이 확대되어야 한다. 이같이 창조적 이노베이션이 요구되는 시대에 디자인씽킹이야 말로 이를 추진하는 방법으로 활용할 수 있다. 사물이나 현상을 체계적으로 보는 "시스템적 사고", 실행 주체인 사람들의 "팀 협력", "관찰과 프로토타입", 그리고 "실패를 수용하고 또 환영하는 것"을 중시하는 디자인씽킹이야말로 개인, 팀 그리고 조직이 추구하는 이노베이션으로 가는 지름길이다.

1.2

이노베이션이란 무엇인가?

21세기의 화두라 할 수 있는 이노베이션(innovation)[1]은 도대체 무엇을 의미하는가? 만일 우리가 이노베이션이 무엇인가에 대한 답을 정확하게 얻을 수 없다면, 우리나라 및 세계 여러 나라들에서 도전하는 수많은 과제들을 해결하는 "이노베이션"을 해낸다는 것은 불가능하다. 따라서 이노베이션이 무엇인가를 정확하게 정의하고 출발하는 것은 반드시 필요하다.

이노베이션은 영어의 'New'에 해당되는 라틴어 'Novus'에서 유래한다. Novus는 신성 폭발(新星爆發: 새로운 위성이 폭발하는 것)을 뜻하는 영어 단어 'Nova'의 어원이다. 결국 어원적 의미에 비추어 볼 때, 이노베이션이란 새로운 별의 폭발이 일어나는 정도로 혁신적이라는 의미를 가지고 있다.

이노베이션은 Nova 즉 신성폭발에 비견될 만큼 파괴적인 영향력을 가져야 할 뿐만 아니라 또한 지속적으로 진행되어야 한다. 이를 다시 말하면 이노베이션은 "파괴적일 정도로 세상을 변화시킬 뿐만 아니라 나아가서는 지속성도 가지고 있는 변화"를 의미한다.

---

[1] '이노베이션'을 보통 '혁신'으로 번역하여 사용하지만, '이노베이션'에 내포되어 있는 뜻의 일부만을 '혁신'은 포함하고 있다고 보고 이하 '이노베이션'으로 표현한다.

우리나라에서는 이노베이션을 흔히 "기술혁신"으로 옮기고 있다. 기술혁신이라는 말은 단지 작은 개선이라는 의미로 통용되고 있기 때문에 이노베이션이 뜻하는 의미의 일부만 포함하고 있다. 그러나 실제 이노베이션은 마치 새로운 위성이 폭발하는 것과 같은 정도로 근본적인 변화를 일으키는 것이다.

정보기술(IT) 분야에서는 "무어의 법칙"이 있다. "반도체 메모리 칩의 성능 즉, 메모리의 용량이나 CPU의 속도는 18개월에서 24개월마다 2배씩 향상되며, 컴퓨팅 성능은 18개월마다 2배씩 향상되고, 컴퓨팅 가격은 18개월마다 반으로 떨어진다."는 내용이다. 이는 65년 전 인텔의 공동창업자 중 한 사람인 고든 무어가 발표한 것이다. 무어의 법칙에 의하면 결국 컴퓨터의 연산능력은 10년이면 백배가 되고 20년이면 만 배가 되기 때문에 정보기술(IT)은 폭발적인 발달을 하게 된다는 것이다. 그의 이 같은 주장은 투자를 불러오게 되었고 이노베이션 사이클을 탄생시키게 되었다.

이노베이션을 일으키는 아이디어의 필수조건으로는 본 적도 들은 적도 없는 것, 실현 가능한 것, 그리고 세상에 센세이셔널한 반향을 일으킬 정도의 것이어야 한다.

이노베이션을 일으키는 아이디어의 필수조건에 대한 구체적인 사례로 주변에서 흔히 사용하는 제품의 하나인 USB(메모리)를 들 수 있다. USB는 컴퓨터에 주변기기를 접속하기 위한 단자기술에 해당된다. 그런데 USB라는 단자자체를 사용한다는 것을 과거에는 아무도 생각하지 못했다. 실제로 오늘날 우리가

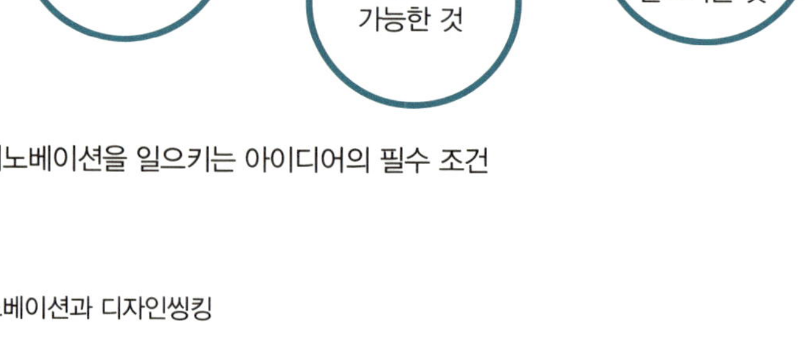

그림 1.1 이노베이션을 일으키는 아이디어의 필수 조건

사용하는 USB 상용화의 편리성과 간편함은 마치 콜럼부스의 달걀에 견줄 만한 발상의 전환이 아니었다면 누릴 수 없었을 것이다.

실현 가능성이라는 측면에서 보면 단자기술을 실제로 '제품과 서비스'에 접목시켜 이를 유용하게 변환시키는 데 현재의 기술을 활용하고, 향후에도 개발이 예상되는 기술로 지속적으로 발전시킬수 있다는 점이다.

그 다음으로 '세상에 센세이션널한 반향을 일으키는 것'이 특히 중요하다. 세상에 센세이션널한 반향을 일으킬만한 아이디어는 보통 상식적으로는 납득하기 어렵기 때문에 흔히 실행 불가능하다는 평가를 받는 경우가 많다.

사람이란 기본적으로 보수적이다. 머리로는 변화를 받아들여야 한다고 생각하더라도 마음으로는 수용하기 어려워 참신한 아이디어에 저항하는 경우가 많다. 따라서 만일 센세이션을 일으킬 만한 아이디어가 등장하는 경우에는 그 아이디어를 채택할지 아니면 거부할지를 여러 사람이 다수결로 결정하지 말고, 그 시점에서 이노베이션의 가능성이 있는지를 따져보는 것이 매우 중요하다. 왜냐하면 다수결은 쉽게 결정을 내리지 못하고 집단 내에서 개인이 책임을 회피하고자 아이디어를 빙빙 돌리는 까닭에 마침내는 논의로부터 제외시킬 가능성이 크기 때문이다.

이노베이션이라 불릴 만큼 파급력이 크고 가치 있는 변화가 되기 위한 조건으로 상기한 세 가지 외에 가장 중요한 하나를 더 덧붙이면 무엇보다도 고객이 원하는 것이어야 한다는 것이다. 요컨대, 이노베이션이 이루어지려면 다음의 4가지 조건이 충족되어야 한다.

1. 본 적도 또 들은 적도 없는 것
2. 실현 가능성이 있는 것
3. 세상에 센세이션을 불러일으킬 만한 것
4. 그러면서도 소비자 즉 고객이 원해야 하는 것

개진된 아이디어에 대해 찬반양론이 공존하는 경우에는 우선 쉬운 아이디어를 먼저 살리는 것이 바람직하다. 왜냐하면 여기에 이노베이션으로 가는 열쇠가 숨어 있는 경우가 많기 때문이다.

1.3

왜 이노베이션이 필요한가?

요즈음 “한국 사회의 미래가 암흑과 같습니다.”라든지 “유럽이나 미국의 기업은 따라잡기가 어렵고 중국 등 아시아 국가들은 바로 뒤에서 따라왔거나 따라오기 때문에 글로벌 경쟁이 점차 어려워져가고 있습니다.” 등과 같이 한숨 섞인 고민을 토로하는 기업인들을 많이 보게 된다.

우리나라 기업들은 현재 전후좌우가 꽉 막힌 폐색감에 직면하고 있다. 자사 기술이 혁신적 경쟁력을 갖게 하는 결정적 계기(killer appeal)는 보이지 않고, 동종업계 타사와 유사한 아이디어로 ‘도토리 키 재기’ 식의 경쟁이나 하고 있는 셈이다. 지금까지 우리나라 기업들이 주로 사용하던 벤치마킹 전략도 더 이상 사용할 수 없는 상황이다. 벤치마킹은 후발 주자가 선발 주자를 보고, 배우고, 모방하는 것인데, 반도체를 포함한 몇몇 분야에서는 우리나라 기업들이 그 동안 약진하여 선두에 서 있기 때문에 모방하고 벤치마킹할 대상이 없어져 버린 것이다.

이 같은 상황에서 기존 방식으로는 더 이상 글로벌 경쟁에서 살아남을 수 없다. 지금까지 해 오던 일을 열심히, 효율적으로만 해서 현상유지를 하는 것은 더 이상 현재의 포지션을 지킬 수 있는 전략이 아니다. 따라서 지금까지와 전혀 다르고 나아가 새롭고 유용한 아이디어를 발상하는 창조력을 발휘하여 이노베이션을 이루어내는 것만이 글로벌 경쟁에서 살아남는 길이다.

그런데 주로 벤치마킹 전략에 의존하던 우리나라 기업들은 "새롭고 또 다른" 것에 대하여 종종 저항감과 두려움을 보인다. 왜냐하면 오랫동안 후발주자로 타사가 이룬 성과를 확인하고 따라가는 것만 학습해 왔기 때문이다. 그 결과 과거 중심적 사고, 과거 데이터(data)에 입각하여 분석적 사고만 해 온 기업들로서는 '새롭고 다른' 무언가를 창출해내지 않으면 안 되는 큰 딜레마에 직면하게 된 것이다.

기업들이 이익을 창출하는 비즈니스 모델을 제안하고 이를 검토하여 마침내 실행하기까지는 많은 시간이 걸린다. 그 과정 중에 이해관계자(stakeholder) 간의 대립되는 가치를 조정하고 상호협력을 통해 창조력을 발휘하는 것이 쉽지 않고, 게다가 강력한 리더십 발휘 자체도 지난하다.

이노베이션이란 제로베이스에서 시작하여 지금까지 시장에 없는 새로운 제품이나 서비스를 만드는 것을 말한다. 레오나르도 다빈치가 500여 년 전에 이룩한 업적, 약 100년 전에 토마스 에디슨이 이룬 발명, 그리고 최근 20~30년 동안 스티브 잡스가 만들어 낸 혁신적 성과 등은 역사상 일어날 확률이 대단히 작은, 마치 큰 위성이 폭발하는 것과 같은 이노베이션 혁명이라 말할 수 있을 것이다.

그런데 안타깝게도 한국기업 대다수는 이노베이션을 일으키는 것이 어렵다고 말하고 있다. 국내 몇몇 회사의 경우는 기술력이나 품질에 자신을 가지고 있다. 즉 타사에 뒤지지 않는 기술력과 서비스역량을 가지고 있음에도 불구하고 사회에서 필요로 하며, 고객이 좋아하는 제품이나 서비스로까지 승화시키는 성공적인 성과를 만들지 못하고 있다. 국내에서 이 같은 큰 이노베이션이 일어나는 것을 저해하는 요인들을 살펴보면 다음과 같이 정리될 수 있다.

첫째, 국내 조직에 작용하는 부정적 요소들 중 하나는 대기업병이다. 대기업병의 증상 중 하나는 '기업의 조직형태나 일하는 방식이 제도적 피로에 빠져있는 것'이다. 대부분 기업의 경우 업무가 너무나 잘게 세분화되어 있기 때문에 전체를 보는 시스템적 사고가 어렵고 그 대신 자기 앞에 놓인 단편적인 현상에만 매달리지 않을 수 없다.

둘째, 현재와 같은 글로벌 네트워크 사회에서 필요한 집단지성에 의한 오픈 이노베이션(open innovation)[2] 시대에 대응하지 못하기 때문이다. 혈연, 학연, 지연에 얽매이다 보면, 글로벌 시대에 반작용만 가지고 오게 되는 정보의 근시안이 될 수밖에 없다. 이는 새롭고, 다른 아이디어에 대한 저항을 부르기 때문에 이노베이션이 자리 잡기가 점차 어려워진다.

셋째, 새로운 아이디어가 나온다고 해도 “기대되는 매출이 너무 작네.”, “우리 회사업종에는 맞지 않아.”, 나아가서는 “그렇게 좋은 것을 왜 S사는 하지 않는 데?” 등과 같은 여러 가지 이유와 핑계 때문에 사장된다는 불평불만이 반복해서 들려오고 있다.

이 같은 현실에서 대다수 국내 기업들이 채택하는 문제해결 방안은 다음과 같다. 즉 지금까지와 같은 상황 대처방식에 따라 지금보다 더 많은 제품이나 기술을 개선하므로서 사태 해결을 추구하는 경향을 보이는 것이다. 그런데 이 같은 접근법은 내부지향적 사고로 회사가 정해 놓은 범위 내에서 해답이 있는 경우에만 유효하고 또 적절하다.

그러나 오늘날과 같은 글로벌 시대 및 사회 환경에서는 제도적 피로감에 빠진 기존 방식의 내부지향적 접근법을 가지고는 답을 찾지 못하는 경우가 허다하다. 그 이유는 총체적 난국을 돌파하는 이노베이션은 대개 조직 외부에서 오기 때문이다. 여기서 말하는 조직 외부란 바로 고객이고 시장이고 특히 글로벌 시장이다.

이노베이션이 일어나게 하려면 사람들의 발상과 열의가 바탕이 되어 조직에서 팀으로 협조하는 것이 전제조건이다. 이때 팀원들은 전체를 아울러 보는 시스템적 사고(system thinking)에 입각하여 미래와 현재를 동시에 조명하면서 고객 및 사용자의 경험에서 문제를 도출하고 해결하는 통합적 사고 즉 디자인 씽킹이 필요하다.

이상을 실현하기 위해서 조직은 단순히 제품이나 서비스의 기능 또는 성능을 강화하는 데만 그쳐서는 안 된다. 조직은 고객의 잠재적 니즈에서 가치를 발굴하고 그 가치를 높이기 위한 새로운 방법을 찾아야 한다. 나아가서 이를 추진

[2]업종을 뛰어넘어서 협창하며 이노베이션을 일으키는 것

하는 핵심 추진체는 결국은 조직 구성원들이기 때문에 인재육성과 조직에 변화를 일으키는 조직개발을 체계적으로 또 지속적으로 실시하면서 조직외부와 제휴하는 방법을 동원하는 이노베이션 활동을 꾸준히 해야 한다.

이노베이션을 구현하는 데는 다음과 같은 두 가지 측면을 반드시 유념해야 한다.

1. 획기적 신기술을 개발하는 '기술 혁신형' 이노베이션
2. 고객의 마음속에 있는 가치를 구축하는 '가치주도형' 이노베이션

특히 두 번째 이노베이션 카테고리는 자사의 강점을 무시하는 것이 아니라 이를 활용하면서 사회의 니즈 즉 고객의 니즈에 적확하게 대응하는 것을 말한다.

Marcel Proust

"새로운 것을 찾아 떠나는 단 하나의 진실한 여정은
새로운 풍경을 찾는 것이 아니라
새로운 눈으로 세상을 보는 것이다."

1.4

디자인씽킹이 주목받는 이유는 무엇인가?

"도대체 어떻게 해서 디자인씽킹이 오늘날 세계적 조류가 되었는가?" 그 이유는 지적 생산에 종사하는 화이트칼러에게는 디자인씽킹에 의해서 학습할 수 있는 "창조적 문제해결력"이야말로 정보사회 및 지식사회를 살아가는데 반드시 필요한 힘이 되었기 때문이다.

기존의 문제해결 방식이 한계에 봉착함으로써 디자인씽킹은 갈수록 더 중요해지고 있다. 그렇다고 모든 문제에 대해 디자인씽킹이 다 잘 작동하는 것은 아니다. 디자인씽킹이 더 잘 적중하는 문제들은 '잘 정의되지 않은 문제'(wicked problem)이다. 잘 정의되지 않은 문제란 초기에 문제 자체와 해결책이 잘 알려지지 않은 문제를 말한다. 문제해결 과정을 살펴보면 실제로 문제를 정의하는 활동이 거의 대부분의 시간을 차지한다. 이처럼 조직의 익숙한 영역을 벗어나 위험을 조금 포함한 '다루기 힘든(tricky)' 문제가 디자인씽킹의 주요 대상이다. 우리가 모르는 문제(unknown problem), 그래서 어떻게 푸는지 그 방법을 모를 때(unknown method how to solve)야 말로 디자인씽킹 적용이 가장 적합하다.

혁신을 관통하는 세 개의 키워드가 있다. 영감, 아이디어 및 실행이 그것이다. 디자인씽킹은 영감, 아이디어 및 실행에 초점을 맞추어 개념을 창의적으로 구현하려는 프로젝트에는 가장 적절한 도구이다. "우리 모두가 힘을 합치면 어떤 개인보다 뛰어나다."는 디자인씽킹 기반 컨설팅회사인 IDEO의 슬로건은 '작은 단위의 수많은 팀이 효율적으로 협업하는 방식의 팀워크 기반 디자인씽킹 과정'을 활용하고 있다. 또한 IDEO가 사용하는 프로젝트 룸, 스탠포드대학 d.School의 학습공간, 그리고 프록터와 갬블사(P&G)의 체육관(Gym)이라 명명된 이노베이션 공간 등은 자유로운 분위기와 창의적 공간 활용 방식으로 조직의 혁신적인 문화를 만들고 있다. 이때 디자인씽킹의 기본 접근방식은 보다 혁신적 성과를 이룰 수 있는 수단 및 동력으로 작용한다.

유럽과 미국을 중심으로 한 세계적인 디자인 스쿨, 명문대학의 MBA코스, 디자인 전문회사, 세계적 이노베이터와 리더들은 디자인씽킹을 필요로 하는 세계적 조류를 다음과 같은 이유 때문이라고 분석하고 있다.

조류 1: 선진 기업들이 비즈니스에서 절실히 찾고 있는 것은 이노베이션이다

1. 성숙사회의 기업들은 이노베이션을 지속적으로 하지 않으면 살아남기 어려운 상황에 직면하고 있다.
2. 선진국 기업들은 신흥국의 대기업이나 벤처기업들과 경쟁이 격화되기 때문에 수익모델의 일대 전환이 필요하다.
3. "목전에서 본업이 사라져 가고 있다. 따라서 새로운 신규 사업을 만들어 내지 않으면 살아남지 못한다."는 말은 거의 모든 조직구성원의 인구에 회자하고 있다.
4. 선진국의 화이트컬러 노동자와 신흥국의 저렴한 우수노동자 사이에 치열한 경쟁이 일어나고 있다. 그 결과 선진국 노동자의 급여는 상대적으로 떨어지고 있다(실리콘 벨리에서 일하는 인도 엔지니어들).
5. 여기에 대응하는 방안은 자기들만 할 수 있는 새로운 가치창출이고 독자적 포지션을 만들어 나가는 것으로, 이것만이 지속가능하게 살아남을 수 있는 유일한 길이다.
6. 한국의 경우 연구개발 부문에 의한 기술주도 이노베이션을 중심으로 새로운 가치를 창출하는 "기술혁신을 추구"하고 있다.
7. 그러나 이제부터 전개되는 시대에는 기술, 인문, 문화, 예술, 브랜드, 자

원 등을 융합하여 오리지널한 가치를 만드는 '가치주도형 혁신'이야말로 뒤쫓아 추격하는 후발국과 차별화를 하고 선진국을 따라 잡는 유일한 길이다.

조류 2: 5천만 국민이 크리에이터가 되는 인프라 정비가 필요하다

1. 인터넷, 스마트폰, 클라우드, 인공지능, 소셜 네트워크 등의 출현은 사회구조의 변화를 가지고 왔다. 그 결과 과거에는 창작 활동이나 표현 활동이 일부 사람들의 전유물이었으나, 오늘날에 와서는 누구나 할 수 있는 활동이 되어 버렸다.
2. 구체적으로 살펴보면 페이스북 사용자는 전세계 13억 명이 넘었고, 인스타그램이라는 동영상공유 SNS를 사용하는 사람은 3억 명이 넘었다. 스마트폰으로 사진을 찍고, 이를 인스타그램이나 페이스북을 통해서 친구들과 공유할 뿐만 아니라, 이를 더 멋진 구도의 사진으로 가공하는 창조력의 발휘는 이제 일상화되어 버렸다.
3. 유튜브에 올리는 패러디 동영상이 대유행을 할 뿐만 아니라, 개인은 웹사이트를 만들어 SNS커뮤니티를 운영하고 마케팅도 하면서 일자리가 창출되는 경우도 증가하고 있다.
4. 3D 프린터와 레이저 CNC(공작기기) 등이 일상화되면서 데스크톱 제조(Desk Top Fabrication) 혹은 메이커 운동(maker movement)이 범용화되어 누구라도 자기생활에 필요한 것을 디자인하여 직접 만드는 디아이유(DIY: Do It Yourself), 혹은 1인 제조업 시대가 되었다.
5. 자기 자신의 창조력을 활용하여 일상적 자기생활을 디자인하거나 흥미가 있다면 이런 것을 상업적으로 유통시켜 부업 또는 주업으로 생계에 이용하는 것도 활성화 되어가고 있다.

조류 3: 기계와 인간의 일 결합

1. 기계학습(Machine Learning), 딥러닝(Deep learning) 등과 같이 인공지능(AI) 활용 학습이 발달하기 때문에 지금까지 인간이 해 오던 일을

기계가 상당부분 대체할 것으로 예상된다. 최근의 인공지능 바둑 프로그램인 알파고와 이세돌 구단과의 바둑대결에서 볼 수 있듯이 빅데이터와 딥러닝에 의한 인공지능의 역할은 빠르게 커질 것이다. 영국 옥스퍼드 대학의 오스본 교수는 "컴퓨터가 진화하면서 앞으로 사라지게 될 직업에 대한 연구"에서 대체가 어려운 직업으로 다음 두 가지 범주에 속하는 일자리 및 전문 분야를 들고 있다. 헬스케어, 학습, 심리학 등과 같이 사람과 깊은 커뮤니케이션에 관계되는 직업군과 디자인, 엔지니어링, 경영 등 "창조력"을 요구하는 직업군.

2. 인공지능이 발달하면 데이터 분석이나 패턴 이해 등에 있어서는 인공지능이 더 효율적인 답을 낼 수 있기 때문에, 분석을 중심으로 하는 일들은 대체가능성이 큰 분야로 분류된다.
3. 그럼에도 불구하고 기계가 분석한 내용에 대해 해결책을 제시하고 의사결정을 하는 것은 당연히 사람이 해야 할 것이다.

조류 4: 자기다움과 개인적 행복을 추구하는 시대의 도래

1. 자기다움이란 자기만족이고, 개인이 행복을 찾는 길은 스스로 만족하는 삶에 있다. 사회가 성숙한 선진국의 경우, 사람들이 추구하는 가치는 점차 물질적 만족에서 정신적 및 심리적 만족으로 바뀌고 있다.
2. 2050년대가 되면 세계 인구는 약 90억 명이 될 것으로 예상된다. 따라서 한정된 자원을 지금보다 훨씬 많은 사람의 수로 나누어야 하는 것이 인류의 과제이다. 그 결과 21세기는 "자기답게 자족하는 것을 아는 시대"가 될 것이다.
3. 매일 창조력을 발휘하게 되면 행복감이 증가한다. 개인은 생활스타일을 스스로 디자인하고, 자신이 좋아하고 자기 천성에 맞는 생활을 하면 행복감이 증가될 것이다. 이를 위해 가장 중요한 것은 "창조력을 발휘하는 능력"이라고 볼 수 있을 것이다.

1.5

글로벌 교육 트렌드가 된 디자인씽킹

스탠포드, 하버드, UC 버클리, 토론토, 버지니아대, 텍사스 주립대학 등과 같은 세계 유수 대학들이 디자인씽킹을 정규 혹은 비정규 교과목으로 가르치고 있다. 또한 SAP, P&G, IBM, Ford, 및 Siemens 등과 같은 글로벌 기업들은 디자인씽킹을 전사적으로 확산시키고 있다.

캐나다 토론토대학의 로트만 비즈니스 스쿨의 MBA과정에서는 비지니스 디자인씽킹이란 교과목을 개설하고 있다. 버지니아 대학교 대학원에서도 비즈니스 디자인씽킹을 활발히 교육시키고 있고 다양한 성공사례를 홍보하고 있다(Liedtka et al., 2013). 독일 포츠담 대학의 HPI연구소에서는 학생 및 일반인을 대상으로 디자인씽킹 코스를 제공하고 있다.

북유럽의 경우도 예외가 아니다. 노르웨이 국립대학인 NTNU는 디자인씽킹과 제품개발을 연계시킨 교과목을 개설하여 다양한 전공 분야의 학생들이 융복합을 통해 많은 참여를 하여 엄청난 인기를 얻고 있다. 겨울왕국이라는 영화의 배경이 된 노르웨이 Bergen에 있는 베르겐대학은 기업, 공무원, 일반인 대상의 임원디자인씽킹(Executive Design Thinking) 9개월 과정을 매년 성황리에 진행하고 있다. 스웨덴의 경우 3개 대학이 컨소시움을 만들어서 디자인씽킹 센터를 오픈하여 운영하고 있으며 디자인 강국인 핀란드는 Aalto대학을 중심으로 디자인씽킹을 체계적으로 확산시키고 있다.

일본의 경우 게이요대학을 필두로 와세다, 도쿄, 큐수 등 7개 대학이 컨소시움을 만들어 디자인씽킹을 확산시키고 있다. 기업들 역시 적극적으로 참여하고 있으며 이를 통해 일본기업들은 이노베이션을 디자인씽킹과 접목하는 시도를 하고 있다.

중국 베이징 교통대학은 최근 독일 HPI의 도움으로 디자인씽킹 센터를 베이징에 오픈하였다. 교육 강국인 싱가포르는 2005년부터 디자인씽킹 테크놀로지 도입을 위해서 정부차원의 지원을 받아 토론토 대학과 협약을 맺고 수백만 달러의 트레이닝 비용을 지불하면서 수십 명의 교수들을 트레이너로 선발하여 2년에 걸쳐 양성하였다. 이들 트레이너들은 대학생들뿐만 아니라 정부기관 공무원, 기업체 임직원 그리고 병원, 컨설팅회사 나아가 사회적 기관들을 대상으로 교육 및 컨설팅을 하고 있다. 10여년이 지난 지금 싱가포르는 동남아시아의 다른 나라에 디자인씽킹을 컨설팅해 주는 수준으로까지 성장하였다.

말레이시아 역시 수상 직속으로 있는 수상부(우리나라 청와대에 해당)의 지원 하에 디자인씽킹을 교육하고 훈련하며, 컨설팅하는 제노바시 디자인씽킹 스쿨이라는 기관을 만들었다. 이들은 독일 HPI로부터 트레이너 양성을 위한 훈련을 받았고, 이를 위한 비용은 정부에서 지원해 주었다. 현재 제노바시 디자인씽킹 스쿨은 대학생, 일반인, 공무원들을 이노베이션 마인드로 교육시키고 있고 정부기관 중 특히 외무부 공무원, 경찰 공무원 및 소방 공무원들을 대상으로 3주간에 걸친 디자인씽킹 코스등 다양한 과정을 운영하고 있다.

디자인씽킹을 정부의 정책 개발이나 공직자 교육 등에 가장 적극적으로 적용하고 있는 국가는 싱가포르이다. 아시아에서 가장 활력 있고, 세계 1위의 국가 경쟁력을 가진 싱가포르 국민소득(GNP)은 15년 전만 해도 우리나라와 큰 차이가 나지 않았다. 그러나 오늘날 국민소득은 우리나라의 2배 이상을 기록하고 있다. 특히 주목할 것은 싱가포르 수상 자신이 인간중심의 문제 탐색 및 해결에 심취되어 있다는 사실이다. 최근에 발표된 자료에 의하면 싱가포르 정부는 공무원들의 디자인 역량을 함양하고 조직내부에 디자인조직을 구성하여 디자인씽킹 역량을 정책개발에 적극적으로 적용하고 있다(이정주, 2018). 즉 Human Experience Lab, Behavioral Insights & Design Unit(BDU), LEA:D 등의 조직을 만들어서 정부 내의 디자인씽킹 교육과 디자인 프로젝트를 진행하고, 시민을 공공서비스 및 정책 아이디어 개발에 참여시키고 있으며, 디자인과 심리학 그리고 경제학의 합작품인 행동경제학을 결합하여 바람직하고 또 실행가능한 싱가포르 국민을 위한 정책을 개발하고 있다.

싱가포르 총리 리센룽, 2018. 4

"우리가 이를 디자인씽킹이라고 그때는 말하지 않았지만 실제 주요 정책들에 대해 건국의 조상들은 문제를 이해하고, 문제를 정의하고, 창의적인 아이디어를 발상하고, 프로토타입을 통해 해결방안을 찾고 이를 테스트하면서 반복적 과정을 통하여 해법을 검토하였다. 바로 이것이 디자인씽킹의 핵심이다"

그러면 이같이 다양한 나라들, 대학들 및 기업들이 디자인씽킹 과정을 개설하고, 도입하고 또 강조하는 이유는 무엇인가?

먼저 경영 대학원(MBA School)과 디자인 대학원(Design School) 간의 문제해결 접근 방식을 비교하여 보면 표 1.1과 같이 요약할 수 있다.

디자인씽킹이 부상하게 된 배경은 기존의 문제해결 방식이 한계에 봉착하게

표 1.1 MBA School과 Design School의 문제해결 접근 방식

경영 대학원(MBA School)	디자인 대학원(Design School)
논리적 사고를 중심으로 비지니스를 효율적으로 하는 방법을 가르치는 어프로치	지금까지의 연장선이 아니라 전혀 다른 사업, 상품이나 서비스, 프로세스 등을 만드는 방법으로 디자인씽킹을 가르침
분석적 사고를 통한 비즈니스 효율성 극대화 추구 • 과거의 성공중심, 케이스 중심 문제해결 • 분석 및 통합적 접근법	창조적 사고를 통한 새로운 아이디어 탐색 및 실현 • 과거 및 미래를 아우르는 종합적 접근법 • 미래지향적 접근법

되면서 나날이 커지고 있다. 디자인씽킹의 출현 및 중요성은 다음과 같이 요약할 수 있다(*LG경제연구원 한수연, 2015년*). 첫째, 기술의 변화 속도 및 지식 기반의 경쟁 체제가 가속화되면서 문제는 더욱 복잡해지고, 때로는 문제 자체를 명확하게 정의하기 어려울 때가 빈번해지고 있다. 둘째, 기업들은 제품과 서비스를 통해 고객의 기본적인 욕구를 어느 정도 충족시킨 이후에도 복잡하고 숨겨진 고객 욕구를 찾아내 차별적 가치를 제공함으로써 성장 활력을 유지해야 하는 상황에 처해 있다. 셋째, 기술과 산업의 경계가 모호해지고 융복합이 본격화 되면서, 문제 해결을 위해서는 다양한 영역의 전문가들이 머리를 맞대고 다학제간 협업을 통해 해결방안을 도출하지 않으면 안 되는 상황이 되어가고 있다.

- 디자인씽킹은 고객 및 사용자가 일련의 프로세스를 통해 개념을 학습하고 테스트하고 정교하게 하도록 참여시킴으로써 혁신의 불확실성과 위험을 최소화한다.
- 디자인씽커는 단순히 과거의 데이터 혹은 이전 연구가 아닌 실제 세계에 대한 관찰 및 실험을 통해서 얻는 고객 통찰을 활용한다.

디자인씽킹은 여러 가지 제약 조건을 내포하고 있는 문제 자체에 집중하기보다, 최종 고객이 경험하게 될 해결책 중심으로 사고하는 프로세스를 가리킨다. 따라서 디자인씽킹은 고객 가치와 창의성을 중요시하는 최근의 경영 환경과 매우 높은 적합성을 가지고 있다. 전통 비즈니스 스쿨에서 가르치는 과정과 디자인씽킹을 도입하여 가르치는 과정의 차이를 극명하게 보여주는 다음의 그림 1.2는 최근 디자인씽킹 기법을 도입하는 기업들이 늘어가는 이유를 잘 설명해주고 있다.

전통적 비즈니스 스쿨 과정과 'Design Thinking'과정의 차이

B-School	vs	D-School
서베이 데이터, 인구통계 등에 의존하는 계량적 마케팅 툴 사용	마케팅	일상적 환경에서 소비자의 행동/습관을 관찰하며 이해하기 위한 노력
대중 연설/직원과의 소통 기법 등을 학습하고, 리더십 코칭을 받음	리더십	브레인스토밍을 활용하고, 창의적 팀을 관리하고 피드백을 받아들이는 데 주력
공급사슬관리 등의 오퍼레이션 기법 학습	오퍼레이션	시스템 디자인 기법을 학습하고 공급사슬 모델을 획기적으로 바꾸는 접근도 가능
전통적인 모델을 사용하여 제품과 서비스를 출시	사업계획	공공기관과의 파트너십 등 다양한 모델을 활용한 사업계획

그림 1.2 비즈니스 스쿨(MBA) 과정과 디자인씽킹(DT) 과정의 차이 [자료:Wall Street Journal 'Forget B-school, D-School is Hot', 재인용 (2012. 6. 7)]

1.6

디자인씽킹에 대한 오해

디자인씽킹이라는 말에서 사람들은 흔히 디자인 또는 디자이너와 관련된 미술대학에 속하는 특정 학과를 연상하기 쉽다. 대부분의 사람들에게 친숙한 디자인이란 말에서 '예술가(artist)' 혹은 '창조자(creator)'라는 이미지가 연상되기 때문에 사람들은 디자인씽킹은 미술을 공부하는 사람에게나 필요가 있지 내 자신과는 아무런 관계가 없다고 생각하기 십상이다. 따라서 사람들은 자기 자신에게 '예술적 재능이 없다'거나 '미적 감각이 없다' 등의 이유를 대며 디자인씽킹에 등을 돌린다. 디자인씽킹과 관련하여 "우리 대학 미대에서 그것을 하고 있지요."라는 말을 흔히 듣게 되는 것이 바로 이 같은 이유에서이다. 필자가 싱가포르에서 만난 미국 디자인스쿨 졸업생인 한국 여성이 있다. 그녀는 국내에서 경제학을 전공하고 미국 시카고 디자인스쿨 과정 3년을 마친 후, 현재 싱가포르 소재 은행에 재직 중이다. 그녀는 디자인스쿨 재학 시절 우리가 흔히 떠올리는 예쁘게 색칠하고 꾸미는 디자인을 한 적이 없고, 프로젝트 13개를 마치니 졸업 시점이 되어 있었다고 회고하였다.

디자인씽킹은 창의력을 발휘하게 하는 방법론으로 디자이너 특유의 사고 흐름이나 문제해결방식을 빗대어 디자이너들 사이에서 먼저 통용되기 시작한 용어이기는 하다. 그러나 디자인씽킹은 엄밀히 말하면 씽킹 디자인(Thinking

Design)이다. 이는 생각하는 방법과 관련되는 것으로 창의적 문제해결을 위해서 우리가 어떤 방식으로 사고하는가를 다룬다. 나아가서는 어떤 마음가짐을 가지고 문제를 찾고 해결하는가 그 마인드세트(mind-set)가 바로 디자인씽킹의 출발점이다.

미국심리학의 아버지라고 불리는 Harvard 대학 심리학 교수였던 William James는 '잘 정의된 문제는 이미 반쯤 풀린 것'이라고 주장 한 바 있다. 이 말은 애플의 창업자 스티브 잡스도 즐겨 인용한 말이기도 하다. 또한 노벨상을 수상한 아인슈타인은 "만일 제가 어떤 문제를 해결하는 데 20일 간의 시간 여유가 있다고 한다면, 우선 문제정의를 하는데 19일을 보내고 나머지 1일을 문제해결에 할애할 것"이라고 말한 바 있다.

이는 문제를 잘 정의하는 것이 얼마나 중요한지를 일깨워주는 말들이다. 그런데 자기중심의 사고는 진정한 문제를 정의하는데 별 도움이 되지 못한다. 실제 우리는 잘못 정의된 문제를 해결하느라 허송세월한 경우가 얼마나 많은지 깨닫게 되면 놀라게 마련이다.

디자인씽킹은 자기중심의 사고나 전문가 중심의 사고가 아니라 고객 중심의 사고이다. 즉 이는 사용자 또는 소비자 중심의 사고로 모든 문제발견은 이들로부터 나와야 한다. 따라서 디자인씽킹은 인간중심적인 문제해결방법이라고 할 수 있다.

디자인씽킹의 특성으로는 동일한 사고 프로세스가 거의 모든 분야(기업, 대학, 병원, 정부기관 등)에 적용이 가능하다는 점이다. 그러나 해당되는 문화 및 나라 그리고 산업 및 업종에 맞게 디자인씽킹 방법을 조금씩 조절할 필요는 있다. 나아가 디자인씽킹 프로세스는 과학적이고 반복 적용이 가능하며, 이를 통해서 문제 및 이슈에 대한 통찰력을 탐색하는 것이 가능하다.

전통적인 방식으로 제품과 서비스를 개발하는 데 익숙한 기업이라면 이와 같은 디자인씽킹을 활용하여 실패 비용을 최소화하며 사용자 중심의 제품과 서비스를 개발하는 시도를 해볼 필요가 있다.

필자들은 2년 전 하와이 주 정부 관광국이 주최가 되어 하와이 여행 활성화 프로젝트의 일환으로 관광 관련 전문가 30여명이 방한했을때 이들을 컨설팅한

적이 있다. 즉 이들은 하와이 방문여행 프로모션을 위해 한국을 방문하였고 매력적인 하와이 관광, 신 여행상품 개발을 위한 디자인씽킹 워크숍을 요청한 것이다. 이들은 하와이 소재 호텔, 렌트카업체, 여행보험 관련 회사, 박물관 및 미술관 등을 대표하는 사람들로 구성되었다. 하와이에서 온 30여명과 국내 해외여행 관련 여행사, 보험회사, 항공사, 호텔 등을 대표하는 30여명의 전문가들이 함께 어울려 디자인씽킹을 적용하여 여행상품 개발과 서비스 개발을 위하여 2일간 창의적 디자인씽킹 전략 워크숍을 실시하였다. 본 과정의 하이라이트는 여행업계 관계자들이 여행자들이 출국 및 입국하는 인천국제공항에 나가 직접 관찰하고 또 인터뷰를 실시하는 것이었다. 참가자들은 자신이 지금까지 종사해 온 해외여행 상품에 대해서 그리고 여행자들에 대하여 누구보다 잘 알고 있다고 생각하였으나, 막상 여행자들을 직접 만나서 이들과 인터뷰를 한 결과, 자신들이 고객을 얼마나 잘 모르고 있었는지를 깨닫고 고객 중심의 상품개발에 디자인씽킹이 유용할 것이라는 데 공감하였다.

<그림 1.3>에서는 디자인씽킹을 활용하여 학교급식의 골치꺼리였던 '잔반 줄이기'를 성공적으로 해결한 사례를 소개한다. <무지개 식판> 프로젝트라고 명명된 이 문제해결은 불필요하게 드는 큰 비용을 줄이고 더 나은 학교급식을 실시하는데 도움을 준 사례로 들 수 있다.

디자인씽킹 성공 사례: 무지개 식판

디자인챌린지:

학교에서 급식 학생 수는 계속 줄고 있는데 음식물 쓰레기와 처리비용은 매년 늘어나고 있음(예, 2010년 120억 원에서 2013년 202억 원으로).

공감하기:

초 · 중 · 고등학교 학생을 대상으로 이들이 학교 식당을 이용할 때 보여주는 행동을 관찰하고, 급식에 대한 인터뷰를 실시하여 잔반이 남는 원인을 파악하였음. 여기서 나온 문제원인은 음식의 낮은 질, 무상급식이라 소중함을 모르거나, 대량으로 조리하는 것 나아가, 많은 양을 배식 받아서 다 먹지 못하고 잔반으로 남김 등 임.

통찰:

음식물을 식판에 담을 때 배식하는 담당자와 받는 학생들 간의 적정량에 대한 인식이 서로 달라 필요보다 많은 양을 받게 됨

문제정의(POV):

초중고등학교 학생에게 급식시 적정량을 배식할 필요가 있음. 왜냐하면 배식하는 담당자와 학생들이 요구하는 양의 기준이 서로 다르기 때문임.

해결책:

식판에 무지개같은 선을 그어 반 공기, 한 공기, 한 공기반, 두 공기 등을 표시하고 식판 재질을 바꿔 무게를 기존 식판보다 1/3로 줄여 음식의 무게를 더 잘 느끼도록 하였음.

그림 1.3 무지개 식판[사진출처: samsungtomorrow.com] 삼성투모로우솔루션 최우수상 수상 '잔반 줄이기 프로젝트'

Design Thinking

2

디자인씽킹에 대한 기본 이해

2.1

디자인과 디자인씽킹에 대한 소사(小史)

디자인씽킹 컨설팅 회사인 IDEO의 CEO 팀 브라운은 디자인씽킹에 대해 "사회를 좀 더 좋게 변화시키기 위한 인간중심의 이노베이션 기법"이라고 정의하고 있다. 다시 말해 디자인씽킹은 "창조적 방법으로 사회에 새로운 가치를 제공하는 것"이라고 한다. 스탠포드대학 d.School을 오픈한 David Kelley 교수는 디자인씽킹은 "창조적 자신감(Creative Confidence)"을 주는 데서 출발한다고 주장하였다. 그는 IDEO를 공동 창업하고 스탠포드 대학에 d.School을 문을 연 창시자 중 한 사람이다.

그러나 팀 브라운이나 데이비드 캘리로부터 디자인씽킹이 탄생했다고 생각하면 그것은 큰 오해이다. 왜냐하면 이같은 방법론은 오래 전부터 존재했기 때문이다. 이제 아래에서 디자인씽킹의 역사를 살펴보자.

1. 디자인은 고대 알타미라동굴 벽화에서도 발견된다. 이는 디자인이 고대에도 중요한 커뮤니케이션 수단의 하나였음을 보여주는 역사적 증거의 하나이다.
2. 프랑스 루브르박물관에는 디자인을 시각적 커뮤니케이션 수단으로 사용한 여러 가지 작품들이 전시되어 있다. 이 작품들은 디자인이 오늘날 신

문이나 잡지가 하는 역할을 대신하여 인류와 함께 발달해 온 역사를 잘 보여주는 것이다.

3. 현대에 와서 디자인은 시각을 표현하는 그래픽 디자인 또는 사상을 표현하는 아트이미지 중심으로 발달하였고, 이는 이 분야 발달에 큰 역할을 하였다.
4. 18세기 중엽에 영국에서 시작된 산업혁명은 물건을 장인이 직접 손으로 하나씩 만들어 오던 것을 대량생산 체재로 변화시켰다. 그 결과 대량생산의 기능성과 효율성은 제고시켰지만, 물건이 가진 아름다움이나 우아함은 사라지는 결과를 초래하였다. 이를 다시 되돌리기 위한 운동으로 제1차 세계대전 후 독일의 포츠담에서 "조형학교 Bauhaus"가 탄생한다.
5. 바우하우스는 상품기능을 합리적으로 설계하는 엔지니어링과 미적요소를 중시하는 예술(Art)을 융합시켰다. 바우하우스 조형학파는 산업혁명 후 세계에 범람하는 추악한 디자인 상품과 차별화되는 신 제품을 만들고자 하는 움직임을 불러일으켰다.
6. 바우하우스는 "필요한 상품을 만든다."에서 "고객이 필요로 하는 인간중심의 상품, 사용하기 쉽고 아름다운 디자인의 상품을 대량 생산한다."를 근본 철학으로 추구하였다.
7. 예술(Art)과 기술(Technology)을 융합한 교육기관으로서의 바우하우스는 전 세계에 큰 영향을 미쳤지만 히틀러의 Nazi정권이 집권하고 약 10년이 지나면서 점차 쇠퇴하기 시작하였다.
8. 바우하우스 멤버 중 한 사람인 모호리 나키(Mohori Naki)가 미국 시카고대학에 초대받아 1937년에 IIT(Illinois Institute of Technology)에 Illinois School of Design이 설립되는 초석을 닦았다. 일리노이 디자인 스쿨의 철학은 인간중심의 디자인, 예술(Art)과 기술(Technology)의 융합, 사용자 중심의 디자인이었다.
9. d.school 창립 이전에도 스탠포드대학에서는 예술과 공학을 융합하려는 시도가 있었다. 1960년대 말부터 하나의 전공분야를 학생들에게 가르칠 때 서로 다른 전공의 교수들이 팀으로 가르치는 것에서 더 나아가 이를

배우는 학생들 역시 한 분야 전공자들만이 아니라 서로 다른 전공자들이 함께 배우는 융복합적 교수학습 형태를 추구해 왔다.

예를 들어 Arnold 교수는 디자인 공학은 반드시 인간중심이어야 한다고 강조하였으며 1960년대에 Bob McKim(명예교수, 공학)과 Matt Kahn(예술)은 제품디자인 전공을 예술디자인과 결합해서 대학원 공동과정으로 개설하였다(Product Design Program with Fine Arts Department).

1980~90년대에는 Kahn, Faste와 Kelley 교수가 예술과 과학을 융합하고 문제발견을 위한 니즈파인딩(need finding)을 통합하는 교육을 지속적으로 해왔다. 그 때 이후 이 같은 접근이 대학 전체로 확산되지는 않았지만 d.school이 이를 계승하게 된다. 스탠포드대학에서는 기계공학과와 미술학과 사이의 협업은 지금도 계속되고 있다.

이와 같이 스탠포드대학의 경우 동일한 주제에 대해 전공이 서로 다른 교수들이 협업하며 함께 가르친다. 학생들은 이 과정을 통하여 문제 접근에 있어서 다른 관점, 진짜 문제발견 그리고 솔루션 등을 체험을 통해 학습한다. 다시 말해 기능적 행위와 제조를 다루는 공학과 인간중심으로 접근하는 문화인류학, 사회학 및 심리학 등 인문사회과학들이 상호 간의 융합 및 통합하여 새로운 경험을 교육하는 것이다.

이러한 접근법은 실리콘밸리 사람들에게 영향을 미쳤고 특히 David Kelley 교수는 d.school이라는 명칭으로 디자인씽킹 스쿨을 탄생시켰다. 2005년 전후로 스탠포드대학 학생들은 입학 후 d.school 과목을 선택하여 수강 가능하게 되었고, 그 후 지금까지 지속적으로 디자인씽킹이 확산되었다.

2.2

디자인씽킹이 필요하게 된 시대적 배경: 왜 필요한가?

디자인씽킹이 대두하게 된 배경은 인류가 과거 250년간 경험한 2가지 사회적 이노베이션과 깊은 관계가 있다.

1. 첫 번째 이노베이션은 18세기 후반에 일어났다. 영국의 와트(James Watt)가 새로운 방식의 증기기관을 발명하면서부터 본격적으로 시작된 산업혁명이 바로 그것이다. 와트 이전에도 '증기로 기계를 움직인다.'라는 아이디어는 존재했지만 실용화시키지는 못하였다. 와트는 이 아이디어를 실용단계로 발전시키는 이노베이션을 이룩하면서 산업혁명시대를 열었던 것이다.
2. 두 번째 이노베이션은 19세기 후반에 일어났다. 이것은 테일러(Frederick Taylor)가 주창한 과학적 관리법(Scientific management)에 의해 처음으로 대두한 생산성 혁명이다. 당시 생산성이 높은 일류 노동자, 직공 또는 예술인 등을 보통 사람들과 구분하기 위해서 다음과 같은 질문이 제기되었다. <일류 노동자와 그 밖의 평범한 노동자들 간에는 무엇이 어떻게 다른가?> 여기에 대한 해답을 처음으로 찾은 사람이 바로 테일러였다.

테일러는 최고 수준의 노동자가 일하는 방식을 관찰하고 그가 하는 동작을 스톱워치를 이용해서 측정하면서 어떤 순서로 어느 정도의 작업 동작을 어떤 방식으로 하면 노동생산성이 올라가는가를 밝히기 시작하였다. 따라서 테일러는 자신이 제시한 방법을 따라한다면 일반 노동자도 일류 노동자처럼 높은 생산성을 올릴 수 있다고 주장한 것이다. 실험적이고 과학적 연구에 근거를 둔 테일러는 오늘날까지도 현대 컨설팅의 아버지라고 불리고 있다.

이상 두 가지 물결은 인류가 산업사회로 진입하는 데 큰 기여를 하였다. 대량생산이 미덕이었던 산업사회는 20세기 후반에 접어들면서 정보사회로 진입하고, 창조력과 이노베이션 역량으로 무장한 지식노동자들이 주역이 되는 지식사회로 접어든다. 여기서 지식노동자로 하여금 창조력을 발휘하면서 팀 기반의 무조건적인 협업을 통해 실패를 용인하면서 이노베이션을 추구하는 디자인씽킹이 탄생하게 된 것이다.

디자인씽킹은 인간중심의 이노베이션이다.

지난 몇 세기를 걸치면서 인류는 기술이나 일하는 방식에 대한 뛰어난 아이디어를 내고 또 이를 실행함으로써 사회적 이노베이션을 일으키게 되었다. 즉 우리가 사는 현 사회는 수백 년을 걸치면서 점차 풍요하게 된 것이다. 그럼에도 불구하고, 아직도 세계에는 환경문제나 빈곤 문제 등 미해결된 문제들이 산적해 있다. 따라서 기계나 일을 중심으로 한 이노베이션만 가지고는 세상을 현재 상태 이상으로 바람직하게 만드는 것은 불가능하다.

그 이유는 문제를 찾아내는 것과 문제를 해결하는 것은 기계가 아닌 인간의 몫이기 때문이다. 미래사회를 좀 더 살기 좋게 만들기 위해서는 우리들이 하는 생각 그 자체에 대해서 이노베이션을 하는 것이 필요하다. 따라서 <인간중심의 발상으로 아이디어를 도출하고, 사회에 새로운 가치 즉 혁신적 가치를 제공하는 것>이야 말로 바로 디자인씽킹의 목적이다.

디자인씽킹은 고정관념으로부터 벗어나 사고하는 것을 추구한다. 따라서 이 과정에서 필요한 것은 통합적 사고에 기초하여 주어진 문제를 다르게 볼 수 있는 능력이다. 디자인씽킹은 주어진 상황을 다르게 바라보고 현존하는 대체적 해결법을 뛰어넘는 새로운 해결책을 모색하도록 요구한다. 이것이 디자인씽킹이 혁신을 실행하는데 유용한 사고의 툴이 되는 이유이다.

디자인씽킹 사례: 티맵 택시(T-map taxi*)

배경: 고객의 요구를 수용하는 T-map taxi 개발

공감(empathy) 하기:

- 택시기사가 되어보자-디자인팀이 택시기사 자격증 취득
- 택시회사 취업 기사체험, 이해관계자 그룹: 택시승객, 택시기사

문제정의(POV): 마음으로 가는 택시

인간중심 해결책:

승객을 위하는 마음	기사를 향하는 마음
택시 미터기만 바라보는 승객을 위해 -정확한 시간과 예상요금 안내	불명확한 위치정보로 곤란을 겪는 기사를 위해 -국내 최초 순방향/역방향 위치정보 안내
손쉬운 결제를 원했던 당신에게 -간편 앱결제	가장 빠르게 도착하실 수 있도록 -최단 도착시간 기준의 배차 시스템 개발
당신을 기다리는 소중한 분을 위해 -안심귀가 Live기능	안전하고 편리하게 택시호출에 응대할수 있게 -콜잡이 제작/무상배급
피곤하고 지친날 택시 이용고객의 부담 경감 -T membership 할인	공차운전을 줄여 수익을 높이기 위하여 -AI Taxi 개발 추진

- 승객수 30배 증가
- 드라이버 8배 증가

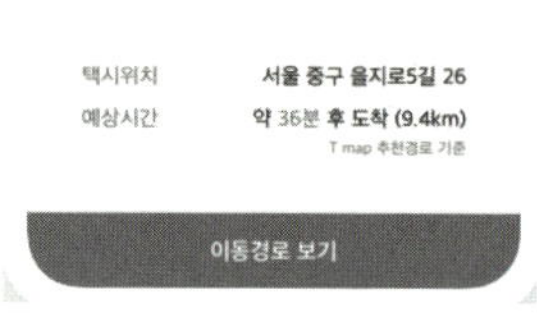

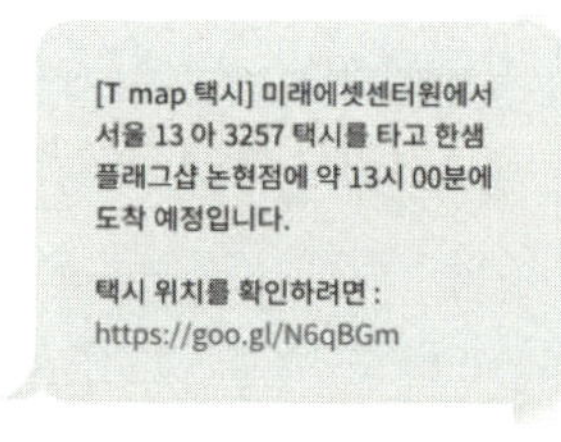

*참조. SKT 여지영, Redesign Your Service, 2019 10월 창의응용학회 추계학술대회 발표자료

2.3

디자인과 디자인씽킹

우리는 누구나 기존에 있는 방법을 활용해서 눈앞에 놓인 문제를 해결하는데 익숙하다. 디자인씽킹 방법을 도입하면 문제의 발견과 해결을 용이하게 해줄 뿐만 아니라 이노베이션이 일어날 수 있는 기회를 만드는 것 역시 가능하다.

디자인이란 말은 "현상, 즉 현재의 상태를 좀 더 나은 이상적인 상태로 바꾸는 것"(Simon, 1978)[3]을 의미한다. 20세기에 이르러 디자인은 주로 제품의 포장이나 광고를 보고 사람들이 어떻게 느끼는가와 미적으로 얼마나 어필하는 것과 같은, 비교적 제한된 범위를 주 대상으로 다루었다. 그러나 오늘날에 와서는 디자인의 대상이 되는 범위 및 다루는 내용이 훨씬 더 광범위하게 확대되었다.

예컨대 눈에는 보이지 않는 서비스 디자인, 개인을 대상으로 하는 경험 디자인, 일하는 사람들이 모여서 혁신적으로 활동하게 만드는 조직 디자인, 나아가 우리들이 살아가는 사회 디자인, 그리고 정부기관이 시행하는 정책 디자인 등과 같이 거의 모든 분야가 디자인의 대상이 되었다.

나아가 아프리카 개발도상국에 사는 제3세계 사람들에게 위생적인 식수를 공급하는 문제나 인도 및 네팔 극빈층의 조산으로 출산한 유아의 저체중에 따

[3]Simon, Herbert 1978 노벨경제학상 수상자, "Design is transformation of existing conditions into preferred ones."

른 높은 영아 사망률을 감소시키는 문제 등도 사회적 디자인의 대상이 되고 있다. 또 다른 예로 MRI 기계로 CT촬영을 할 때, 이 기계에 대한 공포감을 가지는 아동 환자의 두려움을 제거하기 위하여 인간중심의 MRI로 변화시킨 미국 대기업 GE의 모험시리즈 개발은 디자인씽킹이 이룬 성과이다. 이처럼 우리가 더 나은 사회 및 지구촌을 만들기 위해서 노력하는 것 역시 '글로벌 디자인'에 해당된다고 볼 수 있다. 디자인씽킹은 노벨상 수상자 허버트 사이몬(Herbert Simon)의 과학적 접근법보다 도날드 쉔(Donald Schoen)의 성찰적 학습이론에 더 가깝고 '경험으로부터 배우는 예술'이라고도 할 수 있다.

우리가 살아가는 사회가 좀 더 나은 상태로 변화하기 위해서는 문제발견(what to solve)과 이를 푸는 문제해결법(how to solve)을 위한 아이디어가 필요하다. 그런데 아이디어가 가지는 특성의 하나는 우리가 그것을 눈으로 보거나 손으로 만지는 것이 불가능하다는 점이다.

우리가 하루에 떠올리는 아이디어는 평균 약 5,000개이며, 대다수의 아이디어는 거의 모두 일시적인 공상에 그치고 만다. 따라서 아이디어를 반드시 형태, 즉 모양으로 만들거나, 만질 수 있거나, 볼 수 있도록 바꾸지 않으면 안 된다. 여기서 말하는 형태와 모양에는 물리적 대상으로 바꾸는 것 뿐만 아니라 그림, 만화, 스토리 등과 같이 바꾸는 것도 포함된다.

본 절에서는 아이디어를 발상해서 '형태로 만드는 방법'을 다루고자 한다. 그 목적은 '누구라도 생산적 형태로 사회 디자인에 참여할 수 있도록 만드는 것'에 있다. 디자인을 하는 방법, 즉 문제를 해결하는 방법에는 유일한 해답이란 없다. 왜냐하면 여러 가지 관점에서 디자인을 실현하는 방안들이 있고, 아이디어를 보는 방법도 다양할 수 있기 때문이다. 그 뿐만 아니라 디자인을 실행하는 방법 역시 여러 가지가 있고 아이디어의 질을 높이는 데도 다양한 방법이 있다.

아무리 좋은 아이디어를 발상한다고 하여도, 이를 '형태'로 만들 수가 없다면 이런 아이디어는 실행이 불가능하다. 따라서 말로 하지 말고 보여주는(be visual) 아이디어야 말로 실행 단계로까지 넘어갈 수 있는 가능성을 높이는 것이다.

디자인씽킹은 자연적이고 계발 가능한 인간의 능력에 의지한다. 여기에 필요한 것이 직관력, 특정 유형, 즉 패턴인식, 나아가 실제적이고 정서적으로도 유의미한 아이디어를 도출하는 것이 필요하다. 디자인씽킹에서는 감정이입과 빠르고 개략적인 프로토타입(quick and dirt prototype)을 제작하여 이를 가지고 신속히 피드백을 받는 것이 중요하다.

성공한 프로젝트와 디자인씽킹 간에는 영감, 통합, 아이디어 발상과 시험, 그리고 시행이라는 중요한 요소가 공유되고 있음을 확인할 수 있다. 즉 혁신이나 새로운 아이디어는 여러 차례에 걸친 개선 및 반복을 거치면서 완성도가 높아진다. 다음에 디자인씽킹에서 필요로 하는 이들 각 요소를 살펴보자.

영감

영감을 얻으려면 공감을 통한 감정이입이 필요하다. 이때 자연스런 상태에서 사람들의 행동을 관찰하는 일은 무엇이 중요한지 이해하도록 해주며 영감을 불러 일으켜준다. 이때 극단적인 사용자(extreme user) 혹은 예민한 사용자나 선도적 사용자(early adopter)와의 인터뷰가 필요하다. 또 이들이 어떤 일이나 대상을 가지고 언제 좌절하거나 개선할 필요를 느끼는지 등에 대한 주의 깊은 관찰이 요구된다.

통합

디자인씽커들은 현장에서 관찰을 하면서 충분한 시간을 보낸 후에 사용자들의 사용패턴 인식, 주제파악, 보고 등을 통해서 영감을 얻고 관찰한 모든 것이 가지는 의미를 찾아야 한다. 이것이 바로 센스메이킹(sense making)이다. 나아가서 관찰과 인터뷰를 통해서 진정한 인간중심적 문제를 찾아내기 위해 공감도 또는 공감지도(Empathy map)를 활용한다. 이때 우리는 발견한 것들을 분석하고, 의미를 부여하며 근본원인이나 행동패턴을 찾음으로써 이를 실행 가능하게 할 계획과 원칙으로 변화시킨다.

아이디어 발상과 시험

새로운 가능성을 타진하기 위해서 빠르고, 개략적이지만 사람들이 보고 반응할 수 있을 정도로 초기 모형을 만들어 제시한다. 이는 아이디어 발상(Ideate), 프로토타입 제작(Prototyping) 및 시험(Test) 과정에 해당된다.

시행

구체화되기까지 디자인을 다듬고 실행으로 옮기거나 또는 시장출시까지의 로드맵을 작성한다. 경우에 따라서는 단지 학습하기 위하여 신제품과 서비스를 출시하고 비즈니스 활동을 벌이기도 한다. 이는 본격적인 비즈니스를 하기 위한 선행단계이다.

문제의 틀을 다시 짜고 어디에 집중할지를 선택함으로써 문제해결 기회를 포착하는 사례를 살펴보자. 대기하는 손님이 많아서 줄이 길게 늘어선 레스토랑이나 식당, 환자가 많은 병원 혹은 디즈니랜드, 에버랜드 등 놀이공원에서 흔히 직면하는 너무나 긴 대기행렬은 기다리는 사람들을 짜증나게 한다. 그러나 해당 식당이나 병원은 이를 환호한다. 이 같은 경우에 기다림에 지친 고객을 위해 해결 방안을 찾고자 할 때 "어떻게 하면 손님들이 기다리는 시간을 줄일 수 있을까?"라는 문제의식이 생긴다. 그런데 만일 우리가 "어떻게 하면 '기다리는 시간'으로 인식되는 시간을 줄일 수 있을까?"라는 문제로 그 틀을 바꾼다면 문제 해결책도 달라질 수 있다. 예컨대 기다리는 동안 비디오 화면을 보게 하든지, 재미있고 흥미로운 공연을 보게 하는 방법으로 바꾼다면, 고객은 기다림 자체가 흥미로움으로 바뀌어 기다리는 시간이 주는 지루함에서 벗어날 수 있다.

탁월성을 추구하는 전문가 집단, 사회를 위해서 새로운 가치를 창조하고자 하는 기업가, 그리고 사회를 좀 더 좋게 긍정적으로 변화시키고자 하는 혁신가, 이들 모두는 이 같은 프로세스에 익숙해지는 것이 필요하다. 따라서 다음과 같은 경우 그 어디에 해당되든지 관계없이 디자인씽킹은 도움을 줄 수 있다.

1. 문제의식은 있으나 구체적인 해결책이 보이지 않을 때
2. 신상품이나 새로운 서비스를 만들고 또 개발하고 싶을 때
3. 신규 사업이나 새 프로젝트를 시작하고 싶을 때
4. "고객들이 우리 회사 제품을 왜 잘 인지하지 못할까?" 등 근본 원인을 몰라서 '문제해결 방법도 모르는 문제(Big unknown problem)'를 해결하고자 할 때

디자인씽킹이 보다 잘 작동하는 문제들은 '잘 정의되지 않는 문제', 즉 '초기에 문제와 해결책이 별로 알려지지 않은 문제'들이다. 디자인씽킹은 '우리가 알지 못하는 것을 찾아가는 흥미로운 탐색 여정'이다.

이상을 요약 정리하면 디자인씽킹은 문제 자체를 이해하고, 틀에 박힌 사고로부터 벗어나서 혁신적인 해결책이 필요할 때 잘 적용된다. 또한 다양한 관점과 여러 수준의 이해관계자(stakeholder)가 긴밀히 협업해야 할 때나, 제품이나 서비스 등 물질 단위의 혁신이 아닌 사용자, 즉 수혜자 중심의 혁신이 필요할 때 특히 효과적이다.

사회를 디자인하고자 하는 목적에서 본 장을 다루고 있지만, 이를 위해서는 디자인씽킹의 5단계 또는 6단계(독일 모델)에 익숙해지는 것이 필수적이다. 디자인씽킹의 단계(process)에 대해서는 다음 3장에서 다루도록 한다.

리프레이밍(Reframe): 소매점, 놀이공원 사례

- 소매점이나 놀이공원에서 기다리는 고객이 많아 긴 줄이 서 있을 때, 접근방식(프레이밍 및 리프레이밍)에 따라 달라지는 문제 해결방법

	프레임(Frame)에서	리프레임(Reframe)으로
문제 프레이밍	어떻게 하면 손님들이 기다리는 시간을 줄일 수 있을까?	어떻게 하면 '기다리는 시간'으로 인식되는 시간을 줄일 수 있을까?
문제 해결방안	인력을 채용하거나 놀이기구를 추가로 설치한다	재미있는 비디오 화면을 제공하거나 또는 길거리에서 하는 이벤트와 같은 볼거리를 제공한다

2.4

디자인씽킹의 공통 요소

디자인씽킹 방법이 가지는 공통 요소에는 다음과 같은 몇 가지가 있다. 이들 공통 요소의 특징을 간추려 보면 1) 사용자 중심주의(인간중심 디자인), 2) 신속하고 개략적인 프로토타입 제작과 즉시적인 피드백을 통한 수정이나 개선의 반복, 3) 빠른 초기 실패와 잦은 실패 경험을 통한 학습 추구, 그리고 4) 창조적 자신감의 강조 등이 있다. 디자인씽킹의 가장 중요한 4가지 공통적 요소를 아래에서 구체적으로 살펴보자.

사용자 중심주의(Human-centered Design)

사용자 중심주의는 인간중심 접근법이다. 즉 사용자에 대한 공감과 감정이입을 통하여 진정한 문제를 도출하고 문제해결의 단서를 찾는 것이다. 사용자가 무엇을 원하고 필요로 하는지 현장에 가서 실제로 관찰하고, 인터뷰를 하며 사용자 입장에서 직접 체험과 공감을 통해 인간중심 문제해결을 디자인씽킹에 적용한다.

예를 들면 신체 활동력이 떨어지는 장애인 및 노인들이 사회생활을 하면서 어떤 문제들에 봉착하는지를 직접 체험한 패트리셔 무어(Patti Moore)의 실화가 있다. 산업 디자이너였던 패트리셔 무어는 26살 때 80대 노인으로 분장하고 2년간 미국과 캐나다의 100여개 도시에서 노인 및 장애인으로서 생활을 실제 체험하였다. 젊은 나이에도 불구하고 스스로 시력이 떨어지도록 검은 색을 칠한 안경을 쓰고, 몸의 움직임을 불편하게 만드는 붕대를 다리에 감고, 지팡이에 의지하여 걷고, 대중교통을 이용하고, 쇼핑시설이나 호텔 등의 일반적 환경을 고령자의 입장에서 직접 체험해 봄으로써 사용자의 경험을 체득한 유명한 실험이었다. 이때 그녀가 한 경험은 후일에 인간중심의 디자인에 집중하는 보편적 디자인 회사 Universal Design을 설립하는 기반이 되었다. 본장 마지막에 실린 박스 글 <보편적 디자인의 원조: 패티 무어>를 참조 하라.

신속한 프로토타입 제작과 수정의 반복(Quick and Dirt Prototype)

컨설팅회사 IDEO의 대표인 팀 브라운은 프로토타입을 만드는 목적은 프로젝트를 끝내기 위한 것이 아니라, 해당 아이디어의 강점과 약점을 배우고, 개선을 위한 새로운 방향성을 설정하기 위한 것이라고 강조한다. 프로토타입 제작은 주변에서 쉽게 얻을 수 있는 재료를 활용하여 저렴한 비용으로 개략적으로 나아가 신속하게 만들어서 해법의 개념을 증명하거나 개선 혹은 수정을 위한 목적으로 행하는 것이다.

성공적인 스타트업의 조건을 제시한 '린스타트업(Lean Startup)'의 저자 에릭 리스(Eric Ries)는 부가적인 부분 없이 최소한의 핵심적인 기능만 구현한 제품(Minimum Viable Product)을 신속히 개발해 사용자의 반응을 보고, 이에 따라 필요한 수정이나 개선 작업을 진행하는 '만들기-측정-학습 피드백고리'('Build-Measure-Learn Feedback loop')를 강조한다. 그의 말에 따르면 중요한 것은 신속하게 개략적인 프로토타입을 만드는 것(rapid and rough prototyping)이며 고객 대상의 신속한 시험과 피드백(설문조사가 아님)을 통하여 지속적으로 학습한다는 것이다.

또한 사용자가 원하는 제품 개념을 초기에 저비용으로 설계 · 제작해봄으로써 실제 기능과 정밀한 형상을 가진 시제품을 제작할 때의 실패 비용을 최소화할 수 있다. 철저한 사전 준비 후 상당한 수준의 정밀도를 가진 프로토타입을 제작하는 것보다는 가능한 빨리 실행으로 옮겨 반복적 수정을 하는 쪽이 문제해결에 더욱 효과적이다.

빠른 초기 실패 및 잦은 실패 경험을 통한 학습(Fail early and often)

천재들은 다만 더 많이 시도했을 뿐이다.[4] 에디슨(Thomas Edison)은 전구를 발명할 때 10,000번의 실패를 한 경험을 10,000번의 작동하지 않는 방법을 발견했다고 말한 바 있다. 혁신적으로 생각하는 사람들은 주저 없는 실행을 통해 경험의 데이터베이스를 만들고, 이것에 의지해 좀 더 현명한 선택을 하는 경향이 있다. 왜냐하면 약점은 일찍 발견할수록 더 빨리 고칠 수 있기 때문이다. 따라서 이른 실패는 혁신을 성공시키는 매우 중요한 요인이 된다.

이와 같이 실패를 실패로 보지 않는, 오히려 잦은 도전과 실패를 장려하는 관점은 디자인씽킹의 주요 특징 중 하나다. 디자인씽킹은 실패를 용인하고 실수로부터 배우는 것을 강조한다. 결국 디자인씽킹은 행함으로서 학습하는 것이기 때문이다. 실제로 디자인씽킹은 생각과 회의보다는 행동과 만드는 것을 더 많이 하도록 요구한다(bias toward action).

디스쿨(d.school)이 프로토타입 제작의 목적 중 하나로 "빨리, 저렴하게, 자주 실패하기 위함"을 꼽는 것도, 가능한 최소한의 자원을 투입해서 아이디어를 테스트 해보고 실패를 통해 개선이 필요한 요인들을 발견하는데 그 의미를 두기 때문이다.

실패를 성공의 어머니로 만들기 위해서는 실패로부터 배울 자세가 되어 있어야 한다. 실패로부터 배우기 위해서는 먼저 실패를 인정해야 한다. 실수나 실패를 시인하는 것은 앞으로 나아갈 수 있는 디딤돌이 된다. 놓친 기회와 실패에 대한 이야기는 배움을 위한 보고가 될 수 있다. 스탠포드대학의 Tina Seelig 교수가 학생들에게 실패 이력서를 쓰도록 하는 것도 이와 동일한 맥락이다. 그는 학생들에게 자신이 겪은 가장 큰 실패와 실수를 상세히 담은 실패 이력서를 작성하도록 한다. 왜냐하면 자신들의 경험을 실패라는 렌즈를 통해 들여다봄으로써 스스로 저질러온 실수들과 화해하게 된다고 여기기 때문이다.

제품 개발 과정의 초기단계에서 실패는 선택이 아니라 필수라고 할 수 있다. 문제와 해결 영역의 한계를 찾기 위해 신속하게 또 개략적으로 만든 프로토타입

[4]http://www.youtube.com/watch?v=16p9YRF0l-g

을 부수고 다시 만들어 사용자의 경험을 시험해 보는 것은 반드시 필요하다. 이러한 시행착오 방법으로 실험을 계속적으로 수행하면 "이해–창조–학습"이라는 반복적 고리를 만들게 되고 이는 좋은 결과를 얻는 것이 가능하도록 만든다.

창조적 자신감

디자인씽킹은 성장 마인드세트(Growth Mindset)를 가지도록 주문한다. 성장 마인드세트를 가진 사람은 사람의 진정한 잠재력은 아무도 모르기 때문에 열정과 노력 그리고 훈련 및 경험을 통해 자신의 능력치를 신장할 수 있다는 믿음을 가지고 있다.

스탠포드대학 사회심리학자인 밴두라(Albert Bandura) 교수는 뱀 공포증–치료 사례를 통해 직접 경험의 힘을 이용하여 잘못된 믿음을 제거할 수 있음을 보여준다. 그는 사람들이 직면하는 커다란 두려움, 즉 공포를 좀 더 작고 감당할만한 수준의 단계로 나누어 이를 일소해나가는 유도숙달(guided mastery) 방법을 사용함으로써 뱀에 대한 공포증을 극복할 수 있도록 하였다. 밴두라는 유도숙달을 통해 뱀 공포증을 극복한 환자들과의 사후 인터뷰를 통해서 공포증을 극복한 사람들은 무엇이든 할 수 있다는 자신감이 높아졌음을 확인하고 이를 자기효능감(self efficacy)이라 이름 붙였다.

유도숙달은 일련의 작은 성공 모음이라고 할 수 있고 이를 통해 자기효능감을 높일 수 있다. 이처럼 디자인씽킹의 근본 철학은 사람들의 잠재적 능력을 일깨우고 창조적 자신감을 키우는 것이다.

초기의 실패, 잦은 실패를 경험함으로써 창조적 자신감을 배양하는 것은 디자인씽킹의 프로토타입 제작의 목적 중 하나이다. 스탠포드대학 밥 서튼 교수는 "실패하면 엿 같은 기분이 들겠지만, 실패는 우리를 가르치는 엿이다."라고 말한 바 있다. 즉 우리는 길을 잃으면 조금 헤매기는 하겠지만 그 뒤에 다시 길을 찾으면 되는 것이다. 실패는 길을 잃고 잠시 헤매는 것과 같다. 실패에 대한 초기의 두려움을 극복하고 창조적 자신감을 얻었다 할지라도 자신을 확장시키려는 노력이 필요하다. 창조적 자신감을 갖기 위한 선행조건 중 하나가 자신의 능력치는 미리 정해져 있는 게 아니라는 믿음, 즉 성장 마인드세트이기 때문이다.

이처럼 창조적 능력 또한 연습에 의하여 커지고 강화되는 것이다.

결국 문제 해결에 자신감을 갖게 해주는 창조적 자신감이 디자인씽킹의 가장 중요한 토대가 된다. 참고로 덧붙이면 창조적으로 생각하는 사람은 답이 없는 개방형 질문과 마주했을 때 바로 결론을 내리려 하지 않는다. 질문과 마주했을 때 맨 처음 떠오른 답은 일단 제쳐두는 것이 창의적 사고를 위한 연습으로써 큰 도움이 된다. 왜냐하면 맨 처음 떠오른 답은 분명 판에 박힌 답일 가능성이 높기 때문이다. 그 다음에 새롭게 떠오른 아이디어 중에서 맨 처음에 떠오른 것보다 더 좋은 아이디어가 있는지 질문하는 것은 창의적 문제해결에 도움이 된다.

한편 독일 HPI 연구소의 플라트너, 마이넬 그리고 라이프(Plattner, Meinel & Leifer)교수는 공동저서 디자인씽킹: 이해－개선－적용(2011)에서 디자인씽킹의 원리를 다음과 같은 4가지 원리로 기술하고 있다(Plattner, Meinel, & Leifer, 2011).

1) 인간중심 원리

모든 디자인 행위는 궁극적으로는 사회적 성격을 띠고 있다. 인간중심적 관점은 인간의 욕구를 충족시키고 인간적 요소를 인정하는 것이다.

2) 모호성 원리

디자인씽커는 모호성을 유지해야 한다. 혁신은 종종 우리의 지식, 사건을 통제하는 우리가 가진 능력의 한계에서, 사물을 기존과 다르게 볼 수 있는 자유영혼과 실험 정신을 요구한다. 따라서 정의 및 경계가 모호한 문제에서 혁신은 더욱 잘 이루어진다.

3) 재설계 원리

모든 디자인은 재설계이다. 우리가 만족시키고자 하는 인간의 욕구는 이미 우리 주위에서 수천 년 이전부터 있어왔다. 따라서 과거에 이같은 욕구가 어떻게 다뤄져 왔는지를 살펴보면, 미래에 사회적 및 기술적 조건들을 더 잘 충족시킬수 있는 방안에 대한 예측 및 해결 방안을 적용할 수 있다.

4) 유형의 원리

디자인씽킹에서는 관념적 의사소통이 아닌 시각적(visual)이고 촉각적(tactile)인 도구를 활용한 소통을 중요시한다. 그 방법으로 아이디어를 유형으로 만드는 것은 소통을 더욱 용이하게 한다. 이처럼 프로토타입은 소통을 촉진한다. 우리가 보통 프로토타입을 '생각하기 위하여 만든다(build to think).' 혹은 '손으로 하는 사고(thinking by hands)'라 하는 것도 바로 이 때문이다. GE의 전설적인 전회장 잭 웰치는 레스토랑에서 흔히 사용하는 냅킨위에 GE 경영구상을 그림으로 그렸다. 이같은 단순한 스케치라도 시각적 결과물을 가지고 접근하면 문제해결 과정에서 구성원들의 참여도를 크게 높일 수 있을 뿐 아니라 실행 가능한 전략을 효과적으로 도출할 수 있다.

2.5

디자인씽킹 마인드세트

디자인씽킹은 사람 중심의 공감을 통해 잠재적 니즈를 발견하고 빠른 실패를 허용하는 문화와 협업을 통해 새롭고 가치 있는 해결책을 찾는 마인드세트에서 출발한다.

앞 장에서 언급한 바와 같이 디자인씽킹은 일련의 마음가짐(mind-set)과 그 맥을 같이한다. 디자인씽킹에서 강조하는 기본적 마음가짐은 인간중심적 태도, 협업을 중시하는 마음, 긍정적 태도, 실험 정신 등으로 구성된다. 나아가 비판금지, 조기에 자주 실패하기, 말보다는 실제로 보고, 만지고, 냄새 맡을 수 있도록 보여주기, 인간가치에 집중하기, 명확하게 하기, 실험을 환영하기, 행동 우선, 무조건 협업, 과정을 항상 고려하기, 열린 마음, 사용자에 대한 공감, 놀이처럼 즐겁게 하기, 축하하기, 그리고 개인이 제시하는 의견의 존중하기 등과 같은 자세를 포함하고 있다. 디자인씽킹의 마인드세트를 부르는 용어에는 "생각하는 방법", "디자이너로 생각하기", 혹은 "디자인 태도" 등이 있다(Martin 2009; Brown 2008; Boland & Collopy 2004; Thompson 2009).

이제 디자인씽킹을 가르치는 스탠포드대학의 디스쿨에서 강조하는 마인드 세트를 구체적으로 살펴보자.[5]

인간 가치에 초점을 맞출 것(Focus on human values)

디자인의 수혜자인 고객을 관찰 및 공감하고, 이들로부터 피드백을 받는 것이 고객이 가진 진정한 문제를 해결하는 접근법이다. 따라서 이때 우리가 디자인을 해주고 피드백을 받는 사람들에 대하여 공감하는 것이야 말로 기본이다.

말로 설명하지 말고 실제 경험하도록 보여 줄 것(Show, Don't tell)

문제의 주체인 고객이나 사용자가 실제로 경험해 보도록 하고, 구체적인 대상을 볼 수 있도록 접근한다. 보여준다는 것은 해결책을 예시적 스케치나 스토리텔링 등을 통해 제시하는 것을 의미하며, 이것은 효과적이고 의미 있는 소통을 가능하게 한다.

실험을 환영하고 반복할 것(Embrace experimentation)

가능하면 실험을 많이 하는 것이 바람직하다. 프로토타이핑이란 자신의 아이디어를 증명하는 것일 뿐만 아니라, 혁신 프로세스를 통합하는 중요한 부분이다. 손으로 직접 무언가를 해보거나 만들거나 그려보는 것 등 실험을 많이 해보는 것은 생각하고 배우기 위함이다.

프로세스를 항상 유념할 것(Be mindful of process)

반두라(Bandura) 교수는 유도숙달(guided mastery)을 통해 작은 성공을 반복적이고 또 체계적으로 수행함으로써 큰 성공에 이를 수 있음을 강조하였다. 이는 디자인씽킹 프로세스에서 유념해야 할 충분한 이유가 된다. 지금 하고 있는 활동이 디자인씽킹 단계의 어디에 해당되는지 그리고 해야 할 것이 무엇인

[5] https://dschool.stanford.edu/groups/k12/wiki/cc09d/Summer_Workshop_2013.html d.school bootcamp bootleg

지를 파악하고, 그 단계에서 적용하는 방법과 목표가 무엇인지를 알고 임해야 한다.

명료화할 것(Craft clarity)

뒤얽혀있는 복잡한 문제들로부터 해결을 위한 일관성 있는 프로세스를 만든다. 다른 사람들로부터 영감을 얻고 그들의 상상력을 자극하는 방법을 구조화한다. 이때 누구를 위하여 디자인하는가?(즉 사용자는 누구인가?), 무엇을 가르치는가?, 무엇을 실제로 시도하려고 하는가?(디자인 과정은 어떤가?), 언제 할 것인가?, 프로토타입에 어떤 내용을 포함하고 또 어떤 과정으로 만들 것인가?, 누구와 협업할 것인가? 등과 같은 구체적인 질문을 제기하고 각각에 대한 해답을 명확히 하는 것이 도움이 될 것이다.

무조건 협업할 것(Radical collaboration)

다양한 전공 분야와 서로 다른 관점을 가진 혁신적으로 생각하는 사람들과 무조건 협력하라. 왜냐하면 우리는 다양성을 통해서야만 놀랄만한 통찰과 해법의 돌파구를 찾을 수 있기 때문이다. 특히 이 업종 간의 협업 그리고 서로 다른 문화를 배경으로 하는 사람들이 팀으로 협력하는 것이 바람직하다.

행동에 우선순위를 둘 것(Bias toward action)

좋은 생각이 났으면 즉시 실행에 옮긴다. 어떻게 보면 디자인씽킹이란 부적절한 명칭이다. 그 이유는 디자인씽킹은 생각보다 행동에 강조점을 두기 때문이다. 디자인씽킹에서는 생각하는 것보다 행동으로 옮기는 것이 더 중요하다. 생각하고, 회의하고 논의하는 것보다는 직접 해보고, 만들어 보고, 또 실패하는 데서 문제해결은 이루어진다. 따라서 생각과 회의보다 행동(doing)과 만드는(making)데 치중하는 것이 중요하다.

최근에 레릭(Lewrick) 등(2018)은 기존의 디자인씽킹 마인드세트 외에 새로운 마인드세트를 추가적으로 제시하고 있다. 즉, 다양한 측면에서 사물을 보

그림 2.1 디자인씽킹을 위한 마인드세트

기 위해 관점을 바꾸어보는 것, 호기심, 열린 마음, 지속적으로 질문하는 자세, 복잡성을 수용하는 것, 공동창조(Co-create), 성장 및 확장, 다양화하는 마음상태, 그리고 행동에 대한 성찰 등이 여기에 추가되었다.

스탠포드대학 교수인 패퍼와 셔튼(Pfeffer와 Sutton)이 쓴 저서 '앎과 행함 간의 간극(knowing-doing gap)'에서는 망설임이 기업문화에 미치는 영향에 대하여 언급하고 있다. 즉 알기는 하지만 실천으로 옮기지 못한 사례로 세계 최대의 카메라 및 필름 메이커였던 이스트만 코닥(Eastman Kodak)사가 한 실패를 사례로 다루었다. 이 회사는 사진의 미래는 디지털임을 최소한 머리로는 이해하고 있었다. 그러나 이를 실행으로 옮기지 못해 1975년까지 가진 디지털 카메라 메이커 선발주자라는 장점을 살리지 못하였다. 코닥은 정보 부족이 아니라 통찰을 효과적인 행동으로 전환시키려는 노력의 결핍, 즉 '앎과 행함 간의 간극'에 의한 '망설임'으로 말미암아 혁신을 할 기회를 놓쳤고, 그 결과 과거의 위상을 회복하지 못하고 마침내 쇠락하고 말았다.

디스쿨의 임원교육 프로그램을 담당하고 그 자신이 이노베이터인 페리 클래번(Perry Klebahn)이 기업임원들에게 강조하는 말이 있다. "준비를 갖추지 말라. 일단 시작하라! 실패를 두려워하지 말고 시도하지 않는 것을 두려워하라."

노르웨이 NTNU 대학 교수인 슈타인어트는 디자인씽킹 마인드세트가 다음과 같은 특징이 있다고 언급하고 있다(Steinert, 2015).

- 과학적인 면보다는 경험으로부터 배우는 예술적인 면이 더 강하다.
- 분석적이기 보다는 행동 지향적인 면이 강하다. 즉 행하고 피드백을 받아 필요시 수시로 개선한다.
- 스스로 배우는 면이 강하다. 즉 행하고 개선하는 형태로 스스로 학습한다.
- 사전에 정교하게 기획하기보다는 적응적이고 동적으로 접근한다.
- 정교한 실물크기의 프로토타입 보다는 학습을 위해 거칠지만 저렴한 개략적 프로타입이 중요하다.
- 과정/무형 및 측정보다는 공간/유형 및 공감하기가 더 중요하다.

이처럼 슈타인어트 교수는 모호함 속에서 행동하는 것이 아는 것처럼 가정하는 확실함보다 더 중요하다고 강조하고 있다. 그는 너무 과도한 기획은 오히려 위험하다고 강조한다[6]. 즉 이것은 상세히 기획하고 실행하는 프로젝트보다는 적절히 기획하고 실행하면서 수정 · 개선하는 프로젝트가 성공하는 확률이 높다는 것과 같은 맥락이다. 디자인씽킹은 제품과 서비스 개발의 전 과정을 직접 실행해보고 개선하는 '행동을 통한 학습'을 무엇보다 중요시 한다.

디자인씽킹은 분석적 사고의 숙련성과 직관적 사고의 창조성이 역동적으로 균형을 이루는 통합적 사고이다. 토론토대학 비지니스 스쿨의 교수인 로저마틴(Roger Martin, 2009)은 지금까지 사람들이 한 경험적 데이터를 중심으로하는 분석적 사고와 앞으로 일어날 타당성에 기반하는 직관적 사고의 혼합이 바로 디자인씽킹이라고 정의하였다(그림 2.2). 다시 말해 여태껏 성공적으로 해오든 비지니스에 미래에 기대되는 새로운 비지니스를 결합하는 사고 방식이야 말로 디자인씽킹이라고 정의한 것이다. 따라서 어떻게 만드는가(how to make)와 무엇을 왜 만들어야 하는가(what/why to make) 사이의 균형을 찾는 과정이야 말로 바로 디자인씽킹인 것이다. 제품과 시스템의 기능과 품질 개선을 위해 어떻게 만들 것인가에 대한 고민은 기술과 비즈니스 모델 등 공학기술 영역에서 이루어진다. 그러나 새로운 상호작용(interaction)이나 삶의 양식(lifestyle) 관련

[6] "Too much planning may be dangerous"

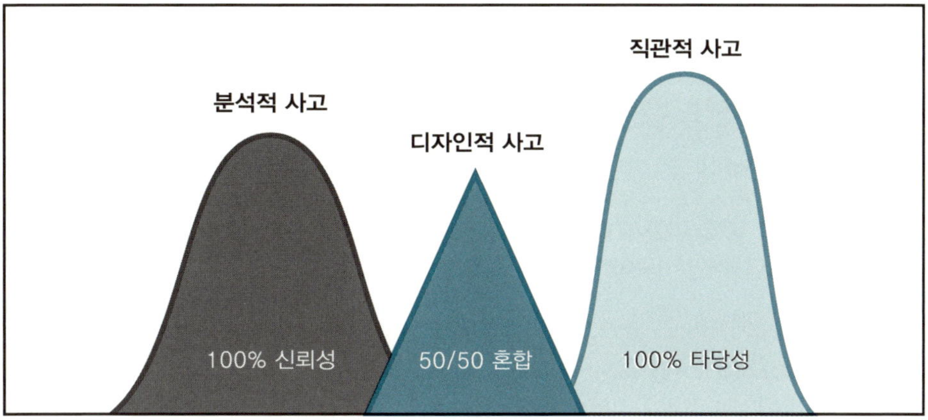

그림 2.2 디자인씽킹: 분석적 사고와 직관적 사고의 균형

경험을 더하여 무엇을 왜 만들어야 하는가에 대한 고민은 디자인 영역에서 이루어진다. 결국 디자인씽킹에서는 공학기술 영역과 디자인 영역 사이의 균형을 찾는 것이 무엇보다 중요하다.

요컨대 디자인씽킹은 팀 브라운의 주장처럼 "실현가능성(비즈니스), 실용성(기술적), 바람직함(인간적)이라는 3가지 영역의 교집합을 찾으면서 고객의 진정한 필요와 욕구를 고려하는 태도"에서 출발해야 한다. 나아가 문제발견이 쉽지 않거나 또 모순이 있는 문제 등을 해결하는데 디자인씽킹을 적용할 수 있다. 그러나 기본 바탕에는 사람에 대한 이해를 통한 새로운 가치 창조와 경험 창조를 전제로 하고 있다.

디자인씽킹 성공 사례: 포대기 인큐베이터(Embrace incubator) 개발

포인트:

- 통찰을 통한 혁신적 체온유지 인큐베이터 개발
- 저비용 인큐베이터를 디자인하기 위해 최종 사용자인 산모의 입장이 되어보기

해결하여야 할 과제: 어떻게 하면 저체중 미숙아의 체온을 유지할 수 있는 기구를 만들어서 오지에서 태어난 미숙아의 생존 기회를 높일 수 있을까?

개발과정: 연구자들이 2년간 인도 및 네팔의 오지 지역을 돌아다니며 산모, 조산원, 간호사, 의사, 상인들과 대화를 나누며 진짜 문제를 도출하였음. 인도 및 네팔의 오지에는 의료시설이 열악할 뿐만 아니라 전기 공급에 문제가 있음. 이들은 이같은 사실을 통해 좋은 품질의 저렴한 인큐베이터 개발로부터 미숙아의 체온을 보존하는 방법으로 문제해결의 방향을 바꿈

결론: 좋은 디자인을 얻으려면 최종 사용자들을 가까이에서 관찰하고 인터뷰하여야 함

개발자: 스탠포드대학의 "Design for extreme affordability" 강좌 수강 대학원생들

그림 2.3 인도 및 네팔 오지의 저체중 신생아를 위한 포대기 인큐베이터 개발 사례

2.6

디자인씽킹 실천을 위한 환경

다음에서 디자인씽킹 과정이 성공하기 위하여 최적화된 환경이 어떤 것인지, 어떻게 팀을 구성해야 할 것인지, 나아가 공간구성은 어떻게 하는 것이 바람직한 것인가 등을 중심으로 살펴보자.

디자인씽킹 팀 구성

디자인씽킹은 "팀" 단위의 무조건적 협력을 전제로 한다. 따라서 팀을 어떻게 구성하는가가 대단히 중요하다. 놀랄만한 통찰이나 문제해결을 위한 돌파구는 다양성으로부터 나오기 때문에 다양성을 전제로 하는 팀 구성이 필수적이다.

디자인씽킹을 위한 팀은 다양한 전공 배경 및 서로 다른 관점, 그리고 문화적 다양성을 가진 사람들로 구성하는 것이 좋다. 팀 기반 디자인씽킹 활동에는 별도의 팀 리더 없이 역할과 책임을 팀원 각자에게 고루 분산하여 수평적 관계에 기초한 팀워크가 필요하다. 이때 팀 규모는 5~6명 정도의 소집단으로 구성하는 것이 좋다.

디자인씽킹 팀 구성원으로서는 소위 T자형 인간이 적합하다. 즉 자신의 전공 분야에 정통하면서도 인접 분야에 대한 폭넓은 이해를 가지고 있어야 하며 이에 추가하여 효과적인 의사소통 스킬과 열린 마음을 갖추고 있어야 한다.

디자인씽킹 공간

효과적인 디자인씽킹 프로젝트를 수행하기 위해서는 특별한 공간을 마련하는 것이 중요하다. 그 이유는 실험을 통한 학습 즉 행함으로서 학습하는 것이야말로 디자인씽킹의 기본이기 때문이다.

이 공간은 자유로운 분위기 다시 말해 협업을 가능케 하는 세팅 및 환경이 필요하다. 따라서 고정된 책상이나 의자가 아니라 바퀴가 달려서 이동이 용이한 교육보조재가 필요하다. 여기에 추가하면 열린 공간, 움직일 수 있는 가구, 지정된 팀 공간 및 강단, 발표를 할 수 있는 장소, 놀이 할 수 있는 공간 등이 필요하다. 나아가 개인적으로 활용 가능한 공간, 비공식 회의 공간, 기록이 가능한 벽면, 여기에 추가하여 프로토타이핑을 하기 위한 손쉬운 재료들 외에 완구나 공작 공간 등도 필요하다. 그리고 적당한 음악이 있으면 팀 분위기에 긍정적으로 작용할 것이다.

예를 들어 IDEO사의 '프로젝트 룸'의 경우는 축적된 연구 자료와 사진, 스토리보드, 모형 등이 모두 비치되어 있어서 필요할 때마다 활용이 가능하다. 이런 공간은 팀원들 간의 활발한 협력을 도모하고 외부 파트너와 고객기업들과의 원활한 의사소통을 지원하는 기능을 함으로써 팀 전체의 생산성을 향상시키는 효과를 보여주고 있다.

이 밖에도 스위스 상갈렌(St. Gallen)대학, 스탠포드대학 디스쿨, 싱가포르 폴리텍(Singapore Polytechnic), 대만국립대학교 디스쿨, 가나자와공업대학 등 디자인씽킹을 교육하는 많은 대학에는 자유로이 과제 수행을 할 수 있는 공간이 잘 구비되어 있다.

스탠포드대 디스쿨의 돌리와 위토프(Doorley와 Witthoft)는 메이크 스페이스(Make Space, 2012)란 책을 저술하면서 디자인씽킹 공간을 마련할 때 유의할 사항을 다음과 같이 강조하고 있다.

- 사람들을 서로 근접하도록 하되 너무 가깝게 접근하도록 하지는 말 것
- 각자 책상을 가지고 있지만 칸막이가 없는 개방된 공간이 적절함
- 소음이 될수록 통제되도록 고려할 것
- 바퀴 달린 가구 등 유동성을 갖출 것. 그러나 제자리에 있을 것은 제자리에 위치시키는 것이 바람직함
- 미니 공간 등 프로젝트에 맞도록 공간 재구성이 가능할 것
- 실험이 허용되는 환경 조성. 즉 라면상자, 합판, 스티로폼, 콘크리트, 화이트보드 등 최소한의 장식이나 마감 등을 활용하여 마음껏 실험할 수 있어야 함
- 가능하면 개략적인 실물 크기의 실험모형을 제작하고 경험을 공유함
- 팀원들과 공간 경험을 공유할 수 있는 환경 조성

뉴요커(THE NEW YORKER)가 보도하는 이노베이션 연구

하버드 대학에서 36,000건의 과학 논문을 빅테이터로 분석한 "이노베이션을 일으키는 3가지 요인들"을 분석한 연구 결과:

① "혁신가를 한자리에 배치하는 것은 중요하다"
② "다듬지 않은, 쉽게 변경 가능한 환경은 매우 중요하다."
③ "색다른 환경을 만드는 것은 창의성을 자극하는 아주 좋은 방법이다."

<출처: Building20@MIT>

다음에 제시하는 [그림 2.4], [그림 2.5], [그림 2.6], 그리고 [그림 2.7]은 각각 스탠포드 대학 디스쿨 공간, 싱가포르 폴리텍의 디자인씽킹 공간, IDEO의 프로젝트실, 그리고 상갈렌대학의 디자인씽킹 로프트를 보여준다. 이들에게서 확인할 수 있는 공통점은 자유롭게 아이디어를 도출할 수 있고 즉시 프로토타입을 제작할 수 있는 자유롭고 열린 공간이라는 것이다.

또한 재료 보관함을 편리하게 디자인씽킹 공간에 비치하는 것도 좋은 방법 중 하나이다.

그림 2.4 Stanford 대학교 dschool 공간

그림 2.5 Singapore Polytechnic Design Thinking space

그림 2.6 IDEO 프로젝트실

그림 2.7 스위스 St. Gallen 대학 Design Thinking Loft

보편적 디자인(Universal Design)의 원조: 패티 무어(Patti Moore)

배경: 패티 무어는 조모 손에서 자랐다. 자기를 키워준 할머니가 연로하게 되어 가사를 더 이상 도울 수 없게 된 어린 시절을 회상하고, 20대가 되어서 "고령자와 신체가 불편한 사람들이 사회를 살아가는 데 어떤 불편과 어려움이 있는가?"를 스스로 체험하기 위해 2년여 간 미국 및 케나다 도시 112개를 신체가 불편한 고령자로 분장하여 공감을 통한 체험을 하기 위해 여행하였다. 이 세대를 넘어선 시간여행 실험 후 그녀는 누군가 사용이 편리한 "인간중심의 보편적 디자인, Human-centered universal design"의 원조가 된다.

▶ 패티 무어는 당시 뉴욕소재 최고 디자인회사 Raymond Loewy에 입사한다. 이 회사는 제품 디자인으로 세계 최고였고, 맨하탄 본사 직원이 350명이었다. 이 회사의 유명한 업적은 특이한 곡선으로 유명한 코카콜라병 디자인과 로열 더치 셀의 로고를 만들어 지금도 전세계적으로 알려져있다.

과정: 입사후 냉장고 디자인팀에 배속된 그녀는 몸이 불편하여 냉장고 문을 쉽게 열 수 없는 사람도 사용이 용이한 디자인을 하자고 제안하였다. 그러나 남자직원들은 "패티, 우리는 장애자들을 위해 디자인을 하는게 아니야 라고 답을 했고" 이것이 그녀로 하여금 "다른 사람의 처지가 되어 살아보는 진정한 몰입(Immersion)을 하는 '20세기에 가장 급진적 공감실험'"을 하도록 만들었음.

공감준비: 20대 여성이 80대 할머니로 분장하기 위해서 그녀는 TV방송국에 근무하는 친구 분장사의 도움을 받았다. 즉 팔,다리에 부목을 대어 이동이 불편하게 만들고, 얼굴에 라텍스를 여러겹 입혀 늙고 주름진 얼굴을, 안경을 뿌옇게 칠해서 시야를 흐리게 한 뒤, 귀에는 솜을 넣고 그리고 다리에는 철제 보조기를 넣어서 지팡이 없이는 걷기가 어려운 80대로 분장하였다. 특히 바닥이 울퉁불퉁한 신발을 신어서 지팡이를 짚고도 절뚝거리는 노인으로 분장한 것이다.

그녀는 실험기간 동안 몸이 불편한 노인이 가파른 계단을 어떻게 올라가는지, 만원 버스에서 어떤 대접을 받는지, 육중한 백화점문을 들어갈 때 얼마나 힘든지, 혼잡한 도로의 횡단보도 건너기는 얼마나 위험한지 등을 체험하였다.특히 사회적 편견, 노인 및 장애인에 대한 일반인의 태도, 그리고 무엇이 삶을 어렵게 만드는 지를 체험한 것이다.

▶ 2년 이상 실시된 이 공감실험에서 보편적 디자인(universal design)이 탄생한다. 그 후 아주 작은 사례로는 손에 관절염이 있어도 사용가능한 감자깍기 칼, 두꺼운 고무손잡이가 달린 조리용품 등에서부터 시작하여 아프칸 및 이락 전쟁의 참전 상이용사들을 위한 재활원 디자인, 미국 장애인법안통과, 장애인이 운전가능한 자동차 설계 등을 해 오고 있다. 오늘날은 세계 각국의 다양한 기업들, 정부기관 그리고 기타 조직들과 일을 하면서 특히 GE, Ford, Toyota 등 글로벌 리딩기업과 협업하며 이 세상을 밝게 만들고 있다.

디자인씽킹 프로세스에 집중하면서, 탄생한 보편적 디자인 그 원동력은 공감을 통해서 탄생하였다. 이를 만든 패티 무어는 신체기능에 상관없이 누구나 쓸수 있는 제품, 소비자의 눈으로 바라보는 세상, 나아가 금전보다 사람의 삶의 질을 개선하는 새로운 시도 그리고 궁극적으로는 적대감이 없어지고, 총기 없는 사회 나아가 전쟁없는 더 밝은 세상을 만들기 위해 활동하고 있다.

<자료; 2018년 Bergen대학 주최 국제디자인싱킹대회에서 박재호와 Pattie Moore 인터뷰 요약>

3

디자인씽킹 프로세스의 모델들

Design Thinking

많은 기업들이 디자인씽킹의 중요성을 인식하고, 이노베이션을 구현하는 혁신과 창의력 도구로서 디자인씽킹을 활용하고 있다. 그런데 디자인씽킹에 대한 비판적 시각이 있는 것도 사실이다. 대표적인 것이 디자인씽킹은 사용자 입장을 중시하고 통합적인 사고를 통해 문제 해결을 하는 모든 프로세스에 갖다 붙일 수 있는 모호한 개념이라는 지적이다.

이러한 비판적 시각은 디자인씽킹에 대한 단 하나의 고유 모델이 없다는 점에서 비롯된 것일 수 있다. 그러나 디자인씽킹에서는 어떤 한 가지 모델이나 표준을 고수하지는 않는다. 디자인씽킹은 일종의 프로세스이기 때문에 이를 가르치는 대학(Stanford, Columbia, Toronto, Virginia(이상 북미), Potsdam(독일), NTNU(노르웨이), Aalto(핀란드), Singapore National University 등)이나 대기업 및 컨설팅 회사(IDEO, IBM, Google, P&G 등) 등에 따라 사용하는 모델이 각각 다르다.

디자인씽킹 프로세스는 일반적으로 다음과 같은 요소들이 포함하고 있다.

1. **공감하기(empathize)**: 인터뷰, 관찰, 문화적 탐색, 직접 체험하기, 스토리텔링 등
2. **문제정의하기(define;** point of view): 문제정의문 · 착안점, 재구성과 문제 확인하기, 페르소나(Persona), 어떻게 하면...(HMW), Frameworks
3. **아이디어 발상하기**(ideation): 어떻게 하면...(HMW), 아이디어 발상 및 선정, 브레인스토밍, 스케치
4. **프로토타입**(Prototype): 저정밀도(low fidelity) 프로토타입, 역할극, 비디오, 고정밀도(high fidelity) 프로토타입
5. **테스트(Test)**: 피드백받기, 피드백 성찰하기, 반영하기

그리고 각 단계를 반복적으로 행하는 것인 **반복하기(Iteration)** 등이 포함되어 있다.

디자인 프로세스의 특징은 프로젝트를 수행할 때 각 단계를 순차적으로 따르는 것만이 아니라 디자인씽커들이 각 단계를 뛰어넘거나 경우에 따라서는 역으로 소급도 해야한다는 것이다(Brown, 2008). 브라운은 "디자인씽킹이 무질서하게 느껴질 수도 있다. 그러나 구조가 순차적이고, 다른 비즈니스 활동 같은 종류의 이정표 기반 프로세스와 다르지만, 이 프로세스는 합리적이고 나아가 성과를 얻을 수 있다."라고 강조한다. 즉 디자인씽킹 프로세스의 특징은 각 단계간의 반복이라는 것이다.

디자인씽킹 프로세스가 반복적이라는 것은 디자인씽킹을 하는 팀이 전통적인 공학설계 방법과 같은 통제 없이 서로 다른 단계 즉 공감하기, 문제정의하기, 아이디어내기, 프로토타입, 테스트 등을 수시로 왕래한다는 것을 의미한다.

디자인씽킹은 아이디어를 서로 빠르게 이해하고 소통하기 위하여 도구와 시각적, 촉각적 신속한 프로토타입핑의 중요성을 강조한다. 아이디어 발상 단계와 프로토타입 단계는 공감하기와 문제정의하기 이후에 이루어지는데 이 두 단계는 고객의 요구를 이해하기 위하여 수행하게 된다.

디자인씽킹 프로세스는 환경이나 목적에 따라 맞춤형으로 적용할 수 있다. 그 중에서 현재 가장 많이 사용되는 것은 스탠포드 대학의 5단계 모델이다. 다음에 스탠포드 대학의 5단계 모델을 포함하여 다양한 디자인씽킹 프로세스를 하나씩 소개하고자 한다.

3.1

디자인 과정을 따르는 Stanford-IDEO 모델

스탠포드-IDEO의 모델은 나중에 설명할 스탠포드 대학의 표준 모델을 약간 다르게 표현한 형태이다. 이 모델은 문제정의(혹은 재정의), 니즈(요구) 파

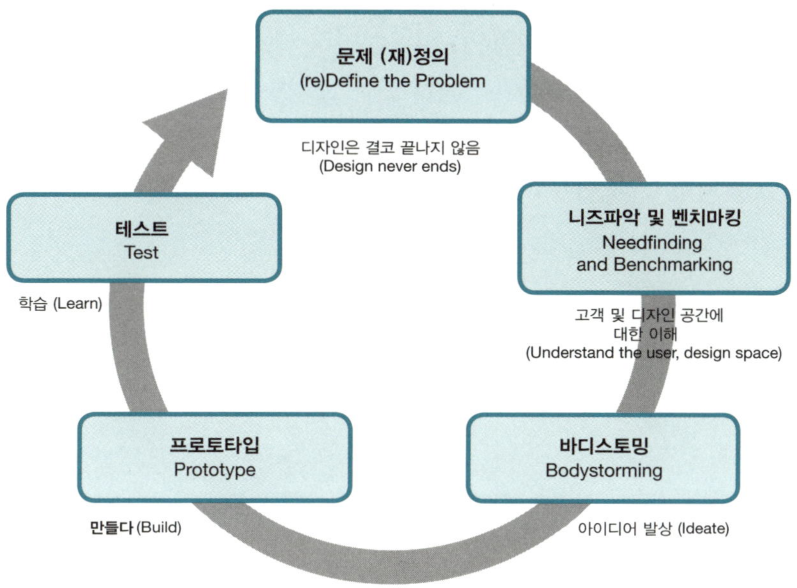

그림 3.1 Stanford-IDEO 모델의 디자인 프로세스

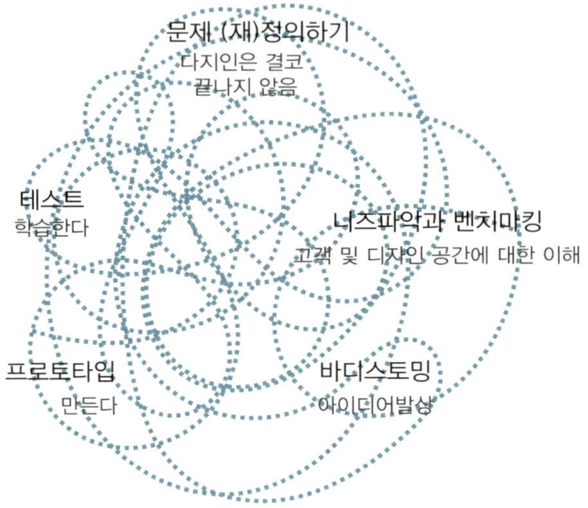

그림 3.2 Stanford-IDEO 모델의 디자인씽킹 실행 프로세스

악 및 벤치마킹(혹은 사용자 및 디자인 공간에 대한 이해), 바디스토밍(아이디어 발상), 프로토타입(제작), 그리고 테스트(학습)로 이어지는 과정으로 구성되어 있다. 그림 3.2는 각각의 단계가 선형적으로 진행되기보다 반복하고 나아가 순서 자체도 경우에 따라 무시될 수 있다는 것을 보여준다. 요약하면 디자인씽킹을 이용하는(그림 3.1 참조) 문제 해결은 선형적 모델(linear model)이라기보다 비선형적 모델(non-linear model)이라는 사실이다. 이를 활용하여 원하는 결과가 나올 때까지 각 단계와 피드백을 통하여 반복적으로 실시된다.

3.2

Stanford d.school의 디자인씽킹 프로세스 모델

스탠포드 대학 디스쿨이 활용하고 있는 이 모델은 현재 가장 널리 사용되는 것으로 공감, 문제정의, 아이디어 발상, 프로토타이핑, 그리고 테스트로 이어지는 과정으로 구성되었다.

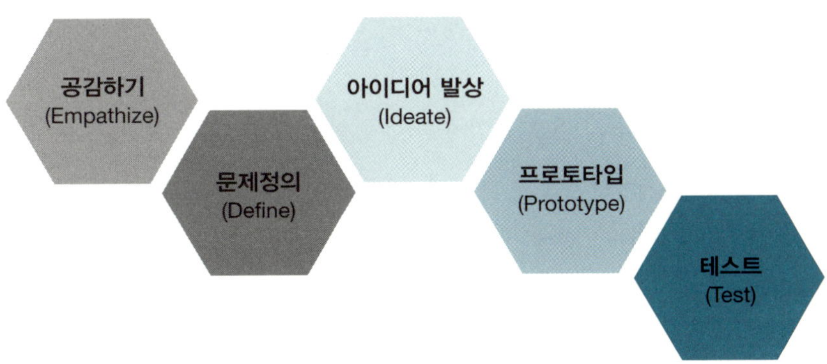

출처 : https//dschool.Stanford.edu

그림 3.3 스탠포드 디스쿨의 디자인씽킹 프로세스

공감하기(Empathize)

인간 중심 디자인 프로세스의 핵심이며 디자인 과제의 중심으로 고객의 니즈를 파악하고 이해하는 단계이다. 현장에 직접 가서 실제 고객들을 만나 공감대를 형성하고 그들이 처한 맥락과 실제로 하는 행동을 관찰한다. 이를 통하여 사람들이 특정 방식으로 행동하는 이유, 심리적 및 정서적 요구, 세계관, 나아가 그들에게 의미 있는 것이 무엇인지 등을 고객의 입장에서 파악한다.

문제정의(Define)

공감을 통한 통찰로 문제를 재정의하고 제품, 서비스 개발 원칙을 설정하는 단계이다. 이때 의미있고 실질적인 문제정의문인 착안점(Point of View; POV)을 도출하는 것이 중요하다. 착안점은 수집한 정보를 연결하고 패턴을 발견하는 과정으로 여기에서 의미 있는 진짜 문제를 발견할 수 있다.

아이디어 발상(Ideate)

다양한 주요 이해관계자와 시각화를 돕는 도구(visualization tools)들을 활용하여 경험에 기반한 아이디어를 발상하는데 집중하는 단계이다. 개념과 결과를 확대하여 확산적 사고를 하는 단계로 이 단계에서는 정답을 찾는 것이 아니라 가능한 광범위하고 많은 아이디어를 내는 것이 중요하다. 나아가서는 발상된 아이디어를 분석하고 평가하고 선정하는 수렴적 사고 과정도 포함한다.

프로토타입 만들기(Prototype)

도출된 아이디어를 빠르게 프로토타입으로 만들어 고객과 소통하는 단계이다. 최종 솔루션을 목표로 시제품, 역할 연기, 스토리, 그림 등을 이용하여 프로토타입을 만든다. 이처럼 신속하고 저렴하게 제작한 프로토타입을 통해 고객으로부터 유용한 피드백을 이끌어낼 수 있다.

테스트(Test)

완성된 프로토타입을 실제 상황에 적용하여 제품이나 서비스를 개선하는 단계이다. 테스트는 솔루션을 통해 고객들로부터 배울 수 있는 또 다른 기회이다. 고객들의 삶 속에서 테스트 하는 것이 이상적인 방법이지만 그럴 수 없을 경우에는 스토리나 상황을 만들어서 테스트를 실시할 수도 있다.

반복하기(Iteration)

앞의 5가지 단계에 추가하면 디자인씽킹은 '문제 해결법'이다. 다시 말해 도출된 문제 여기서 소개한 5가지 단계에 입각하여 순차적으로 해결되기보다는 많은 경우 각 단계를 건너 뛰기도 한다. 나아가서 마지막 단계까지 가서도 필요에 따라 역으로 앞 단계를 다시 밟아 진행시키지 않으면 안 되는 경우도 빈번히 나타난다. 이때 최종적인 판단은 문제를 가진 고객/유저/소비자가 만족할 때까지는 문제가 해결된 것이 아니라고 보는 것이 기본 전제이다.

3.3

IDEO의 디자인씽킹 프로세스 모델

컨설팅 회사 IDEO에서는 인간 중심 디자인(human-centered design)은 사람들의 니즈에 맞춘 문제 해결이어야 한다고 주장한다. 또 이 같은 접근법을 활용하는 디자인씽킹이야말로 창의적인 접근법이라고 보고 있다. 인간 중심 디자인을 위한 가이드북에 의하면, 대상이 되는 사람들을 이해하고, 그들의 관점에서 디자인하면 기대하는 해법에 이르게 될 뿐만 아니라 사람들이 기꺼이 받아들이는 아이디어를 떠올리게 되고, 나아가 바람직한 솔루션을 찾을 수 있다고 강조한다. 이러한 철학에 기초한 IDEO의 인간 중심 디자인 프로세스는 6개 단계로 구성된다.[7]

관찰(Observation)

첫 번째 단계는 최종 사용자(end-user)의 행동 관찰이다. 이 단계의 목적은 사용자인 고객의 인지와 감정을 이해하는 것이다. 사용자들이 무언가를 하는데 어려움을 겪을 때 보여주는 행동 패턴이나 불편해하거나 고통스러워하는 포인

[7]IDEO 디자인씽킹 관련 내용은 다음의 URL을 참고하여 정리함. https://www.usertesting.com/blog/how-ideo-uses-customer-insights-to-design-innovative-products-users-love/

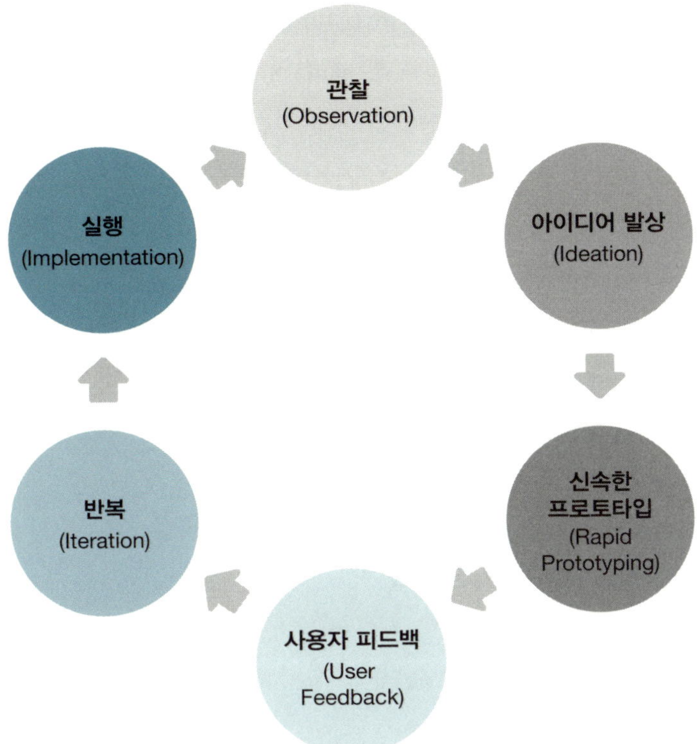

그림 3.4 IDEO 디자인 프로세스

트와 장소를 알아내면, 이는 해결을 위한 기회를 제공한다. 따라서 관찰 단계에서는 사용자가 경험하고 느끼는 것을 여과 없이 그대로 보고 느끼는 것이 중요하다.

아이디어 발상(Ideation)

이 단계에서는 앞에서 관찰하고 경험한 것을 토대로 팀원들이 아이디어를 내는 브레인스토밍을 시작한다. 이 단계의 목적은 가능한 한 많은 아이디어를 생각해내는 것이다. 아이디어는 고객의 니즈와 욕구에 포커스를 맞추어야 한다. 이는 팀원들의 아이디어를 발전시켜 궁극적으로 올바른 해결책을 찾아내는 결과로 갈 수 있기 때문이다.

신속한 프로토타입 제작(Rapid prototyping)

이 단계에서는 아이디어를 눈으로 볼 수 있도록 간단한 프로토타입을 신속하게 만들어내야 한다. 이처럼 아이디어를 눈으로 볼 수 있고 또 손으로 만져볼 수 있는 형태로 형상화하면 최종 사용자를 대상으로 테스트할 수 있다. 이때 고성능의 근사한 프로토타입을 만들려고 할 필요는 없다. 그 대신 라면상자를 만드는 판지(cardboard)로 프로토타입을 만들어내는 것으로도 충분하다. 프로토타입을 만드는데 소요되는 시간은 최소화하는 것이 중요하다. 사용자의 피드백을 받아서 수정기회를 가지는 것이 핵심이기 때문이다. 다시 말하면 완벽한 해결책을 도출하는 것이 아니라, 현재 해결책이 유효한지 그 여부를 점검하는데 프로토입의 목적이 있다.

사용자 피드백(User Feedback)

이 단계는 전 단계에서 제작한 간단한 프로토타입을 고객이 될 사람들에게 보여주고 손에 쥐어주면서 이들의 반응을 얻는 단계이다. 이 단계야말로 인간 중심 디자인 프로세스에서 가장 중요한 단계이다. 왜냐하면 실제 최종 사용자로 부터 입력되는 정보 없이는 해결책이 유효한지 그 여부를 알 길이 없어서 어떻게 디자인 프로젝트를 발전시켜야 할지 몰라 미궁에 빠질 위험이 있기 때문이다.

반복(Iteration)

사용자들로부터 피드백을 받으면, 그 정보는 디자인을 개선하고 또 변화시키는 데 활용이 가능하다. 해결책을 미세한 부분까지 가다듬을 때까지 테스트하고, 사용자의 피드백을 통합하는 일은 계속 반복적으로 행해야 한다. 몇 차례의 반복이 계속 될 경우 낙심할 수도 있으나 반복될 때마다 새로운 것을 알게 되는 기회가 된다는 점을 유의할 필요가 있다.

실행(Implementation)

생각해낸 해결책의 유용성에 대해 최종 사용자를 통해 검증하고, 올바른 디자인으로 이어지면, 아이디어가 세상의 빛을 보게 되는 셈이다. 소프트웨어, 앱, 또는 웹사이트 등을 디자인하고 있는 경우라면 앞 단계로 돌아가 이 과정을 되풀이하는 것이 좋다. 업데이트된 새로운 제품마다 사용자를 관찰하고 사용자를 위해 디자인하고 사용자의 피드백을 활용해서 바람직한 미래의 해결책을 제시할 수 있기 때문이다.

디자인씽킹 기반 컨설팅 회사인 IDEO는 미국의 주요 도시 및 세계 각국의 대도시에 지점을 가지고 있다. 아시아 지역에는 일본, 싱가포르 그리고 홍콩 등지에 진출해 있다. 미국 국내 각 지점은 서로 다른 특화 전략을 가지고 있는데 예컨대 보스톤 소재 IDEO는 '조직개발' 및 '조직혁신' 컨설팅에 집중하고 있다.

3.4

HPI D-School의 디자인씽킹 프로세스 모델

이것은 독일 포츠담 대학(Universitaet von Potsdam) HPI 연구소(Hasso Plattner Institut)에서 사용하는 디자인씽킹 모델이다(Thoring & Mueller, 2011b). 이 모델은 이해, 관찰, 착안점(문제정의), 아이디어 발상, 프로토타입, 그리고 테스트 등 6단계로 이루어져 있다. 이들은 서로 사슬 즉 루프(loop)로 연결되어 반드시 순차적으로 진행할 필요는 없다.

이 모델을 앞에서 다룬 스탠포드 대학의 5단계 모델과 비교해보면 다음과 같은 차이점을 발견할 수 있다. 우선 문제에 대한 이해(Understanding)를 가장 중요한 출발점으로 놓는다. 그 다음으로 관찰하기와 착안점(Point of View; 문제 정의문) 찾기를 서로 연결시켜서 "고객의 진짜 문제 도출"을 위해서 "관찰" 단계를 별도로 추가한다. 그런 다음 아이디어를 발상하는 단계로, 프로토타이핑을 하는 단계 나아가서 테스트 단계 등으로 진행한다. 이 모델에 대한 단계별 특징에 대한 구체적인 설명을 다음에 제시한다.

이해(Understanding)

이 단계에서는 사전 조사연구를 실시한다. 시작점은 달성 목표보다는 니즈를 가진 고객의 페르소나를 먼저 파악하고 그 다음에 문제해결로 나아간다. 이

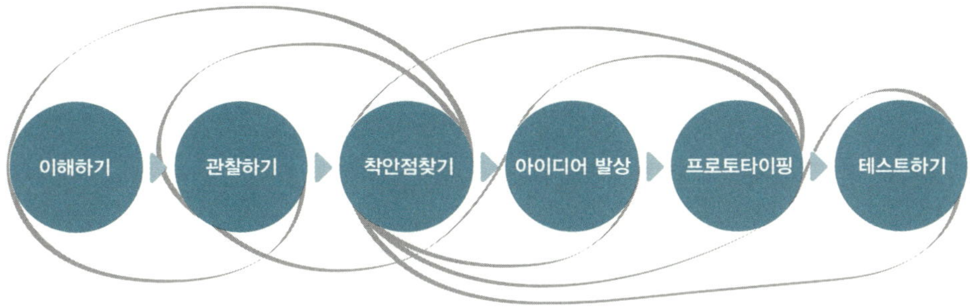

그림 3.5 포츠담 대학 HPI D-School의 디자인씽킹 프로세스(그림 출처: Plattner et al, 2009)

때 다음과 같이 5W1H 질문에 답해보는 것이 문제에 대한 통찰을 갖게 해 준다.

- 대상그룹이 누구인가(크기, 타입, 특성)
- 사용자가 왜 해결책을 필요로 하는가
- 사용자가 어떤 해결책을 제시하는가
- 언제까지 결과가 필요한가(프로젝트 기간, 혹은 제품의 라이프 사이클)
- 결과는 어디에 사용될 것인가(환경, 미디아, 지역, 국가)
- 어떻게 해결책이 구현될 것인가(스킬, 예산, 비즈니스모델, 시장출시)

관찰(Observe)

현장에서 사용자를 대상으로 관찰하기, 인터뷰하기, 이문화적 탐색, 그리고 실제로 직접 체험하기 등을 실시한다. 이 단계에서 특히 중요한 것은 에스노그라피(민족지학: ethnography) 방법을 적용하는 것이다. 이것은 사용자에 대한 질적인 연구를 하는 방법이다. 나아가 서로 다른 환경에서 대상자를 관찰해 보는 것은 좋은 방법이다. 관찰을 통해 발견한 것은 항상 기록하고 정리해두는 것이 팀원들 간의 정보를 공유하기 위해서 중요하다. 이는 페르소나를 만들 때도 활용이 가능하다.

착안점, 문제정의문(POV: Point of View)

이 단계는 일종의 종합(Synthesis)을 하는 단계에 해당된다. 즉 연구로부터 수집된 자료를 기초로 하여 문제를 확인하고 재구성하고 스토리텔링 등에 의해 구조화하고 평가함으로써 사용자의 관점(Point of View)에 근거하여 문제정의문을 만든다. 페르소나를 작성하여 아이디어 발상 단계에서 사용하는 “어떻게 하면”(How-Might-We: HMW) 방식의 질문을 만들게 된다. 이 단계에서 퍼실리테이터들은 모든 참여자들에게 자신들의 경험을 말해보도록 권유하는 것이 중요하다. 왜냐하면 팀원들은 공통적인 지식기반을 구축하는 것이 필요하기 때문이다. 이때는 경험을 서로 이야기하고, 사진 등을 보여주면서 사람들의 반응과 정서를 기술한다.

아이디어 발상(Ideate)

이 단계에서는 브레인스토밍과 같은 창의성을 발휘하는 도구들을 사용하여 아이디어를 발상한다. 브레인스토밍을 할 때 반드시 지켜야하는 몇가지 중요한 규칙이 있다. 여기에는 아이디어를 시각화하기, 한 번에 한 사람만 발언하기, 엉뚱한 아이디어도 환영하기, 판단을 보류하기, 다른 사람의 아이디어에 편승하기, 아이디어의 질보다 양을 중요시하기 등이 있다. 추가적으로는 주요 기능(critical function), 다른 산업에 대한 벤치마킹, 실제 상황을 의도적으로 배제하는 다크 호스(dark horse) 기법, 최선과 최악의 아이디어를 결합하는 방법, 나아가 모든 제한적 요소를 제외해보는 펀키 프로토타입(funky prototype)같은 아이디어 발상 도구들도 활용할 수 있다. 발상된 아이디어를 분석하고 평가하고 선정하는 과정도 여기에 포함된다.

프로토타입(Prototype)

이 단계에서는 선정된 아이디어를 프로토타입으로 만들어서 직접 눈으로 볼 수 있게 하거나 또는 시각화하거나 만져볼 수 있게 만든다. 이때 스케치, 페이퍼 프로토타입, 목업(mock-up), 역할극 등과 같은 저정밀도 프로토타입을 제작할 수도 있고 나아가 비디오, 3-D프린터, 기능(function) 프로토타입 등 고정밀도 프로토타입을 제작할 수도 있다.

테스트(Test)

이 단계는 프로토타입을 제시하고 이어 대해 사용자로부터 피드백을 얻어서 프로토타입을 개선, 교체 그리고 변화시키는 작업이 이루어진다.

성찰(Reflect)

반복되는 사이클을 새로 시작하기 전에 선택된 방향에 대해 성찰해보는 것이 필요하다. 이것은 아이디어와 테스트가 사회적으로 받아들여질 수 있는지 또 자원이 효율적으로 배분되었는지 등을 질문하는 것으로부터 시작할 수 있다.

다음 표는 6단계 HPI 디자인씽킹 모델에서 사용되는 디자인 도구 및 해결방법을 보여주고 있다.[8]

표 3.1 HPI 디자인씽킹 모델과 단계별 도구 및 해결방법

단계	도구 및 해결 방법
이해하기 (Understand)	페르소나, Hook Canvas, jobs-to-be-done framework, future user 만들기
관찰하기(Observe)	공감지도, AEIOU, 니즈 파인딩 토의, Lead user, WH 질문, be mindful, Talking stick 사용
정의하기(POV)	360도 view, 9 window tool과 daisy map, HMW
아이디어 발상 (Ideate)	브레인스토밍, 창의성 개발 도구들, SCAMPER, TRIZ, idea communication sheet
프로토타입 만들기 (Prototype)	다양한 프로토타입, Boxing and shelfing
테스트(Test)	Feedback-capture grid, conduct A/B testing Experiment grid
성찰하기(Reflect)	반영 보드 사용

[8] Lewrick, M., Link, P. and Leifer, L., “The Design Thinking Playbook”, WILEY, 2018.

3.5

디자인씽킹 마이크로 및 매크로 사이클 (micro cycle and macro cycle)

리릭(Lewrick) 등은 여러 대학에서 사용되는 HPI 6단계 디자인씽킹 모델을 마이크로 사이클(Micro cycle)이라고 명명하였다(Lewrick, Link & Leifer, 2018). 이것과 비교하여 마이크로 사이클이 완료되었을 때부터 최종 해결책에 이르는 과정을 보다 명확히 하는 단계를 추가한 것이 매크로 사이클(Macro cycle)이다.

매크로 사이클에서 중요한 것은 문제를 이해하고 해결책이 갖는 비전을 구체화하는 것이다. 이때 초기단계는 확산적 특징을 갖고 있으며 다음과 같은 단계를 포함한다.

1) **초기 아이디어는 브레인스토밍에서 다루어진다.**

- 어떤 아이디어가 즉시 생각나는가?
- 어떻게 다른 방법으로 할 수 있는가?
- 문제에 대해 생각을 공유하고 있는가?

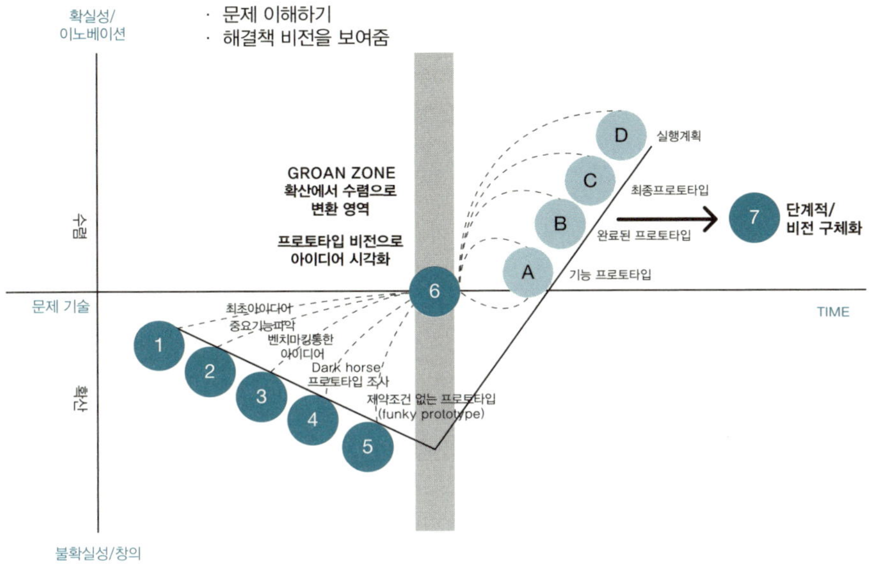

그림 3.6 디자인씽킹 메크로사이클 수행하기

2) 사용자들에게 필수적인 중요기능(critical function) 개발

- 필수 기능이 무엇인가?
- 어떤 경험이 절대적으로 필요한가?
- 기능과 경험 간의 상관관계는 무엇인가?

3) 다른 산업분야와 다른 경험으로부터 벤치마킹하기

- 아이디어 브레인스토밍, 벤치마킹 찾기, 아이디어 클러스터링 및 결합하기

4) 창의성을 높이는 아이디어 중에서 숨겨진 다크 호스(dark horse) 찾기

- 아직까지 고려되지 않은 급진적 가능성은?
- 어떤 경험이 상상범위 밖에 있는가?
- 가치창출을 획기적으로 할 제품과 서비스가 있는가?

5) **창의성에 유연성을 주는 펑키 프로토타입**(funky prototype) **구현**

- 경비나 예산 제한에 대한 고려를 하지 않고 이익에만 초점을 둠
- 어떤 미친 아이디어가 멋진가
- 어떤 아이디어를 궁극적으로 용납할 것인가

6) **비전 프로토타입을 가지고 아이디어의 비전을 결정**

- 최종 프로토타입은 사전지식, 최고의 초기 아이디어, 가장 중요한 기능, 다른 산업체와 경험으로부터의 새 아이디어, 초기 사용자 경험, 다크호스로부터의 흥미로운 통찰, 가장 단순한 해결책을 결합하고 고려해서 만듦

그림 3.6에서 그로운존(groan zone)으로 표현된 영역에서 확산적 사고가 수렴적 사고로 전환하게 된다. 그 다음에는 수렴적 사고로 비전을 단계별로 구체화하여 최종 제품을 출시하게 된다.

7) **비전을 단계적으로 구체화하기**

비전을 구체화하는 단계는 실제조건에서 프로토타입의 최소 기능성을 확인하고, 점차적으로 기능을 추가하는 기능적 프로토타입(Functional Prototype) 단계, 기능이 결합되어 완성된 프로토타입으로 사용자와의 상호작용을 테스트하는 완성된 프로토타입(Finished Prototype) 단계, 공급자와 파트너로부터 다양한 피드백을 받는 최종프로토타입(Final Prototype) 단계 및 제품의 품질과 이를 구현하는 방법을 고려시 제품구현과정에서 문제가 될수 있는 요인을 제거하는 수행계획(How to Bring Home) 단계로 이루어진다.

3.6

더블 다이아몬드 모델 (Double Diamond Model)

서비스 디자인 분야에서는 더블 다이아몬드 모델이 있다. 이것은 발견(discover), 문제정의(define), 개발(develop), 실현(deliver) 단계로 구성되었다([그림 3.7] 참조). 이 모델은 영국의 디자인 카운슬에서 사용되는 것으로, 1) 발견 단계에서는 이해관계자가 누구인지, 그리고 사람들의 일상 경험에 대해서 파악한다. 2) 문제정의 단계에서는 주제를 확인하고 기회를 포착하는 일이 이루어진다. 3) 개발 및 실현 단계에서는 아이디어의 발상과 신속한 테스트, 사용자로부터의 피드백, 비즈니스모델의 정교화 그리고 영향의 측정 등이 이뤄진다. 이 모델은 싱가포르 대학 그리고 호주 대학들에서 주로 사용하는 모델이다. 국내에서는 산업디자인, 의료 서비스 디자인분야에서 많이 활용하고 있다.

최근 싱가포르 국립대학(NUS, National University of Singapore)의 이정주 교수가 발표한 더블다이아몬드 확장모델은 발견단계 이전에 데이터 과학(Data science) 혹은 빅데이터가 추가되었다. 이때 문제영역은 데이터를 통한 동향 분석과 문제 발견이 있고 실현 단계 이후에는 행동 통찰(behavioral insight)이 추가된다. 이것은 심리학과 경제학의 결합인 행동경제학을 이용하여 실제 해결책을 테스트하고 나아가 기대효과를 검증하는 단계에 해당된다(이정주, 2018). 또한 발견단계와 문제정의 단계에서는 문제의 근원을 발견하고 문제를 재정의하

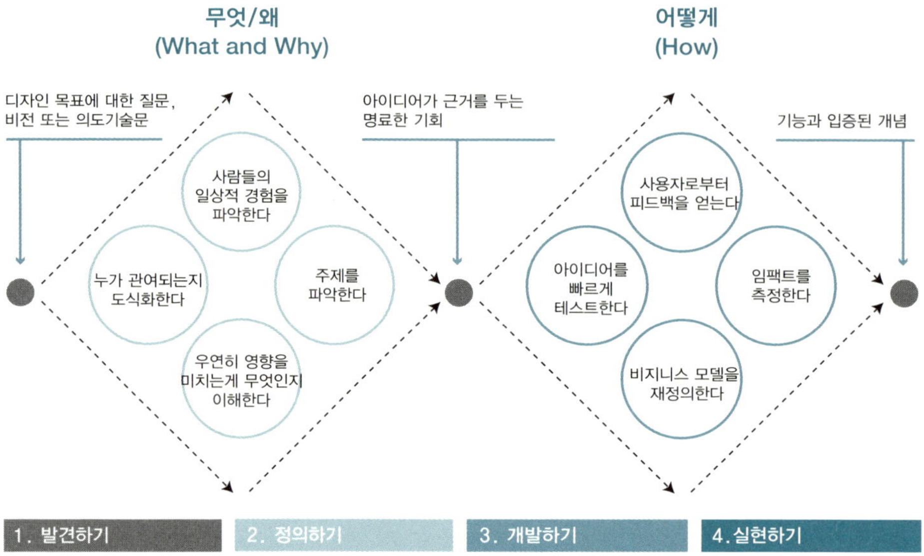

그림 3.7 디자인 카운슬(The Design Council)[9]

여 기회를 포착한다. 그 다음 개발단계와 실현단계에서는 해결안을 개발하고 또 이를 검증한다.

한편 발견단계, 문제정의단계 그리고 실현단계에서 사용하는 연구방법의 종류와 이에 따른 개발 기법 및 디자인 도구를 정리한 것이 <표 3.2>에 제시되어 있다(기술인문융합창작소, 2013).

[9]https://www.designcouncil.org.uk/news-opinion/design-process-what-double-diamond

표 3.2 발견, 정의, 및 실현단계에서 사용하는 방법 및 도구

단계	방법	기법 및 도구
발견 단계 (Discover)	상황이해/가치발견중심 (Formative Research)	심층인터뷰, FGI, 언포커스 그룹, 맥락적 인터뷰, 설문조사, 5Why?, 타운워칭, 쉐도잉, PLC분석, BCG분석, 델파이, STEEP분석, FAW기법, 5 Forces Analysis, morphology, extrapolation
	평가중심 (Summative Research)	사용성 테스트, heuristic 분석법, SWOT, PEST 분석법
정의 단계 (Define)	확산 기법	브레인스토밍, 브레인라이팅, 마인드맵, 6색사고모자, what if?, checklist, morphology, cynetics, 만다라트, 고든법, NM법
	수렴기법	연역법, 귀납법, cause-effect, 시계열법, affinity diagram, fishbone, 속성열거법
실현 단계 (Deliver)	개념 프로토타입핑 (concept prototyping)	mockup paper prototype 그룹스케치
	경험 프로토타입핑 (Experience Prototyping)	필름메이킹

디자인씽킹 성공 사례: 손잡이가 쉬운 기구(Big Cushy handle)

포인트: 극단적 사용자(extreme user)을 위한 디자인씽킹 사례
손가락 관절염으로 인한 '거친 손마디'를 가진 사람들을 위한 주방기구 디자인임. OXO라는 주방기구 회사가 손이 불편한 자기 부인이 감자깎기 등에 주방기구들을 사용하면서 자주 고통을 호소하는 것에서 착안하여 개발하였음

개발자: 주방기구 디자인 회사 OXO의 CEO

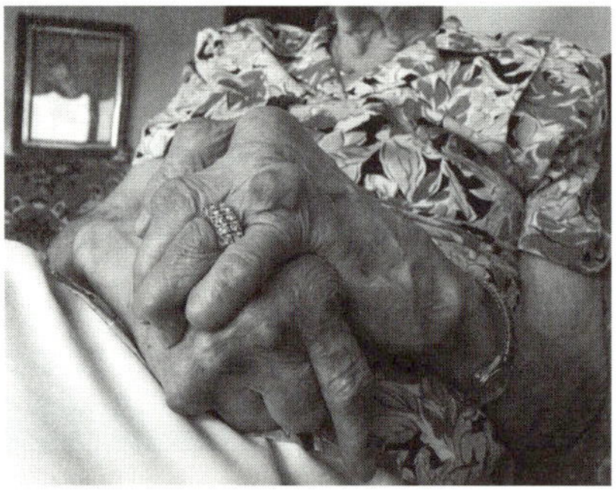

그림 3.8 극단적 사용자, 관절염 환자

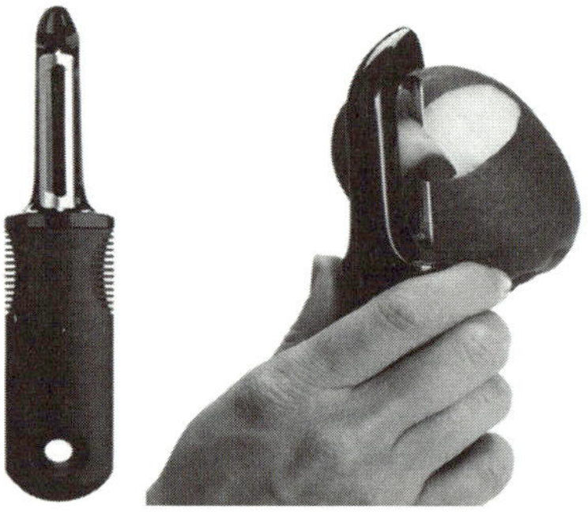

그림 3.9 관절염 환자용 Big Cushy handle

3.7

디자인씽킹 프로세스 정리

지금까지 디자인씽킹 프로세스의 다양한 모델들을 설명하였다. 이제부터 각 모델의 공통점을 정리하면 다음과 같은 단계로 구성된다.

제0단계: 이해하기

다루고자 하는 문제와 관계되는 정보나 지식을 사전에 연구하고, 이해함으로써 문제해결을 위한 기반을 구축한다.

제1단계: 공감하기

고객이 가진 깊은 니즈를 파악함으로써 그의 소망, 희망, 그리고 바람이 무엇인지 파악한다.

제2단계: 문제정의

해결해야 할 문제가 무엇인지 정의하고 달성하고자 하는 목표를 정의한다.

제3단계: 아이디어 발상

문제해결을 위해 여러가지 아이디어를 발상한다.

제4단계: 프로토타입

아이디어를 실제로 볼 수 있고 또 만질 수 있는 형태로 바꾼다.

제5단계: 테스트

솔루션으로 나온 프로토타입을 평가한다.

제0단계(이해하기)

해결 대상이 되는 문제를 중심으로 이에 대한 사전정보, 현황과 미래의 경향, 유사한 사례, 요구되는 지식, 고객의 유형, 그리고 고객의 요구사항 등을 사전에 조사한다. STEEP 경향 분석(Trends Analysis) 등을 통해서 다른 관련된 분야의 미래 경향을 예측해 본다.

디자인씽킹 프로세스를 시작하기 전에 우리가 도전하고자 하는 디자인 챌린지에 대해서 이해하는 것이 필요하다. 이해단계에서는 전체적인 맥락을 파악하는 것이 중요하다. 이때 5W1H 질문에 답을 해 보는 것은 문제에 대한 근본적인 통찰을 구하는 데 도움이 된다:

- 타겟 그룹은 누구인가? (크기, 형태, 특징)
- 왜 해결책이 필요한가?
- 고객이 제안하는 해결책은 무엇인가?
- 언제까지, 어느 정도 어떤 기간 동안 해결책이 필요한가?(프로젝트 혹은 제품의 라이프 사이클)
- 환경, 미디어, 지역, 국가 어디에 해결책이 사용될 것인가?
- 역량, 예산, 비즈니스 모델, 시장출시 등에 대해서는 각각 어떤 해결책을 추구할 것인가?

이해하기 단계에서 문제가 무엇인지를 파악하고, 관련된 자료를 수집하며, 문제를 둘러싸고 있는 환경이 어떠한지 등을 파악하는 것이 필요하다. 디자인챌린지 주제에 영향을 미치는 사회/인구학적, 기술적, 경제적, 환경적, 정치 혹은 정책 등을 분석하여 미래사회에서 필요한 역량, 방향을 예측하는 STEEP 경향 분석과 같은 방법도 이해하기 단계에서는 유용한 도구이다. 페르소나, 후크캔버스(hook canvas), 꼭 해야할 일들(jobs-to-be-done framework) 사용하기, 미래의 사용자 창조하기 등도 이 단계에서 유용한 도구로 쓰일 수 있다(Lewrick et al., 2018). 여기서 페르소나는 문제를 이해하기 위하여 간단한 대상에 대한 정보를 얻기 위하여 이용할 수 있다. 또 페르소나를 공감하기를 통한 대상의 니즈를 파악하는 도구로 사용하기도 한다. 페르소나에 대해서는 뒷장의 "공감을 위한 디자인도구"편에서 자세히 다루고자 한다.

앞에서 언급한 STEEP 경향분석은 사회(Social), 기술(Technology), 경제(Economy), 환경 및 자연(Environment & Nature), 정책 및 법(Policy & Legal)을 각각 나타낸다. 이를 다음에서 구체적으로 살펴보자.

1. 사회(Social): 인구구조의 변화, 네트워크 사회, 글로벌화, 문화, 범죄, 패션, 라이프 스타일 등
2. 기술(Technology): 제조, 디지털, 에너지, 건설, 제품개발, ICT기술 등
3. 경제(Economy): 금융, 무역, 전자상거래, 시장조사, 웰빙/감성/복지 경제 등
4. 환경 및 자연(Environment & Nature): 환경영향, 기후변화, 환경오염, 에너지위기, 친환경기술, 폐기물처리, 대체에너지 등
5. 정책 및 법 (Policy & Legal): 분쟁, 선거, 통치/관리, 법률 등

그림 3.10은 스티프 경향 분석을 통하여 미래에 필요한 인재가 갖추어야 할 역량을 예측하는 사례를 보여준다.

디자인씽킹의 핵심이 되는 각각의 단계인 제1단계부터 제5단계까지의 자세한 내용은 별도의 장에서 다루지만 여기서는 각 단계의 간략한 내용을 우선 제시한다.

제1단계(공감하기)[10]

고객 및 사용자(user)의 행동을 관찰하고, 이들의 인지 및 감성에 공감하면

[10] 1단계 공감하기에 대해서는 4장에서 자세히 다룬다.

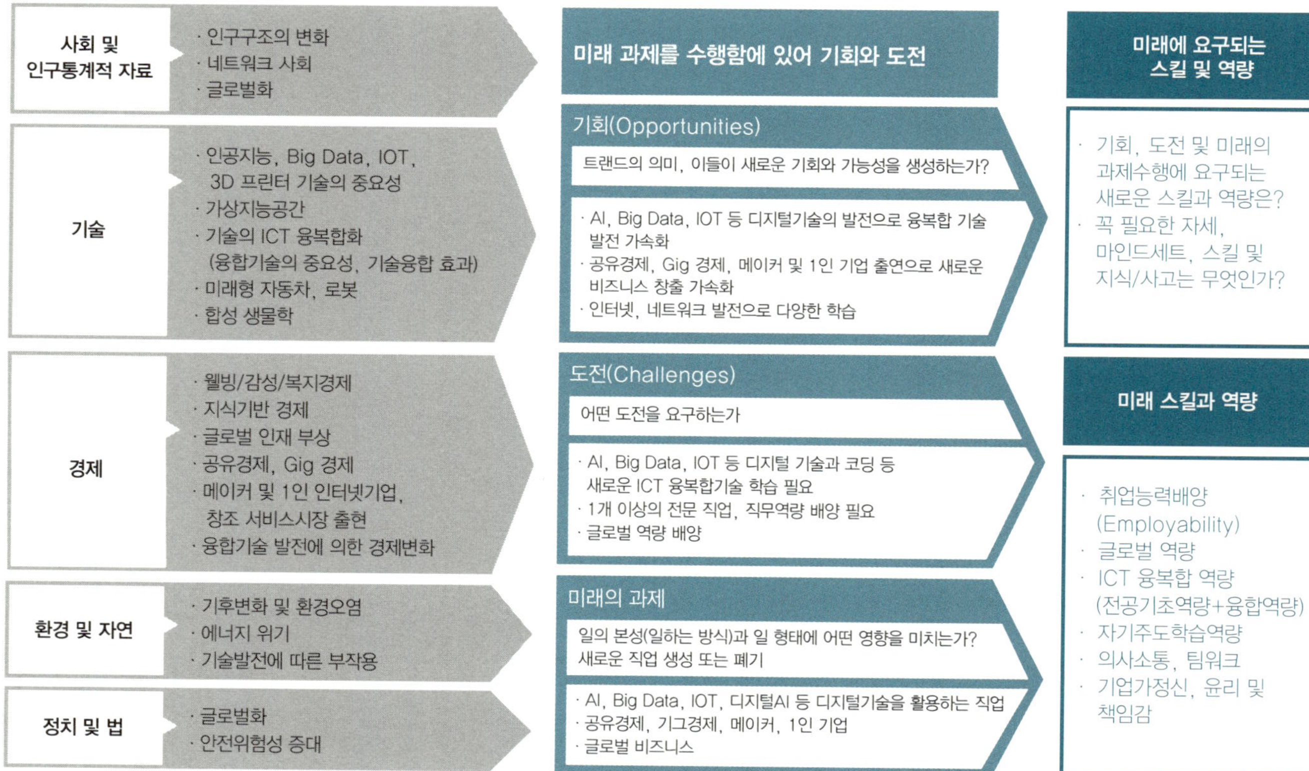

그림 3.10 STEEP 경향분석(STEEP Trends Analysis) 예시

서 이들이 진정으로 원하고 또 추구하고 있는 니즈가 무엇인가를 밝혀내는 것이다. 이때 적용하는 주요 방법은 관찰, 인터뷰 및 체험하기 등이다.

제2단계(문제정의)[11]

문제정의는 고객 및 사용자의 니즈가 충족되지 않은 것이 있다면 그것이 무엇인가를 밝히는 것으로, 통상 문제정의문 또는 착안점이라고 한다. 이것은 해결하여야 할 문제를 결정하는 것이다. 이때 정의된 문제 즉 착안점은 단순하고 명료하게 정리하는 것이 바람직하다.

제3단계(아이디어 발상)[12]

아이디어를 발상하는 단계는 착안점을 이상적인 상태로 바꿀 수 있도록 사고와 방안 등을 아이디어 형태로 내는 것을 말한다. 아이디어를 발상하는 창조력 단계에는 여러 가지 테크놀로지를 활용하고 개인이 아닌 팀으로 하여금 다양한 관점에서 다수의 아이디어를 도출하도록 고무한다. 이 단계에서는 실제 아이디어 발상뿐만 아니라 나아가 아이디어의 평가와 선정하는 것도 포함한다.

제4단계(프로토타입)[13]

아이디어를 보고 만질 수 있는 형태로 만든다. 즉 발상된 아이디어를 실제로 눈으로 보고 또 만질 수 있는 형태로 바꾸는 것을 말한다. 이것은 바로 프로토타이핑이라 부르고 여기에는 스토리 또는 그림으로 제시하는 것도 포함된다. 특히 스토리보드의 경우는 실제 환경에서 역할을 수행할 수 있는 시나리오를 만들어 고객이 해결책을 스스로 경험하게 해준다.

[11] 2단계 문제정의에 대해서는 5장에서 자세히 다룬다.

[12] 3단계 아이디어 발상에 대해서는 6장에서 자세히 다룬다.

[13] 4단계 프로토타입에 대해서는 7장에서 자세히 다룬다.

제5단계(테스트)[14]

테스트는 해당 프로젝트가 목적을 달성했는지 여부를 검증하는 것이다. 고객으로 하여금 제시된 해결책을 시험하고 적용해서, 이들 고객이 제시된 솔루션에 대해서 문제를 해결했는지 또 만족하는지 여부를 검증한다. 또한 프로토타입을 고객으로 하여금 사용해보게 한 다음, 그들이 여기에 대해서 어떻게 느끼고, 활용하고, 장단점을 지적하는지 등을 듣는다. 이때 아무리 강조해도 지나치지 않은 것은 고객이 어떻게 경험하고 느꼈는지 인지적인 측면 뿐만 아니라 감성적 측면을 말하도록 요청해야 한다는 점이다.

[14] 5단계 테스트에 대해서는 8장에서 자세히 다룬다.

디자인씽킹 성공 사례: 무풍 에어컨

배경:

고객의 요구를 수용하는 새로운 에어컨 개발

극단적 사용자(extreme users)

혜화동 주부: 켜면 끄고 싶고, 끄면 켜고 싶다.
여의도 주부: 시원한 건 좋지만 찬바람은 싫다.
반포동 주부: 에어컨은 좋지만 바람은 싫다.

착안점(POV)

대상: 피부에 찬바람이 직접 닿는 것을 싫어하는 예민한 사용자
필요: 시원하나 바람이 없는 에어컨이 필요
통찰: 시원한 바람은 좋아하나 강한 바람은 싫다.

퀵 트리즈(QUICK TRIZ) 활용: 아이디어 발상하기

TRIZ 모순문제: 냉방효과를 높이기 위하여 찬바람 불기
찬바람이 피부에 닿지 않게 하기 위해서는 찬바람이 불지 않아야 함
모순: 찬바람이 불어야 하고 찬바람이 불지 말아야 하는 모순 발생
해결책: 시간분리-초기 강풍 후 무풍 혹은 미풍

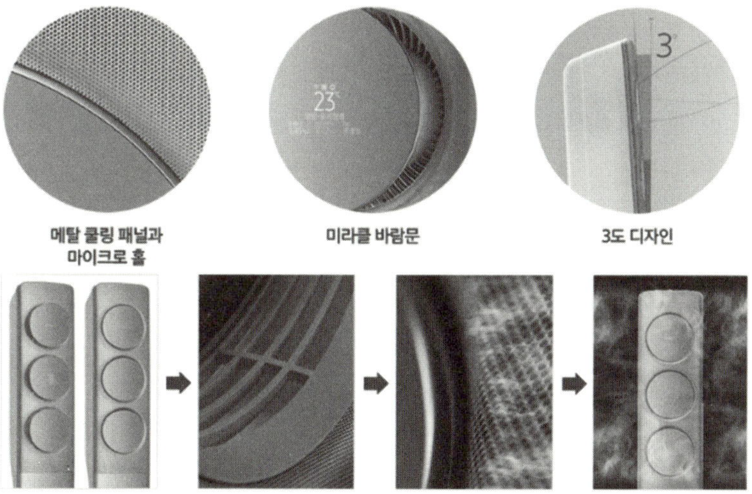

메탈 쿨링 패널과 마이크로 홀 / 미라클 바람문 / 3도 디자인

미라클 바람문이 닫히면 → 차가운 냉기가 바람의 길을 통해 → 마이크로 홀에서 미세한 기류가 만들어져 → 메탈 쿨링 패널을 통해 냉기를 확산시킵니다

메탈쿨링 패널과 마이크로 홀은 무풍냉방 구현,
메탈쿨링 패널은 피부로 느껴지는 시원함 유지,
마이크로 홀은 13.5만개의 구멍을 통해 미세한 바람 송풍

4

공감하기(Empathize): 제1단계

Design Thinking

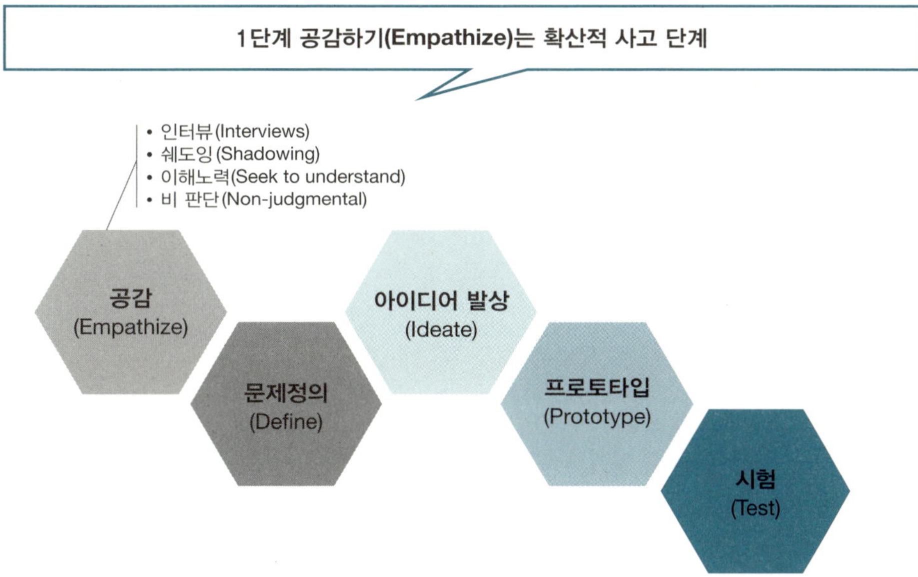

출처 : https//dschool.Stanford.edu

"의미 있는 이노베이션을 하기 위해서는 고객을 이해하고,
그의 가치, 태도 그리고 행동에 관심을 가져야 한다."

이제부터 디자인씽킹을 실행할 때 가장 중요한 단계인 문제정의에 반드시 필요한 니즈 파악(needs finding)을 위한 공감하기를 소개한다.

4.1

문제 발견은 고객의 니즈 파악에서

디자인씽킹을 활용하여 문제해결을 할 때 고객이나 사용자(user)의 니즈를 파악하는 것이 출발점이다. 인간중심(human-centered)의 이노베이션을 위한 최초 단계는 이처럼 사람들의 니즈를 파악하는 것에서부터 시작한다. 니즈라는 것은 사람들이 가지는 욕구를 말한다. 심리학에서는 일찍부터 "동기(Motivation)"를 통해서 인간 욕구에 대한 광범위한 연구를 해 오고 있다. 예컨대 맥클래렌드(David McClellend)의 성취동기, 매슬로우(Abraham H. Maslow)의 욕구계층이론 등은 널리 알려져 있다.

욕구가 충족되지 않는 상태 또는 이 상태가 지속되는 것을 우리는 문제라고 생각한다. 왜냐하면 충족되지 않은 욕구는 불편함을 제공하기 때문이다. 예컨대, 배고픈 상황에서는 이를 해소할 수 있는 음식물이 제공되지 않으면 불편하기 짝이 없다. 잠이 오고 졸린 데 잠잘 시간이나 장소가 없다면 이것 역시 엄청나게 불편하다. 안전하게 차를 운전하고 싶은 데 도로가 정비되지 않아서 위험하면 이것도 문제이다. 운전의 경우 잘 정비된 도로야말로 불편함을 제거하는 솔루션이 될 수 있다. 다른 예로 학교에 가고 싶지만 금전적이거나 또는 다른 이유로 가지 못하게 된다면 이것 역시 문제이다.

이처럼 문제를 해결하기 위해서는 사람들의 니즈를 파악하는 것이 선결 조건이 된다. 니즈는 우리가 눈으로 볼 수 있는 명시적 니즈와 보이지 않지만 존재하는 잠재적 니즈로 나눌 수 있다. 명시적 니즈(explicit needs)는 밖으로 드러나 보이는 것이고, 잠재적 니즈(implicit needs)는 가지고는 있으나 밖으로는 드러나지 않는 것이다. 밖으로 표출이 되는 명시적 니즈는 말로 표현이 가능하다. 이와 반대로 잠재적 니즈는 가지고는 있으나 말이나 글로 표현하기가 어렵다. 이러한 니즈를 파악하기 위해서는 관찰, 질문, 체험 등 세 가지 서로 다른 방법이 필요하다.

다시 언급하자면 니즈 즉 욕구를 세분하면 크게 두 가지이다. 그 중 하나는 말이나 글로 쉽게 나타낼 수 있는 명시적 니즈이고 다른 하나는 표출이 불가능한 잠재적 니즈이다. 이를 빙산에 비유해 보자. 빙산은 수면 위에 뜬 부분이 전체의 5%미만이고, 나머지 전체는 물속에 잠겨 있다. 따라서 빙산의 95% 이상은 수면 아래에 있다. 니즈를 빙산에 비유하면, 파악이 가능한 니즈, 바다 위에 떠 있는 부분은 극히 일부에 지나지 않는다. 바로 이 부분이 명시적 니즈에 해당된다. 반대로 해수면 아래에 위치하기 때문에 보이지 않는 빙산은 잠재적 니즈에 해당되고 95% 이상이 여기에 속한다고 할 수 있다.

명시적 니즈는 사람들이 자각하는 니즈이기 때문에, <무엇이 필요합니까?>라고 물어 보면, 곧 바로 대답이 가능하다. 따라서 명시적 니즈는 질문과 사람들의 행동을 관찰함으로써 파악될 수 있다. 그러나 잠재적 니즈는 사람들이 자각하지 못하는 니즈이다. 즉 스스로 잘 알지 못하기 때문에, 직접 물어본다고 해도 대답을 잘 하지 못하는 경우가 바로 여기에 해당된다.

두 가지의 니즈 중 흔히 문제가 되는 잠재적 니즈를 파악하는 것은 매우 중요하다. 말로는 잘 표현하지 못하지만 분명히 가지고 있는 욕구, 적절한 어휘를 찾지 못해서 표현 못하는 욕구, 가지고 있는 욕구인 것은 분명한 데 관습, 습관, 체면 때문에 표출하기가 어려운 욕구 등도 모두 여기에 해당된다. 그런데 실제 이노베이션은 잠재적 니즈의 해결 과정에서 일어날 확률이 높다. 따라서 디자인씽킹을 통해서 문제해결을 시도하는 경우 특히 잠재적 니즈에 초점을 맞추지 않으면 안 된다. 잠재적 니즈는 숨겨져 있기 때문에 고객 혹은 사용자가 하는 말과 행동을 통해 간접적으로 파악해야 한다.

명시적 니즈:
질문이나 관찰을 통해 직접 파악이 가능함

잠재적 니즈:
숨겨져 있기 때문에 스토리를 통해 간접적으로 파악이 가능함

그림 4.1 니즈의 빙산 모델

4.2

공감이란 무엇인가?

공감은 인간중심(Human-centered) 접근을 원칙으로 삼는 디자인 사고(思考), 즉 디자인씽킹 과정의 핵심이다. 또 디자인씽킹을 통해 해결하고자 하는 문제는 대부분 우리 자신의 문제가 아니라 고객들을 위한 것이다. 우리가 올바르고, 가치 있는 진짜 문제(real problem)를 찾아내기 위해서는 사용자, 고객 즉 대상에 대한 깊은 이해가 필요하다.

공감이란 디자인 과제와 그 맥락에 대한 파악을 하기 위해 고객을 철저히 이해하는 과정을 의미한다. 공감을 통해 고객을 심층적으로 파악하려는 시도를 의문문의 형태로 나타내면 다음과 같다. "왜 그런 행동을 하는가? 신체 및 감정적으로 필요로 하는 것(needs)은 무엇인가? 어느 정도로 필요한가? 그리고 세상을 어떻게 보고 생각하고 있는가? 고객에게 의미 있는 것은 무엇인가? 나아가 말로 표현하지 못하는 숨은 욕구(needs)는 무엇인가?"

공감은 고객이나 사용자들을 진정으로 이해하고 파악하기 위해서 하는 노력을 말한다. 고객이 말하는 것과 실제로 행동하는 것은 다를 수 있다. 또한 사람들은 생각하고 말한 대로 항상 행동하는 것은 아니다.

공감한다는 것은 다른 사람에게 미안한 마음을 가지거나 이들과 비슷한 감정을 느끼는 것 또는 타인을 동정하는 것이 아니다. 이처럼 유사한 감정을 느끼거나 타인의 고통이나 어려움을 비슷하게 느끼는 것은 동정(Sympathy)에 해당된다. 이에 비교해서 공감(Empathy)은 자세히 관찰해보고, 질문하고, 체험하고, 나아가 주의해서 경청함으로써 말이 필요 없을 정도의 유대감을 가지고 또 고객이 느끼는 것과 동일하게 느끼는 것이다.

공감 능력은 구체적이거나 추상적인 대상을 고객의 눈을 통해서 보고, 이들이 보여주고 있는 행동의 이면을 간파해내는 능력이라고 할 수 있다. 그러기 위해서는 디자인씽커는 자신이 이미 품고 있는 생각이나 지식과 정보, 그리고 편견 및 선입견 등 진실이라고 생각하는 것을 잠시 유보하고, 있는 그대로의 진실(as it is)을 보기위해 고객에게 접근하려는 노력이 필요하다. 공감은 고객 즉 사용자만이 문제해결의 열쇠를 가진다는 점을 특히 강조한다.

사람들은 지금까지 한 학습과 경험을 통해서 남들과는 다른 가치 및 태도를 가지고 있다. 따라서 다른 사람들과 상호작용하거나 새로운 사람을 만날 때 흔히 과거의 학습 경험이 근본적으로 작용한다. 디자인씽킹에서는 이 같은 개인이 갖는 고정관념과 편견을 버리고 '초심자의 눈'으로 사람들을 대하는 방법을 강조한다. 이는 마치 때 묻지 않은 순진한 어린 아동의 눈으로 사물을 보는 것과 같다.

See the world through someone else's eyes. Walk in other people's shoes. Immerse yourself.

4.3

왜 공감이 중요한가?

디자인씽커는 해결하고자 하는 문제를 자기 관점에서 제기해서는 안 된다. 그 이유는 문제 해결의 열쇠를 쥐고 있는 것은 본인이 아니라 사용자나 고객이기 때문이다. 따라서 문제는 어디까지나 고객 및 사용자로부터 도출되어야 한다. 이때 매니아나 장애인 등 극단적인 사용자(extreme user)의 문제도 포함될 수 있다. 이들의 문제가 해결되면 일반인도 이를 쉽게 받아들일 수 있기 때문이다. 고객을 위해서 디자인한다는 것은, 당사자인 고객에게 중요한 것이 무엇인가를 이해하고 파악하는 데서 출발한다.

우리는 고객들이 하는 언동이나 주변 환경에 대한 이들의 반응을 관찰함으로써 고객의 생각, 가치관 그리고 느끼는 감정 등을 파악할 수 있다. 그렇게 함으로써 고객의 니즈를 진정으로 파악할 수 있을 뿐만 아니라, 고객이 말로는 표현하지 못하지만 잠재적으로 가지고 있는 니즈 나아가 우리들의 눈에는 보이지 않는 고객의 경험들이 내포하고 있는 의미까지도 포착할 수 있다. 이처럼 혁신적인 해결책을 내기 위해서는 고객의 행동의 기저를 이루고 있는 가치에서 비롯되는 문제를 도출하는 것이 중요하다.

그런데 고객에 대한 문제를 통찰(인사이트)을 통해서 발견하는 것은 생각하기보다 훨씬 더 어렵다. 그 이유는 우리가 여러 가지 정보를 인식하여 처리하기 이전에 의식이 벌써 자동적으로 필터링 작용을 하고 있기 때문이다. 여기서 작용하는 기제는 편견, 선입견 그리고 과거에 학습한 지식 등을 들 수 있다. 따라서 우리는 어린 아이와 같은 "눈으로" 사물을 "신선하게" 바라보는 방법을 학습할 필요가 있다.

공감 단계는 이같이 신선한 눈길로 문제에 접근하는 단계이다. 신선한 눈길로 사물을 보는 것은 고정관념을 배제한 관찰을 통해서만 가능하다.

추가하면 우리는 직 · 간접적인 질문을 통해서 지금까지 인식하지 못한 고객의 사고방식이나 가치관에 대해서 많은 양의 정보를 획득할 수 있다. 또 심층적인 질문을 통하면 고객이 가진 문제에 대해 전혀 예기치 못한 통찰(insight)을 발견하고 놀라는 경우도 드물지 않을 것이다.

고객의 행동이 전해주는 스토리와 그가 행하고 있다고 말하는 것(실제로는 하고 있지 않지만), 고객이 믿고 있고 또 가치를 부여하는 것 등이 무엇인지는 공감을 통하여 파악할 수 있다.

4.4

공감은 어떻게 하는가?

공감하는 방법으로는 관찰(look, observation), 질문(ask, interview), 그리고 체험(try, immerse) 등 3가지로 나눌 수 있다. 관찰은 실생활 속에서 드러나는 고객의 모습과 행동을 유심히 살펴보는 것이다. 질문은 계획된 짧은 만남을 통해 교류하고 인터뷰하는 것을 말한다. 체험은 고객이 하는 경험을 우리가 직접 해보는 것이다. 질문을 통해 고객이 인지하고 있거나 혹은 인지하지 못하는 니즈를 찾아낼 수 있다. 특히 심층적 질문은 혁신을 위한 노력을 이끌어내기도 하고, 디자인을 해 주어야 할 고객을 확인해주기도 하고, 행동으로 이끄는 감정을 찾아내기도 한다. 다음에는 공감에 대한 몇 가지 방법들을 살펴보자.

관찰

관찰이란 현장에 가서 실제로 일어나는 것을 보고, 만져보고, 접촉하고, 냄새 맡고 나아가 피부로 느끼면서 파악하는 것을 말한다. 관찰을 통하면 구체적으로 밝혀지지 않는 사실들, 데이터로는 제시되지 않고 있는 정보에 대한 이해가 가능하다. 관찰이 성공적으로 이루어진다면, 디자인씽킹의 마지막 단계에서 문제해결인 솔루션으로 나타나는 제품이나 서비스가 가지는 유효성을 높이는 것이 가능하다. 또한 현장에서 실제로 일어나고 있는 사실에 근거해서 디자인을 추진해 나가면 정확한 문제정의 및 이에 부합하는 아이디어 발상이 가능하다.

우리는 자기 자신의 과거 체험, 학습 경험, 그리고 이를 통해 만들어진 자기 나름의 관념에 근거하여 세상을 보는 경향이 있다. 즉 지금까지 체험하고 학습한 지식과 정보에 의해서 판단을 하려는 경향성이 우리에게 내재하게 된다. 경우에 따라서는 이 같은 개인적 지식은 편견, 선입견 등으로 작용할 가능성도 있다. 왜냐하면 개인적 체험은 주관적으로 작용하기 때문에 일반화시키기가 어렵다. 또 우리 개인은 자기 생각을 객관화시키는 데 대단히 인색하다.

그러나 진짜 현실이 어떤지를 이해하려면 현장에서 객관적 시각으로 관찰을 하여야 한다. 관찰법은 강력한 툴이다. 눈에 보이고, 만져지고, 냄새 맡을 수 있는 대상은 진정한 현실이고 또 객관적 사실이다. 이 같은 실제적 데이터에 대해서는 개인적 편견이 작용할 수 없고 누구라도 수용하지 않을 수 없다.

실제로 관찰은 다음과 같이 이루어진다. 고객을 둘러싼 환경에 대해 전반적인 것을 살펴본다. 구체적으로는 고객의 집을 방문하거나, 근무하는 직장을 찾아가서 관찰하는 것은 대단히 좋은 방법이다. 왜냐하면 집이나 직장에서는 고객이 평상시 하는 행동이 자연스러운 맥락에서 나타나기 때문이다.

그렇지 않은 경우에도 적절한 장면이 나타나면 이를 관찰한다. 그 중에서 가장 좋은 방법은 사람들이 하는 발언이나 행동에서 나타나는 모순에 주목하는 것이다. 예컨대 말로 표현하는 것과 얼굴표정이나 제스처가 일치하지 않는 것은 상호모순이 되는 좋은 사례이다. 모순을 발견하면 이는 고객을 이해하는 주요한 단서이기 때문에 이를 중심으로 질문하는 것이 바람직하다.

또 고객이 생각을 하면서도 행동으로는 나타내지 않는 행동회피책에 대해서도 주목한다. 왜냐하면 여기에서도 우리는 고객을 이해할 수 있는 놀랄 만한 단서를 발견할 수 있기 때문이다. 고객과 대화하는 중에서도 특별한 정보가 언급되는 경우가 있다는 사실에 유념해야 한다.

관찰은 현장에 가서 <사람들이 무엇을 하고 있는가?> 또는 <그 사람은 어떤 행동을 하는가?>와 같이 실제 눈으로 살펴보는 단계를 말한다. 이를 디자인 씽킹에서는 필드 트립(field trip) 또는 필드 워크(field work)라고 한다. 관찰을 통해서 무엇인가를 발견한다면, 이를 반드시 메모, 녹음, 나아가 영상으로 기록해야 한다. 왜냐하면 기록으로 남기지 않은 자료는 추후 분석이 불가능하기 때문이다.

관찰은 새로운 가설을 만들기 위해서 실시한다. 이때 밖으로 나타나는 명시적(현재적) 니즈에 초점을 두는 경우에는, 해결하지 않으면 안 되는 문제와 니즈가 분명하기 때문에 이미 정해진 가설을 통해서 검증해도 무난하다. 그러나 잠재적 니즈를 밝히고자 하는 경우에는 가설을 새롭게 설정하지 않으면 안 된다. 따라서 이노베이션을 일으키기 위해 가설을 만드는 것, 이것이 바로 관찰의 목적이다.

관찰에 활용하는 질문: 무엇, 어떻게, 왜(What, How, & Why)

의문사 "무엇? 어떻게? 왜?"는 깊이 있는 관찰을 할 수 있도록 도와주는 도구이다. 이러한 의문사들을 활용한 질문법은 주어진 상황에서 고객의 감정과 동기를 보다 집중적으로 관찰하는 데 도움을 준다. 다음에 그 사용방법을 살펴보자.

무엇(What)

구체적인 관찰을 할 때 "What"을 사용한 질문이 도움이 된다. 관찰 대상이 되는 고객이 무엇을 하는지를 살펴본다. 주의를 기울이고, 관찰한 내용을 자세히 기록한다. 이때 어떤 가정이나 전제없이 객관적으로 해야 한다.

어떻게(How)

고객을 이해하는 단계로 이동할 때 "How"를 사용한 질문도 도움이 된다. 고객이 일을 어떻게 하고 있는지 관찰한다. 특정한 일을 수행함에 있어서 서두르는가? 괴로워하는가? 즐겁게 하는가? 활동이나 일이 고객에게 긍정적이거나 또는 부정적으로 영향을 미치는가? 이때 형용사를 이용한 설명문을 사용할 수도 있다.

왜(Why)

과도한 해석은 위험하다. 사용자가 왜 그 일을 하는지 또 왜 특정한 방법으로 일을 하는지를 관찰한다. 관찰한 상황에 대해 의미를 부여하기 위해 노력해야 한다. 이 단계는 사용자와 테스트를 하면서 가정을 분명히 해야 하고 이를 통해 특정 상황에 대한 예상치 못한 깨달음을 얻게 될 수도 있다.

현장에서는 반드시 기록을 한다

관찰을 할 때 꼭 수반해야 하는 것은 기록이다. 기록을 하는 목적은 현장을 관찰한 후 돌아 와서 인터뷰한 내용을 정리하기 위한 것이다. 왜냐하면 기록이 없으면 현장 상황을 재생하는 것이 매우 어렵기 때문이다.

관찰을 하는 동안 돌연 번쩍하는 아이디어(serendipity)가 나오는 경우도 있다. 그런데 이같이 섬광같이 나타나는 아이디어가 나온 근거를 기록하지 않는다면, 어떻게 해서 이 아이디어가 나왔는지 도대체 알 길이 없다. 또 현장에 가지 않은 사람에게 아이디어를 설명하는 경우, 왜 그 아이디어가 유효한지를 말해주는 것도 역시 어렵다. 그때 현장에 대한 기록이 있다면, 팀원들의 공감 및 이해를 얻을 수 있는 원활한 논의가 가능하다. 기록 방법으로는 메모, 사진, 녹음, 녹화 등이 있다. 현장에 대한 기록을 확인할 때 1년이 지난 후에도 실제 그때 일어난 것처럼 생생하게 상황을 재현할 수 있도록 기록해야 바람직하다.

기록이 어려운 상황도 배제할 수 없다. 이 경우 디자인씽커 2인이 한팀을 이루어 인터뷰에 참여하여 역할 분담을 하는 방법이 있다. 즉 한 사람은 질문을 담당하고 또 다른 한 사람은 기록을 담당하는 역할을 맡아 인터뷰를 진행하는 것이다. 고객이나 사용자에 따라서는 기록에 대한 사전 양해와 동의를 구하지 않고서는 인터뷰 진행이 어려운 경우가 있다. 따라서 인터뷰 전에 반드시 내용 기록에 대해서 사전 동의를 받도록 해야 한다.

자기에게 잘 맞는 기록법을 개발하자

기록을 할 때 반드시 유념해야 하는 것은 <자기 자신에게 잘 맞는 기억 방

법을 파악하여, 그 방식대로 기록하는 것이다.> 예를 들면 경치를 보면서 기억이 잘 된다면 "시각 우위 타입" 이라 할 수 있다. 또는 소리나 음을 들으면 기억이 잘되는 경우는 "청각 우위 타입"이라 할 수 있다.

만일 자기 자신이 청각우위 타입인 경우라면, 다른 사람이 하는 말과 발음을 의식적으로 기록하는 것이 바람직하다. 이와 반대로 시각우위 타입이라면, 사람의 말을 잘 기억하기 위해서 <도로의 광경이 어떠하였는가> 또는 <현장에 있는 사람들은 어떤 방식으로 행동했는가> 등과 같이 상황파악에 도움이 되는 사진이나 영상으로 그 현장의 상황을 기록한다. 나아가서는 이 두 가지를 결합시키는 것도 바람직하다.

화이트보드에 노인정
규약이 적혀있음: 회원들끼리의 룰이 있음

수지침 맞는 프로그램으로 순서를 기다림:
각종 프로그램에 모두 적극적으로 참여

남성 노인 방은 비워져 있음

노인들이 화투를 치고 있음

그림 4.2 관찰 결과 기록 예시

관찰하기에서 주로 사용하는 관찰 도구는 다음과 같다. 즉 공감지도(empathy map) 만들기, AEIOU 관찰법 사용하기, 주요 가정 체크하기, 열린 질문을 포함한 니즈파인딩 토의하기, 사용자를 유도하기, 고객 경험(UX) 디자인에서 공감하기 등이 있다. AEIOU 관찰법에 대한 방법과 사례는 4.5절 "공감을 위한 디자인도구"에서 참조하기 바란다.

앞의 그림 4.2는 시니어들이 와서 소일을 하는 "OO노인정 개선 프로젝트"를 디자인씽킹을 활용하여 문제해결을 수행하는 과정에서 관찰한 결과를 보여주는 사진이다.

스토리 공유 및 포착법(Story Share-and-Capture)

관찰한 결과를 팀원들과 공유하여 사용자에 대한 공감적 이해를 높이는 기법으로 스토리 공유 및 포착(Story Share-and-Capture)이 있다. 이 방법의 목적은 다음과 같이 세 가지로 구성되었다.

1. 스토리 공유를 통해 팀원들은 관찰 및 인터뷰에서 보고 들은 것들을 좀 더 완전히 파악할 수 있게 된다. 즉 스토리를 공유하는 과정에서 팀원들은 서로가 관찰한 대상에게서 보고 들은 것이나 인터뷰 결과 및 전체 상황을 완전히 파악할 수 있게 된다.
2. 동일한 고객을 대상으로 한 인터뷰 경험이라 할지라도 공유하는 과정에서 혼자서 깨달았던 것 보다 더 많은 의미를 찾아낼 수도 있다.
3. 각 분야별로 흥미 있는 부분을 포착해서 비어 있는 부분을 채워나가면 전체적인 그림을 그릴 수 있다.

관찰한 내용들과 공감 과정 중에서 자신이 보고 들은 이야기를 모두 팀원들과 공유한다. 내용을 공유할 때 다른 팀원들은 포스트잇에 인용할만한 내용, 놀라운 내용, 나아가 흥미로운 내용을 하나씩 적는다. 이 포스트잇들은 공간을 채워나가는 재료가 되고, 주제와 패턴 별로 분류할 수 있다.

이런 방법을 통해 팀원들은 고객에게 어떤 일이 벌어지는지에 대한 이해를 높이고, 고객이 어떤 사람인지, 그리고 진정 원하는 것이 무엇인지를 알 수 있다.

인터뷰스토리 공유와 포착 연습

- 2인 1개조 팀이 인터뷰 한 내용을 바탕으로 다음과 같이 실행한다.
  1) 팀원들은 순서대로 발표하며 인터뷰 내용을 공유함
  2) 한 팀원이 말할 때 다른 팀원들은 인용할 만한 내용, 놀라운 내용, 흥미로운 내용 등을 포스트잇에 적어 전지에 붙임. 이 때, 포스트잇 한 장에는 한 가지 내용만 적어야 함
  3) 공유가 끝나면 주제나 눈에 띄는 패턴들을 중심으로 포스트잇을 정리함

질문

디자인씽커는 "해결방법(how to solve)"보다 "올바른 질문(right question)"을 통해 해결하여야 할 것이 무엇이고(what to solve), 왜 해결하여야 하는 문제(why to solve)인지를 파악해야 한다.

이를 수행하기 위해서 먼저 질문 내용을 준비한다. 대화를 진행하면서 고객의 반응에 따라 추가적인 질문을 하는 것이 바람직하다. 대화는 자연스러운 상태에서 서로가 친밀한 유대관계, 즉 라포(Rapport)를 형성하면서 실시한다.

고객으로부터 말을 이끌어 낼 때 "왜" 그렇게 했는지에 대해 물어봄으로써 더욱 깊은 의미가 파악 가능하다. "왜"(Why)를 다섯 번 묻고 이에 대한 답변을 얻으면 거의 모든 의문을 해소할 수 있다. 고객에게 적극적으로 질문을 하는 것은 짧은 대화의 경우에도 고객에 대한 파악을 하는 좋은 방안이 된다.

장시간에 걸친 계획적인 대화를 하는 경우 고객이 무의식적으로 숨기고 있는 니즈까지 성공적으로 파악할 수 있다. 이러한 방법을 '인터뷰'라고 말하지만, 이는 차라리 '대화'라고 하는 것이 더 정확하다. 이 경우 고객이 처한 상황까지 고려한 인터뷰(contextual interviewing) 실시가 필요하다.

질문은 추후 예상치 못한 해결의 실마리를 풀 수 있다. 이러한 질문을 실시할 때에는 가급적 이해관계자(stakeholder)들을 참여시키고 질문 내용은 다양

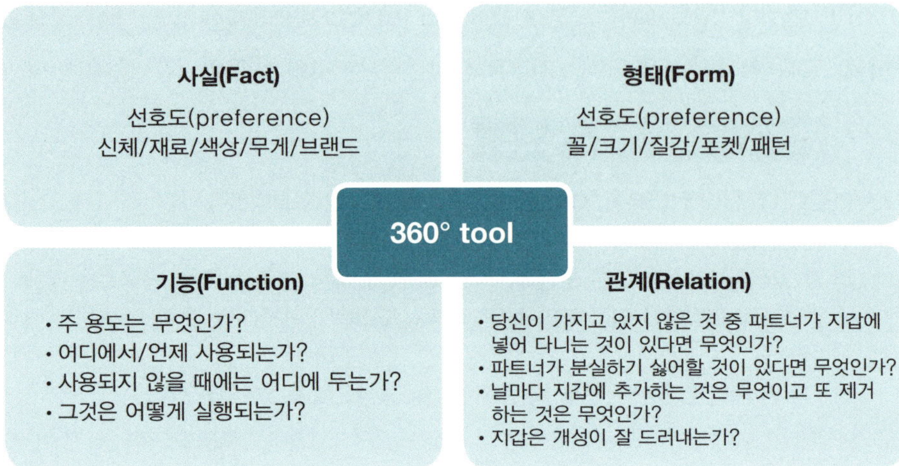

그림 4.3 360도 체크리스트

한 관점에서 개발하는 것이 바람직하다.

질문에 대한 체크리스트를 작성하는 것은 의미 있는 일이 될 수 있다. 질문을 보다 깊고 다양하게 파고들기 위한 체크리스트 방법 중의 하나로 360° 도구(360 degree tool)라는 것이 있다(그림 4.3 참조). 이 그림은 가상집중강좌(Virtual Crash Course)에서 "이상적인 지갑"(ideal wallet) 과제에 대한 경험을 인터뷰할 때 사용한 360도 툴 사례에 해당된다.

관찰과 질문의 적절한 통합

공감을 하기 위해서는 맥락에 맞게 "관찰"과 "질문"을 잘 조합해야 할 필요가 있다. 고객이 특정한 제스처, 얼굴표정, 동작 등과 같은 신체적 반응을 보여줄 때, 그렇게 하는 이유를 물어본다. 나아가서 고객이 어떤 작업을 하면서 대화를 하는 경우 머릿속으로 생각하고 있는 것이 무엇인지를 질문하고 말로 거기에 대해 응답해 달라고 요청한다. 경우에 따라서는 말로 하는 대신에 어떤 일을 하는지에 대해서 실제로 보여 달라고 요청한다.

고객의 집이나 직장에서 대화를 하면 많은 스토리를 얻을 수 있는 부수적

효과가 있다. 따라서 대화는 가급적 고객의 집이나 직장에서 하는 것이 바람직하다. 특히 심층질문이 가능하도록 분위기를 조성하는 것은 대단히 중요하다.

우리가 흔히 사용하는 설문지, 즉 구조화된 인터뷰—전화 및 인터넷 인터뷰 포함—와 같은 양적 접근법(Quantitative approach)은 장점이 있지만 동시에 단점도 있다. 예를 들어 만일 우리가 남태평양 뉴기니아에 사는 원주민의 행동과 문화를 연구한다면 양적 접근법은 전혀 도움이 되지 못한다. 이에 비해서 에스노그라피(Ethnography, 민족지학)는 질적 접근법(Qualitative approach)으로 양적 접근법들이 밝혀 내지 못하는 감성적, 내면적 그리고 무의식적인 내용도 밝혀낼 수 있다. 언어와 습관이 다른 대상을 파악하는 경우 이 방법은 특히 유용하다. 일본에 여행 오는 중국인 관광객에 대한 여행동기 연구 및 중국 오지에 사는 중국인을 대상으로 한 '일대일로' 개발에 대한 '태도연구' 등은 이 방법을 적용한 컨설팅회사 ReD 회사의 연구로 잘 알려져 있다.

공감을 위한 인터뷰 기법

사용자 관점에서 혁신은 어떻게 이끌어낼 수 있을까? 혁신은 사용자의 니즈(needs)를 정확히 아는데서 시작된다. 니즈를 알기 위해서는 고객의 생각, 감정, 동기에 대한 공감적 이해가 필요하다. 그 이유는 그들이 보여주는 선택과 행동의 기저에 깔려 있는 동기나 감정을 이해하면 그들의 필요를 알고 충족시켜 줄 수 있기 때문이다.

인터뷰를 통해 대상자들의 생각, 감정을 파악할 수 있다. 공감적 이해를 위한 인터뷰는 보통 1) 자기소개, 2) 프로젝트 소개, 3) 친밀도 형성, 4) 스토리 전개, 5) 감정의 탐색, 6) 질문하기, 7) 감사 인사 및 마무리 등의 순서로 진행된다. 이 중에 인터뷰 진행 시 감정의 탐색 단계에서 에너지가 가장 많이 소모된다. 그 다음으로는 스토리 전개, 질문하기, 친밀도 형성 등과 같은 순서로 에너지 소모가 크다.

다음의 그림 4.4는 인터뷰 진행 순서를 보여준다. 각각의 말풍선의 크기는 인터뷰 단계에서 투입해야 하는 시간 및 에너지 크기와 정도를 의미한다.

인터뷰는 초면인 고객에게 전적으로 의지하여 진행되는 경우가 많다. 따라

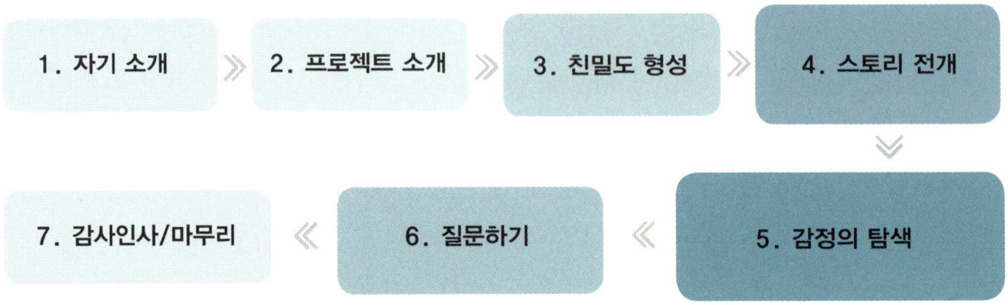

그림 4.4 공감 인터뷰(Interview)를 할 때 순서

서 인터뷰 대상의 시간, 건강 상태, 안전 유무, 사생활, 그리고 자존감 등을 고려해야 한다. 인터뷰 진행과정에서 인터뷰 대상자가 존중받는다는 느낌을 받도록 행동하는 것은 대단히 중요하다. 이와 관련하여 IDEO에서 개발한 인터뷰시 고려해야하는 다음의 사항들은 좋은 가이드가 될 수 있다.

- 예의를 갖추고 접근한다.
- 인터뷰를 하는 당사자 자신, 인터뷰의 의도, 그리고 조사할 내용들에 대하여 소개한다.
- 참가자들에게 감사 차원의 작은 선물을 제공한다.
- 이러한 정보를 어떻게 사용할 것인지와 왜 중요한지를 설명한다.
- 사진이나 비디오 촬영을 해도 좋은지 허락을 구한다.
- 수집한 모든 정보를 대외비로 처리한다.
- 답변을 거부하거나 또는 언제라도 중단할 수 있다고 알려준다.
- 편안하고 즐길 수 있는 분위기를 유지한다.

인터뷰 방법

인터뷰를 바람직한 방향으로 이끌어가기 위해서는 많은 훈련이 필요하다. 마케팅조사 회사들은 최근에 와서 기존에 해오던 양적 연구에서 질적 연구로 그 관심을 돌리고 있다. 왜냐하면 양적 조사는 설문지를 기반한 인터뷰로 전화 및 인터넷 등을 이용하여 엄청나게 많은 조사대상자를 확보하고 조사하기 때문에 많은 비용이 든다. 그럼에도 불구하고 최종 결과 도출에는 질적 조사방법의 신뢰성 수준에는 미치지 못하기 때문이다. 예를 들어 덴마크에서 시작하여 미국 뉴욕에서 활동하는 ReD라는 컨설팅 회사는 에스노그라피 방법을 적용하여 30명 정도의 대상에 대한 질적 조사를 하였다. 그 결과는 1,000명 대상의 양적 조사보다 훨씬 더 정확하게 알고자 하는 내용을 파악한 것으로 밝혀졌다.

이제부터 질적 조사에 입각한 인터뷰 단계 및 접근 방법을 살펴보자(d. school Bootcamp Bootleg 참고).

1) '왜?'라고 묻기

질문에 대한 답이 무엇인지 금방 알 것 같아도, 사람들이 왜 그런 행동이나 말을 했는지 잘 모르는 경우가 많다. 이때 이것을 밝히는 방법은 질문을 제기하는 것이다. '왜' 라는 질문을 함으로써 전혀 예상치 못한 답을 얻을 수도 있고, 추가적인 다른 대화를 이끌어 갈 수도 있다. "일반적으로 ~합니까?"와 같은 모호한 질문은 삼가는 것이 바람직하다. 그 대신 "마지막으로 ~한 경험을 이야기 해주세요."와 같은 특정한 사건이나 경험에 대해 "예 또는 아니요"가 아니라 스토리로 말할 수 있도록 구체적인 질문을 한다.

2) 스토리 유도하기

고객이 말하는 스토리가 사실인지 아닌지 여부는 별로 중요하지 않다. 스토리 속에는 그들이 세상을 어떻게 인식하고 있는지가 드러난다. 따라서 '예'나 '아니요'로 답하는 단답형 질문을 하지 말고, 사람들이 스토리를 만들어 갈 수 있도록 질문하는 것이 좋은 방법이다.

3) 언행불일치에 주목하기

사람들의 말과 행동이 가끔씩 일치하지 않을 때가 있다. 이처럼 상호 갈등을 일으키는 모순된 경우야말로 좋은 통찰을 얻을 수 있는 기회이다. 예를 들어 말로는 "대단히 기뻤다."고 하면서도 얼굴 표정은 밝지 못한 경우라든지 "괜찮아요"하면서 표정이 어둡든지 하는 것은 이 같은 사례에 포함된다.

4) 비언어적 단서에 주목하기

신체 언어와 감정 표현에 항상 주의를 기울여야 한다. 말로 하는 내용과 얼굴 표정이 다른 경우도 가끔씩 목격된다. 예를 들어 말은 긍정적으로 하면서 어깨를 으쓱거리며 부자연스러운 모습을 보인다면 이것 역시 추가 질문을 할 수 있는 좋은 단서이다.

5) 침묵을 두려워하지 않기

인터뷰 중, 잠깐의 공백이 생기면 기다리지 못하고 다른 질문을 해야 할 것 같은 기분을 느낄 수 있다. 하지만 이 침묵은 고객이 자신이 말한 것을 되짚어 보고 더욱 깊이 있는 스토리를 이끌어 내기 위한 시간이다. 따라서 침묵이 주는 불편함을 두려워 할 필요는 없다. 그 이유는 기다리는 것도 좋은 인터뷰 기법이기 때문이다.

6) 답변을 스스로 제시하거나 유도하지 않기

고객이 답변을 머뭇거린다고 해서 도와줘서는 안 된다. 그렇게 하면 고객은 무의식중에 인터뷰 진행자의 의견에 동조할 수 있다. 질문을 던진 다음 인터뷰 대상자가 그 질문에 대해 자기 말로 반응하도록 기다리는 것이 좋은 진행 방식이다.

7) 중립적인 질문하기

정답이 없는 질문을 해야 한다. 단답형 대답을 유도하는 양자택일 질문도 삼가해야 한다. 흔히 단답형 질문을 해서 대답을 유도하기 쉬운 데 인터뷰를 통해 진정으로 얻고자 하는 것은 '스토리'로 이어지는 대화임을 반드시 기억하자.

8) 구체적인 예를 들기

관찰하기 어려운 것에 대해서는 구체적인 실례를 들어가며 인터뷰를 진행한다. 이때 인터뷰 대상자가 종이에 그림을 그리거나 어떤 물건이나 대상을 제시하면서 대화할 수도 있다.

9) 인터뷰를 기록할 수 있도록 철저하게 준비하기

인터뷰는 반드시 2인 1조로 진행하고, 부득이하게 혼자 진행할 경우에는 카메라나 녹음기를 사용하는 것이 좋다. 그 이유는 인터뷰 내용은 기록하지 않으면 너무나 쉽게 망각하기 때문이다. 실제 인터뷰를 하면서 대화 내용을 빠짐없이 자세히 기록하기란 불가능하다. 따라서 녹음기, 카메라, 또는 기타 다양한 IT 기계 등 보조도구의 도움이 필요하다. 이때 상대방에게 촬영이나 기록에 대한 동의를 반드시 사전에 얻어야 한다.

극단적인 사용자 인터뷰(Extreme user interview)

디자인씽커들은 고객의 삶 속에서 그들이 하는 요구를 이해함으로써 통찰을 얻는다. 극단적인 사용자들을 대상으로 대화를 하거나 관찰을 할 때, 그들이 요구하는 바가 무엇인지 또 무엇을 회피하는지를 파악할 수 있다. 극단적인 사용자를 통해서 발견된 니즈는 대다수 사람들의 필요나 요구를 대표할 때가 종종 있다.

표 4.1 인터뷰 실시 예

<table>
<tr><td rowspan="3">순서</td><td colspan="2">1) 인터뷰 대상 정하기
2) 인터뷰 내용 만들기
3) 현장 인터뷰 실시
4) 인터뷰 정리하기</td></tr>
<tr><td>① 인터뷰 대상 정하기
</td><td>② 인터뷰 내용 만들기
</td></tr>
<tr><td>③ 현장 인터뷰 하기
</td><td>④ 인터뷰 정리하기
</td></tr>
</table>

(계속)

표 4.1 인터뷰 실시 예(계속)

인터뷰 질문 작성	1. 대상을 정하고, 인터뷰 방법 9가지에 유의하면서 고객을 대상으로 10가지 질문을 작성하기 1. ______ 2. ______ 3. ______ 4. ______ 5. ______ 6. ______ 7. ______ 8. ______ 9. ______ 10. ______
	2. 질문 작성이 끝나면, 대상자에게 질문을 한다. 이때, A4용지에 고객이 한 말을 되도록 꼼꼼하게 적는다.

1) 누가 극단적인 사용자인지를 결정하기

어떤 사람이 극단적인 사용자인지를 결정하는 것은 우리가 탐구하고자 하는 디자인 과제를 분명히 하는데 도움이 된다. 여기에서 극단적일 수 있는 사람들을 생각해 보자. 예컨대, 식료품 가게의 쇼핑 경험을 재설계 할 때에는, 식료품들을 어떻게 담는지, 결제는 어떻게 이루어지는지, 구매할 물건을 어떻게 선택하는지, 구매한 식료품을 어떻게 집으로 가져가는지 등을 고려할 수 있다. 이때 식료품을 어떻게 담는지를 고려한다면 쇼핑 카트를 사용하는 사람, 카트에 짐을 너무 많이 담는 사람, 온라인 구매자를 위해 물건을 담는 사람, 자신의 아이를 카트에 식료품과 함께 싣는 사람, 나아가 식료품 가게에 가지 않는 사람 등이 있을 것이다. 또 다른 사례로 통상적인 과일 깎기 칼로는 사과나 감자를 깎기가 어려운 손의 관절염을 앓고 있는 가정주부 역시 극단적 사용자에 해당된다. 컴퓨터 게임을 출시하기 전 게임매니아들을 대상으로 한 베타테스트도 극단적 사용자를 활용하여 게임의 문제점을 찾아내는 주요한 방법이다.

2) 함께 하기

다른 사람에게 하는 것처럼 동일하게 극단적인 사용자를 관찰하고 인터뷰한다. 극단적인 사용자가 보여주는 회피반응이나 또 다른 행동을 통해서 영감을 받거나 통찰을 발견할 수 있다.

3) 극단적인 점을 보기

극단적인 사용자들이 영감이나 다듬어지지 않은 아이디어를 촉진하는 방식을 관찰하고 살펴보라. 이들을 위한 디자인이 다수의 보통 사람들에게도 큰 도움을 주고 반향을 일으킨다는 사실을 이해할 수 있을 것이다.

체험(Try, Immerse)

사용자가 경험한 것을 체험하라. 다음 그림 4.5는 어린 소아암 환자가 MRI 사용에 대한 공포를 느끼는 것을 디자이너가 직접 체험하는 것을 보여주는 그림이다.[15]

다양한 체험사례

- 소꿉장난, 시나리오에 의한 병원에서의 상황극
- 침대에 드러 누워 응급실에서의 프로세서를 체험하며 비디오로 찍기
- 카운터에서 손님을 응대하는 것 경험하기
- 신체부자유자로 살아보기

유니버셜 디자인의 대표인 패트리시아 무어(Patricia Moore)는 장애를 가진 사람들 그리고 거동이 불편한 고령자의 어려움이 무엇인지를 파악하기 위해 1976년 20대의 나이에 80대의 노인으로 분장을 하고 노인의 삶을 체험해 보았

[15]Source GE

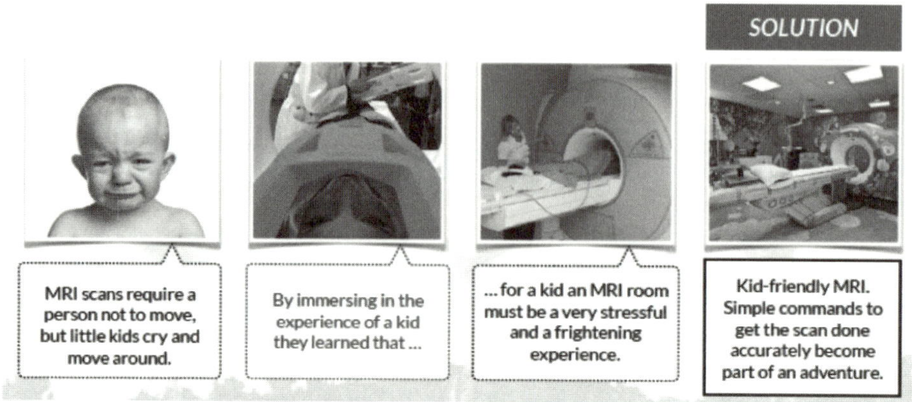

그림 4.5 MRI 사용자 경험하기

다. 검게 색칠한 두꺼운 안경을 끼고 귀를 막아서 청력을 낮추고 자세와 동작을 불편하게 하기 위해 다리에 붕대를 감았다. 또 어깨에는 거동에 방해가 되는 것을 넣고 마치 80대 노인처럼 자신을 분장하였다. 그녀는 이 같이 분장하고 2년 동안 미국과 캐나다의 도시 112군데를 여행하며 다양한 경험을 하였다. 그녀는 이 과정에서 장애인과 노인이 직면하는 신체적으로 힘든 것만 아니라 정서적인 학대 및 잔혹함 등도 마주하였다. 그녀의 이러한 체험이 장애인들을 위한

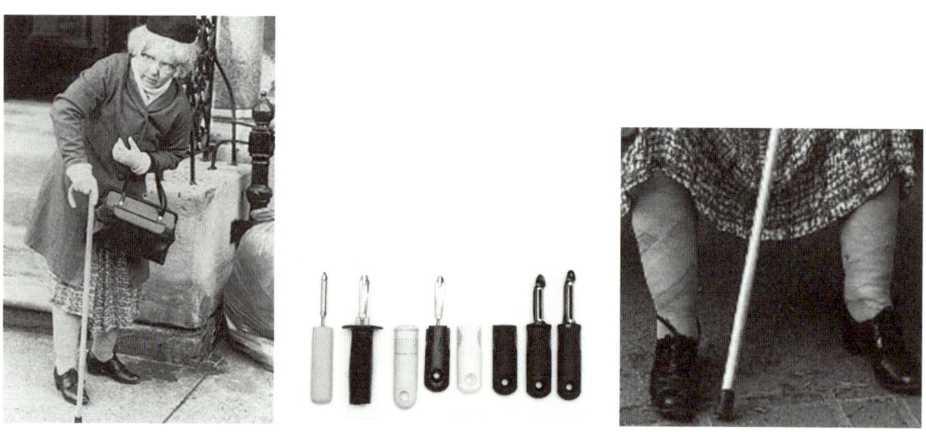

그림 4.6 Patricia Moore [http://youtu.be/cpNIBML2FFo?t=29]

제품 그리고 극단적 사용자를 위한 기계 및 장치 그리고 시스템을 만드는데 기여하게 만들었다. 그녀는 형태뿐 아니라 기능에도 중점을 둔 접근법으로 산업계 디자인을 선도하였으며, 모든 사람을 위하는 디자인인 유니버설 디자인(universal design)이란 회사를 설립하였다(그림 4.6 참조).

트라이포트 디자인 나카가와 사토시

디자인챌린지: 유니버설 디자인

극단적 사용자: 리드유저, 다양한 형태의 장애를 가진 사람

트라이포트 디자인은 제품 개발을 할 때 만 명에 달하는 '리드 유저'(lead user)라는 극단적 사용자 풀을 활용하고 있다. 이 회사는 제품과 서비스를 개발할 때 각종 장애의 성격에 따라 분류되어 있는 정교한 데이터베이스를 활용하고 있다. 리드 유저는 '감각'이 앞서 있는 사용자라는 뜻이며 모두 다양한 형태의 장애를 가진 장애인들이다.

트라이포트사는 실제로 무언가를 디자인할 때 장애인들과 디자이너들이 한 팀이 되어 제품과 서비스의 불편함을 고도로 세밀한 부분까지 감지하여 개선한다. 예를 들어 볼펜을 디자인한다고 하면 어깨나 손목 근육 등이 불편한 사용자들을 팀에 합류시켜서 디자이너들과 함께 디자인하도록 한다. 따라서 이들도 편하다고 느끼는 제품이라면 장애가 없는 사람들에게는 당연히 편리할 것임이 분명하다.

이 사례는 우리에게 예민한 사용자를 활용해야 한다는 중요한 시사점을 준다. 왜냐하면 예민한 사용자들은 사회의 위험을 미리 감지하는 레이더의 역할을 해줄 수 있기 때문이다.

공감을 위한 질적 연구법

관찰하고, 질문하고, 기록하는 질적 접근법이야 말로 양적 접근법보다 더 많은 것을 파악하게 해준다. 최근에는 마케팅 연구에 주로 사용하는 양적 연구보다 이제 공감을 위한 방법으로 활용되는 질적 연구가 많이 활용되고 있다. 다음에 질적 연구와 관계되는 몇 가지 방법을 소개하고자 한다.

에스노그라피(Ethnography, 민족지학)

에스노그라피의 어원을 살펴보면 사람이나 민족을 뜻하는 'ethno'와 기록하는 것이나 쓰는 것을 뜻하는 'graphy'로 구성되어 있다. 이것을 문자 그대로 해석하면 "사람에 대한 기록"(writing about people)을 뜻한다. 민족지학은 집단, 팀, 조직 및 공동체 내에서 발생하는 사회적 상호작용, 거동 및 태도에 대한 연구라고 할 수 있다(Nussbaum, 2006: 10).

사람이나 문화에 대한 체계적인 연구를 처음으로 실시한 Malinowsky는 20세기 초 파푸아뉴기니에 가서 원주민을 연구하면서 참여관찰(participant observation)을 적용하여 그 당시까지 학계를 지배하고 있던 "안락의자 인류학(arm chair anthropology)"을 획기적으로 변화시켰다. 현대 사회 인류학이라고 불리는 말리노프스키의 연구법은 면밀한 관찰, 인터뷰, 자료 분석 등의 정성적 방법을 토대로 특정 사회 시스템 안에서 사람들의 사회생활과 문화를 설명할 수 있는 데이터를 수집한다. 이러한 에스노그라피의 적용을 통해 일상적 환경에서 사람들이 보여주는 행동 양상을 파악할 수 있다. 따라서 민족지학은 관찰과 인터뷰 자료의 축적을 통해 사람들이 사는 장소와 환경(즉 경치, 사회)은 물론 그들의 관점과 행동에 대한 풍부하고 총체적인 통찰력을 얻을 수 있는 연구 방법이다.

현대에 와서 양적 연구가 가진 제한점을 보완하기 위한 질적 연구방법으로서의 에스노그라피는 비즈니스적 맥락에서 고객/사용자의 명확히 표현되지 않은 요구 사항, 사용 패턴, 관점을 찾아내고, 해석하고 이해하는데 널리 활용되고 있다. 이는 최종 사용자나 고객이 사용조건에서 서비스나 제품과 어떻게 상호작

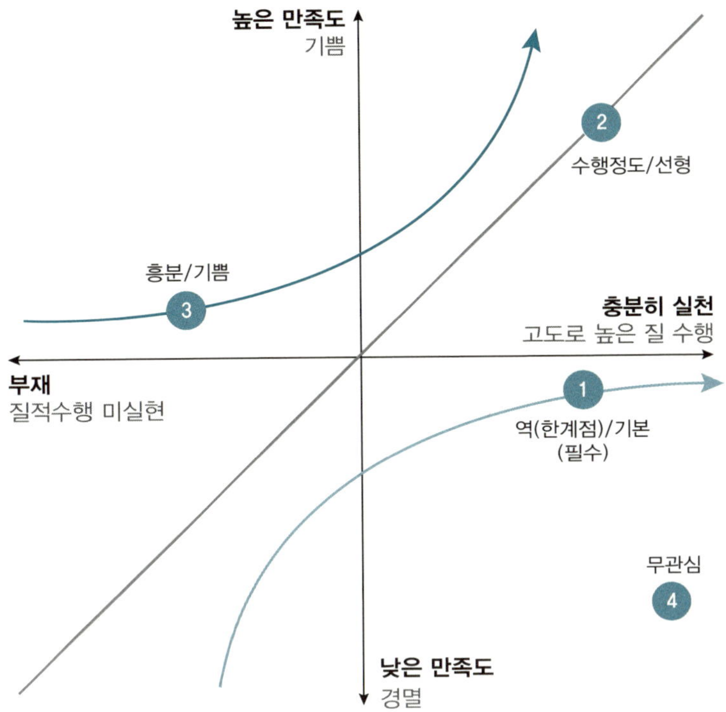

그림 4.7 카노(Kano) 다이아그램

용하는지를 관찰하는데 유용하다.

고객의 잠재된 요구, 즉 고객조차 의식하지 못하는 숨은 니즈를 찾는데 현장연구야말로 도움이 된다. 특히 현장에서 실시되는 관찰은 인터뷰만으로는 부족한 부분을 채워주는 강력한 보완책이다. 이처럼 보는 것과 기대하는 것의 불일치가 감지되면 더 깊게 파고들라는 신호로 이해하면 된다.

[그림 4.7]에서 제시하는 카노(Kano) 다이아그램은 고객 요구사항의 우선순위를 정하는데 도움이 되는 좋은 도구이다. 이것은 고객의 만족도와 수행정도 간의 상관관계를 나타내주는 그림으로 고객의 요구사항을 시각적으로 분류하는데 유용하게 사용될 수 있다.

고객이 말할 필요를 느끼지 못하여 표현되지 않는(unspoken) 요구사항은 곡선 ①을 따른다. 이러한 고객의 기초요구사항 및 표현되지 않은 요구사항을 만족시키지 못하면 고객의 만족도는 매우 낮게 된다. 따라서 이것은 반드시 만족시켜야 하는(must have) 요구라고 할 수 있다. 곡선 ②는 가장 빈번하게 표현되는(spoken) 고객의 요구사항을 나타낸다. 이는 고객이 인터뷰나 설문조사에서 나타내는 요구사항을 의미한다. 곡선 ③은 흥분하게 할 만큼(exciting) 고객의 요구사항을 만족시키는 방향으로 제품의 성능을 향상시킬 때 품질에 대한 고객 만족도가 극적으로 높아지는 것을 보여준다. 이처럼 고객의 요구사항의 특성을 이해하는 것은 일의 우선순위와 제품이 가지고 올 성과를 정하는 데 필요하다. 고객의 요구사항을 반영하는 우선순위는 경쟁제품의 조사 결과 발견된 고객의 기초 요구사항, 고객의 공감하기로부터 찾아낸 표현되지 않은 요구사항(unspoken), 설문조사 결과 찾아낸 높은 우선 순위의 요구사항(spoken), 고객의 흥분을 불러일으킬 만한 요구사항 즉 고객이 즐거워할 요구사항(exciting) 또는 매력품질 등으로 구분할 수 있다. 고객이 즐거워할 만한 매력품질은 표 4.2와 같은 사례에서 볼 수 있다.

표 4.2 노트북 컴퓨터가 가지는 당연품질과 매력품질

당연품질	매력품질(exciting)
• 휴대하기 편해야 한다	• 빔프로젝트 기능도 내장했으면
• 가벼워야 한다	• 틸팅, 패닝도 된다면
• 배터리 용량이 커야 한다	• 야광으로 좋은 색상의 빛을 낸다면
• 오래 사용해야 한다	• 항균재질로 만들었으면
• 디스플레이가 밝아야 한다	• 향기가 나면 좋겠는데
• 해상도가 좋아야 한다	• 열 발생이 적었으면
• 가격이 싸야 한다	• 진동 및 소음이 없었으면
• 디자인이 좋아야 한다	• 맞춤형 기능으로 제작된다면
• 충격에 강해야 한다	• 기능의 업그레이드가 잘 된다면
• AS가 잘 되어야 한다	• 모든 바이러스 검사, 치료할 수 있다면

4.5

공감을 위한 디자인 도구

저니맵(Journey Map, 체험여정)

서비스를 새로 디자인하기 위해서는 고객이 서비스를 이용할 때 무엇을 경험하는지를 아는 것이 중요하다. 이때 사용자의 경험을 알기 위해 '체험여정' 즉, 'Journey Map'을 활용할 수 있다. 저니맵은 특정인의 행동을 따라가면서 시간대별로 전개되는 상황을 기술하는 것이다. 이때 모든 행위와 관련된 기분(감성)을 시간대별로 좋음 또는 나쁨으로 구분하여 그래프로 표시한다. 이러한 저니맵을 활용하면 고객이나 사용자가 서비스를 경험하는 과정을 한눈에 볼 수 있다. 고객의 저니맵은 일종의 스토리텔링이라고 볼 수 있다.

고객이 서비스를 경험하기 위해서는 여정이 시작되는 순간부터 마지막으로 해당 서비스가 종료되는 시점까지 일어나는 모든 과정을 꼼꼼하게 기록하도록 부탁한다. 그 후 디자이너들은 고객이 그린 '저니맵'을 가지고 심도 있는 인터뷰를 진행한다. 이때 고객의 '감정'에 집중하면 고객이 무엇을 원하고 또 어떻게 느끼고 있는지에 대한 통찰을 얻을 수 있다. 특히 상호작용이 일어나는 터치포인트로부터 뜻밖의 통찰을 얻을 수 있다. 터치포인트란 제품이나 서비스와 고객 사이에 상호작용이 일어나는 부분을 말한다. 고객이 서비스를 만나는 과정 또는 병원에서 진찰 및 치료를 받는 과정에서 거치는 물리적, 인적 상호작용, 소통 등이 여기에 포함한다. 특정시간에 특정한 상황에서 감성적으로 부정적인 일이 발생한 것을 포착하면 문제를 정의할 기회를 갖게 된다.

저니맵 작성과 관련하여 인스부르크 대학의 마르크(2012)교수 등이 제안하는 방법을 소개하면,[16] 서비스 사용자의 목표를 설정하고, 무엇을 하고 있는지, 어떤 기분을 느끼는지, 만족을 얻기 위해 시도하는 것은 무엇인지 등의 정보를 한 눈에 지도처럼 볼 수 있도록 저니맵에 포함할 수 있다.

그림 4.8은 야구 경기장을 자주 찾는 고객의 저니맵을 사례로 보여준다.

페르소나(Persona)

저니맵과 함께 '페르소나(persona)'라는 방법을 함께 사용하면 고객으로부터 더 많은 정보를 얻어낼 수 있다. 페르소나를 작성하는 목적은 고객 혹은 대상이 가지는 진짜 니즈가 무엇인지를 찾아내는 데 있다.

'페르소나'는 제품이나 서비스에 관계된 고객에 대한 정보, 즉 이름, 나이, 성별, 거주지, 직업, 학력 및 경력, 직위, 사회적 환경, 결혼여부, 자녀 유무, 취미, 여가시간, 좋아하는 것, 싫어하는 것 등과 그들이 평소에 하는 생각, 신념, 감정들을 간략하게 정리하는 방법이다. 이것은 실제 사용자를 관찰한 데이터를 모델링하는 기법이다. 작성 방법의 규칙은 없지만 아래와 같이 작성한 예시를 참고할 수 있다. 먼저 고객의 간단한 신상에 대한 정리와 성격 등을 사진 아래에 적는다. 이처럼 페르소나를 작성할 때 주의할 점은 다음과 같다.

1. 고객의 니즈, 동기 및 맥락 등의 다양성에 따라 대상자를 대표하는 최소한의 페르소나를 작성해야 한다.
2. 서로 다른 그룹(예를 들면 학생, 교직원 등)에 대해 하나 이상의 페르소

[16] 마르크 스틱도른, 야코브 슈나이더 외, 서비스 디자인교과서, 안그래픽스, 2012, http://www.slideshare.net/jaminhegeman

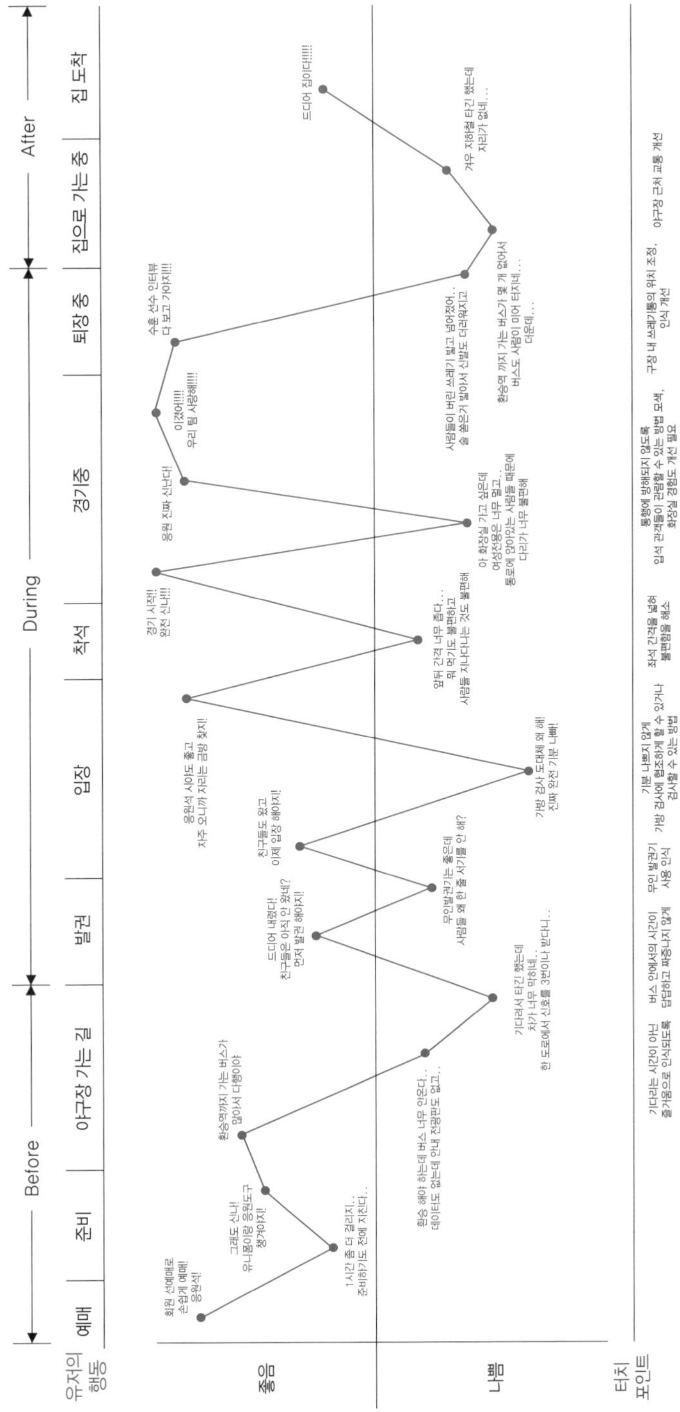

그림 4.8 저니 맵(Journey Map) 작성 예시(야구장을 찾는 고객)

나를 작성하면 이들에 대한 페르소나가 서로 차별화되어야 한다.

3. 고객의 행동과 인용구에는 인터뷰를 하면서 기록한 사항들 중 재미있는 것, 놀라운 점, 인용할만한 내용 등을 적는다.
4. 감정이 일어난 과정과 어떤 관계를 가지는 가는 감정이 변화한 시점을 포착하여 적는다. 이것은 저니맵 상에 나타나기 때문에 참고할 수 있다.
5. 목표와 동기에는 고객이 평소에 생각하는 신념, 좌우명, 바람 등을 적는다. 이 항목을 통해 고객의 동기나 목표가 뚜렷하게 나타나기 때문에 고객 니즈의 방향성을 잃지 않는다.
6. 페르소나는 일반적인 사용자가 아닌 전형적인 사용자를 정의(의인화)하여 사용한다. 실제 고객, 즉 사용자의 인구학적 프로필, 취미, 좋아하는 것, 싫어하는 것, 목표, 동기, 소망, 도전 및 고통점(pain point), 그리고 학습행동 등을 표시한다.
7. 제품사용과 관련하여 어떻게, 어디서, 그리고 누가 사용하는가? 사용전과 사용 후의 차이는?, 제품정보는 어디에서 얻고 구매절차는 어떻게 하는가? 결정에 누가 영향을 미치는가?
8. 얻는 것(Gains): 현재 제품이 고객을 어느 정도 만족시키는가?
   고통(pains): 무엇이 고객에게 제품에 대해 나쁜 느낌을 가지도록 영향을 미치는가? 고객이 염려하거나 우려하는 것은 무엇인가?
9. 페르소나에 라이프 스타일(life style), 활동, 선택과 사회적 맥락 등을 나타내주기 위해 설명이나 스토리를 추가한다.
10. 페르소나에 시각적으로 표시하기 위해 여러 종류의 잡지, 인터넷 등에서 소품 같은 것을 따와서 붙여서 사용할 수 있다.
11. 특별히 주요한 경험에 대하여 설명하고 가장 중요한 것을 찾게 해주는 프로토타입을 만든다.

대학생 A 페르소나 | 성명: 권인혁

프로필

나이: 20
성별: 남
거주지 주소:
가족: 부, 모, 2형제
교육배경:대학 재학중

취미/좋아하는 것/싫어하는 것

- 스케치와 회화
- 요리
- 음악감상
- 명상하기에 흥미
- 스포츠 싫어함
- 무례한 사람 싫어함

사회적 및 가족 라이프스타일

- 사회적 활동에 참여해서 같은 흥미를 가지고 있는 다른 사람들과 교제하기를 바람

목표

- 유명한 전문직 코믹 만화가가 되는 것
- 내 꿈은 일본에 가서 일본 만화를 공부하는 것

동기/소망

- 예술 프로젝트에 일하는 것을 즐긴다.
- 해외 학생들과 일하는 것을 즐긴다.
- 만화영화를 많이 감상하고 모든 캐릭터를 잘 안다.

공통점

- 내 가족은 나를 이해하지 못하고 내가 하는 일에 관심이 없다.
- 내성적이고 다른 사람들에게 다가서는 것을 부끄러워한다.

학습 행동

- 지시를 잘 따르나 내 스스로 결정을 내리는 데 자신이 없다.
- 나는 같은 흥미를 가진 사람들과 만나고 일하는 것을 즐긴다.

딥 니즈 문장

내가 수용되는 것을 느끼고 다른 사람들과 연결되어져 있어 지원을 받고 영감을 얻을 수 있기를 바란다.

니즈의 다양성

S. 사회활동에 참여해서 같은 흥미를 가진 사람과 연결되기를 바란다.

S. 더 많은 사회적 연결과 친구를 만들기 위해 다른 사람과 네트워크를 만들기 바란다.

P. 내 공부에 집중하기 위해 사적인 공간을 가지기를 바란다.

I. 성공적, 전문직 만화가가 되는 목표를 달성할 수 있는 더 나은 교과과정과 멘터가 필요하다.

E. 부끄러움을 극복하기위해 자신감을 개발하기 바란다.

C. 스토리텔링에서 지도와 멘토링 정보를 받기를 바란다.

그림 4.9 만화작가가 되고 싶은 학생의 페르소나

페르소나와 관련하여 싱가포르 폴리테크닉 등에서 활용하는 스피이스(SPICE) 모델이 있다. 이 모델은 사회적 욕구(Social needs), 신체적 욕구(Physical needs), 정체성에 대한 욕구(Identity needs), 소통에 대한 욕구(Communication needs), 그리고 정서적 욕구(Emotional needs) 등 사람에게 내재된 다층적 욕구를 나타내는 영어단어 머리글자를 조합한 것이다. 이 모델은 인터뷰, 관찰 및 체험하기로부터 고객의 욕구를 직접적으로 또 체계적으로 파악하는(니즈 파인딩) 방법이다.

자신에 대해 페르소나를 직접 작성해 보는 것도 좋은 연습 방법이라고 할 수 있다. 그림 4.9와 4.10은 코믹작가가 되고 싶은 학생의 페르소나와 야구장을 자주 찾는 대학생에 대한 페르소나를 다른 형태로 작성한 것이다. 이렇게 페르소나를 작성하면 고객에 대한 정보를 한 눈에 볼 수 있기 때문에 유용하다.

야구장을 자주 가고 편안한 것을 좋아하는 야구장 유저의 페르소나

이름: 안유경
연령: 26세
직업: 대학생
성격: 편안함을 추구하고 경기 승패에 따라 기분이 달라진다.

① **고객의 행동 & 인용구**

많을 때는 한 달에 야구장에 6번도 간다.
"TV로 경기를 보는 것도 재미있지만 현장의 분위기를 느끼면서 응원하는 재미가 더 커요. 오랜만에 친구들도 만나고요."
응원할 수 있는 자리를 선호하는데 최적의 자리는 응원석 맨 뒤에 위치한 테이블석이고 유저와 친구들 모두가 가장 선호하는 자리이다.
만약 예매를 늦게 해서 자리가 없을 때는 싸고 응원할 수 있는 응원석보다는 좀 더 비싸지만 편하게 앉아 맛있는 것을 먹으며 즐길 수 있는 테이블석을 예매한다.

② **감정**: 어떤 상황(시간, 장소)에서 감정이 변화하는가?

■ 즐거운 상황
- 응원 팀이 이기고 있을 때
- 경기 시작 전에 음식 먹는 것

■ 스트레스 상황
- 점수가 나지 않을 때
- 통로에 앉은 사람들 때문에 관람과 통행이 불편할 때
- 쓰레기가 많은 것

③ **목표와 동기**: 현장에서 편하게 경기를 보고 싶다. 가방과 같은 짐을 보관할 곳이 필요하다.

그림 4.10 야구장을 자주 찾는 대학생의 페르소나

이해관계자 맵(Stakeholder Map)

공감대상을 파악할 때 직간접인 관계자들을 사전에 정리해 보면 문제와 관련 있는 이해관계자가 누구인지 파악할 수 있고 또한 문제 발생 원인과 이들간의 상호 관계를 발견하기 쉽다. 문제의 원인과 해결책을 찾는 데는 가능하면 모든 이해관계자들이 참여하는 것이 바람직하다(co-creation). 다음에는 이해관계자를 파악하는데 도움이 될 방법을 소개한다.*

1. 먼저 문제를 가지고 있는 대상을 생각해본다. 그 대상과 영향을 주고 받는 사람은 누구일지, 공감 대상의 생활을 상상해 보고 만나는 사람, 또 방문하는 공간은 어디일지도 생각해본다.
2. 일차적인 이해관계자를 발견하였다면 이들을 직접 만나본다. 문제와 관련된 주요인물 중 1인을 선택하여 인터뷰(미팅)를 요청하고 여기에서 파악된 또 다른 이해관계자(기관)를 그 다음 단계에서 파악해본다.
3. 그동안 파악한 이해관계자를 이해관계자 맵으로 정리해본다. 원의 중심

*참고, 100up 문제정의 프로세스, kakaoimpact 사용설명서

(핵심 인물)에서 멀어질수록(직접, 간접 이해관계자) 중요도와 연관성이 낮은 이해관계자로 배치한다(그림 4.11 참조).

4. 각 이해관계자간의 우호적 또는 적대적 관계 등 서로 영향을 미치는 정도를 살펴보고 각 이해관계자간의 관계가 공감 대상자에게는 어떤 영향을 미치는지를 확인해본다.

표 4.3과 그림 4.11은 발달장애인 취업과 관련하여 발달장애인 당사자를 둘러싼 이해관계자 맵을 그린다고 가정한 것이다. 이때 그를 둘러싸고 있는 이해관계자와 관련된 질문을 던지고 그 답을 정리하면서 이해관계자 맵을 그려볼 수 있다.

표 4.3 발달장애인에 대한 이해관계자 맵을 그리기 위한 질문 예시

질문	답
기존에 알고 있었던 이해관계자는 누구인가	발달장애인, 부모, 학교 교사, 사회복지사, 자폐인 사랑협회
새롭게 알게 된 이해관계자는 누구인가	부모 커뮤니티 자폐인 사랑협회, 리어플러스센터 사회적 기업, 발달장애인 훈련센터
이해관계자들이 말하는 문제는 무엇인가	특별한 재능이 있지만 사회성이 부족하여 일반 기업에 취업하는데 어려움이 있음 장애인 등록을 하지 않는 사람들도 많아 복지 혜택을 받지 못하는 사각지대에 있음
이해관계자들이 기존에 시도하고 있는 문제해결 방법은 무엇인가	직업교육훈련
아직 해결되지 못한 문제는 무엇인가	발달장애인 부모는 통합적인 정보를 얻기가 힘들었음 이미 개발된 직무들은 있었지만 단순 직무에 가까웠고, IT 등과 같은 다양한 발달장애인 맞춤 직무가 없다는 것을 발견

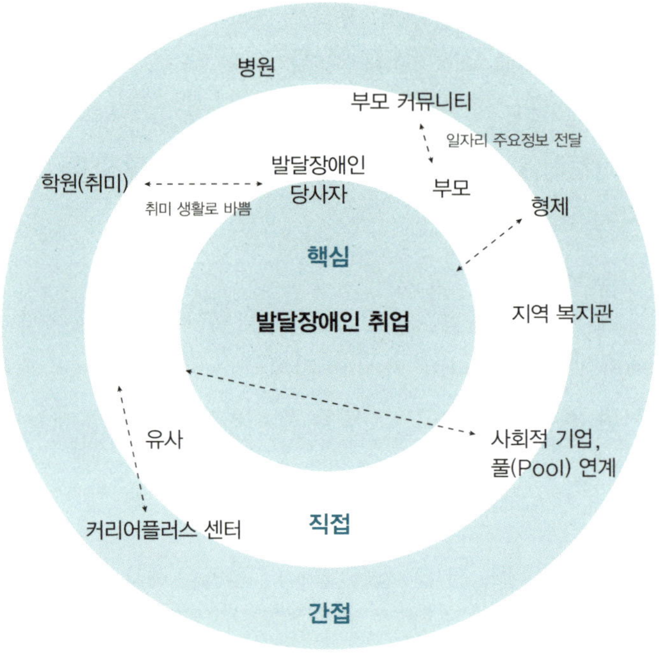

그림 4.11 장애인에 대한 이해관계자 맵 예시

디자인씽킹 성공 사례: 동전 저축(Keep the Change)

- 착안점: 현금으로 제품을 구매하는 사람들이 남은 잔돈을 따로 저금통이나 병에 모아 두었다가 잔돈이 가득 차게 되면 은행으로 가지고 가 예금을 하는 행동에서 착안
- IDEO는 이를 도와주는 은행 직불카드를 고안해냄. 즉, 직불카드를 사용하고, 원하는 경우 잔돈에 해당하는 1달러 미만의 금액은 예금 계좌에 자동으로 이체되어 적립됨. 이것을 'Keep the Change'라는 예금 상품으로 출시함. 이를 통해 사용자들에게 저축 습관에 익숙해지도록 도와주었음
- 개발자: IDEO와 Bank of America의 프로젝트(2005년)

그림 4.12 동전저축(Keep the Change) 광고 홍보판

AEIOU 관찰법

관찰은 다양한 방법으로 수행할 수 있다. 자연스러운 맥락 속에서 대상이 하는 행동을 관찰하는 방법으로 AEIOU 관찰법[17]이 많이 사용된다. 이 기법은 특히 경험이 부족한 집단이 관찰을 하는데 유용한 팁을 주는 체크리스트 법이다.

다음의 표는 AEIOU 관찰방법의 내용 및 이를 미식축구 경기장에 있는 식당에서 음식을 주문하는 경우에 적용한 사례를 보여준다.

표 4.4 AEIOU 관찰법 적용사례: 미식축구 경기장 식당에서 음식 주문

	내용	예
활동 (Activities)	• 무슨 일이 발생했나? • 사람들이 무엇을 하는가? • 그들의 임무는? • 전과 후에 무엇이 발생하나?	• 음식주문 • 음식조리 • 음식서빙
환경 (Environment)	• 환경은 무엇과 유사한가? • 공간의 기능은 무엇인가? • 공간에서는 어떤 일이 일어나는가?	• 저녁 • 야외경기장 • 관중 혼잡 • 스타디움 조명
상호작용 (Interaction)	• 한 시스템이 다른 시스템과 상호작용하는가? • 어떤 접점이 있는가? • 고객이 다른 직원과 어떻게 상호작용하는가? • 운영을 구성하고 있는 것은?	• 고객이 주문 • 캐시어가 영수증을 조리사에게 줌 • 줄서서 기다림 • 음식서빙
대상 (Objects)	• 무슨 물건과 도구가 사용되었나? • 그 물건을 어떤 환경에서 누가 사용하는가?	• 현금 • 영수증 • 금전등록기
사용자 (User)	• 사용자가 누구인가? • 사용자는 무슨 역할을 수행하는가? • 누가 영향을 미치는가?	• 관람자 • 조리사 • 캐시어

[17]Michael Lewrick, et al., The Design Thinking Play Book, Wiley, 2018.

Design

Thinking

5

문제정의(Define): 제2단계

Design Thinking

2단계 문제정의는 수렴적 사고 단계

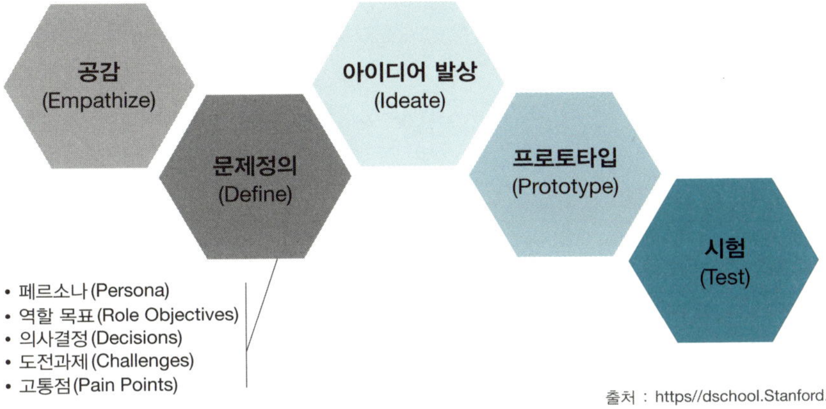

출처 : https//dschool.Stanford.edu

"바른 문제정의야말로 올바른 해결책이 태어나게 하는 방법이다."

문제정의란 공감 단계에서 했던 관찰, 현장답사, 체험, 그리고 인터뷰를 통해서 발견한 결과물들을 분류하고, 통합하고, 그리고 스토리를 공유함으로써 문제를 바르게 정의하는 단계이다. 올바른 문제는 자신이 세운 가정이나 입장에 근거한 문제가 아니라, 고객인 당사자가 실제로 느끼는 문제, 고객에게 가치가 있는 문제, 해당 팀이 풀고 싶어 하는 문제를 말한다. 이 단계에서 추구하는 목표는 고객에 대한 깊은 공감대와 해결방법에 대하여 고민하는 것과 행동할 수 있는 구체적인 문제정의문, 즉 착안점(Point of View)을 개발하는 것이다.

Design Thinking

5.1

해석해 본다

전체적인 이미지를 이해하고 공감단계에서 획득한 것을 문제정의로 가져가기 위해서는 관찰, 기록, 또 질문한 모든 것을 함께 정리해야 할 필요가 있다. '해석 작업'은 동료 팀원과 발견한 것을 함께 공유하는 기회이다. 이때 머릿속에 있는 정보, 지식 그리고 아이디어들을 벽에 붙인 대형전지 위에 붙이고 그 내용들을 시각화로 제시하면서 각 정보들 간의 관계성을 찾아낸다. 이때 고객의 사

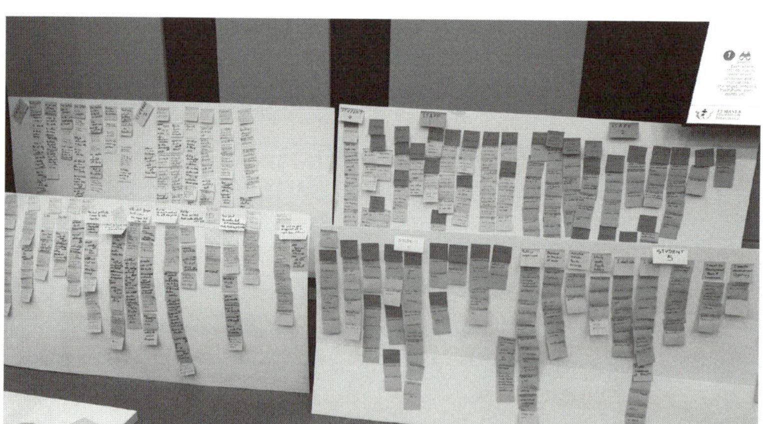

그림 5.1 공감하기로부터 얻은 자료를 포스트잇에 기록하고 분류하여 대형 전지에 부착한 사례

진을 첨부할 수 있고 포스트 잇 등에 해당되는 정보를 기록한다.

고객이 한 경험에 대한 지도, 즉 저니맵(Journey map)을 작성하는 것은 내용의 시각화와 정보들 간의 관계성을 파악하는데 유용한 툴이 된다. 저니맵은 고객이 실제로 한 경험여정을 기록하는 것이다. 이때 유의해야 할 점은 고객에 관련된 인상이나 정보는 아무리 작은 것이라도 빠뜨리지 않는 것이다. 이상은 공감단계에서 문제정의 단계로 이행할 때 최초로 하게 되는 통합 프로세스이다.

자료를 취합하여 산만하고 불규칙한 데이터를 정리하여 의미를 찾는 과정을 센스 메이킹(Sense making)이라고 한다. 존 콜코(Jon Kolko)는 센스 메이킹을 통해 통찰을 얻는 것이 문제 정의에 가장 중요한 과정이라고 강조하고 있다.

그는 이 과정을 '종합을 통한 센스 메이킹'(Sense making through synthesis)라고 부른다. 여기에는 다음과 같은 5가지 단계가 있다. 1. 데이터(Data), 2. 정보(information), 3. 지식(knowledge), 4. 통찰(insight), 그리고 5. 지혜(wisdom)

5.2

문제정의에 대해서

디자인씽킹에 있어서 문제정의란, 디자인 대상 및 영역에 대해서 일관성을 가지고 다루어야 할 문제의 포인트를 분명하게 하는 것을 의미한다. 이때 고객 및 주변 환경으로부터 문제를 찾는다. 최종적으로 결정되는 문제해결 대상으로 삼는 과제, 즉 디자인 챌린지(design challenge)를 정의하는 것은 디자인씽커의 입장에서 보면 개선 및 해결의 기회이며 또 동시에 책임에 해당된다. 도전으로 옮겨지는 챌린지는 풀어야 할 과제, 즉 해결이 요구되는 이슈라는 의미를 가지고 있다.

챌린지에 해당되는 문제에 관해서는 전문가(엑스퍼트)인 고객의 소중한 공감을 득한 뒤에, 다방면에 걸친 정보를 수집하고 또 여기에 대해서 의미를 부여하는 것으로, 이것이 바로 문제정의 단계에서 해야 할 일이다.

5.3

문제정의의 목표

문제정의를 하는 목표는 궁극적으로 해결방안 탐색을 위한 착안점(POV: point of view)을 찾는 것이라고 볼 수 있다. 그 이유는 해결해야 할 문제가 무엇인지 명확하게 표현할 수 있을 때, 이를 바탕으로 아이디어를 발상할 수 있기 때문이다. 문제정의는 고객의 통찰과 니즈에, 또 가공 인물인 경우에는 이들이 관심을 가지는 대상에 대해 초점을 맞춘 내용이 되어야 한다.

통찰은 연관성이나 일정한 행동유형(pattern)을 발견하기 위해서 정보를 통합하는 프로세스로부터 나오기 때문에, 문제정의 단계는 의미탐색을 하는 프로세스라 할 수 있다.

이 단계에서는 특히 문제를 명확하게 표현하는 착안점을 찾아내는데 최우선적으로 중점을 둔다. 이때 유념할 것은 고객의 문제영역에 대해 새로운 이해를 해 나가면서 과제에 대한 착안점을 정의해 나가는 것이다. 너무 광범위하지 않게 초점을 맞춘 착안점을 정의하는 것은 다음 단계인 아이디어 발상을 통해 양질의 해결책을 만들어낼 수 있는 좋은 방법이다.

문제정의는 여기저기에 흩어진 정보를 통합하기 위해서 시도된다. 이를 위해 관찰이나 인터뷰를 실시할 때 특히 현저하게 나타나는 것이 무엇인지를 파악하려면 다음과 같은 질문제기가 도움이 된다.

1. 어떤 유형이 나타나는가?
2. 어떤 것이 재미있는가?
3. 개인이나 팀에게 왜 이런 것이 두드러지게 나타나는가?

고객의 행동과 기분 등에 대해서 왜 그런지를 물어보면 고객뿐만 아니라 그를 둘러싼 상황 및 맥락과의 관계성 도출이 가능하다. 나아가 고객이 어떤 유형의 사람인가를 깊이 이해하는 것이 필요하다. 이를 통해 고객의 니즈와 도출하고자 하는 고객의 진정한 문제를 통합시킬 수 있다.

이를 통하면 실제 고객이 가진 서로 상이한 니즈를 조합하여 하나의 니즈로 표현하는 것이 된다. 이 과정은 결국 공감과 조사 작업을 통해서 모아놓은 정보를 통합하고 여기에 숨어있는 통찰을 표현하는 것이다.

결국 고객, 니즈 및 통찰 등 이상 세 가지를 조합시키면 디자인해야 할 과제가 잘 정의될 수 있고 또 이것이 실용적인 문제정의문, 즉 착안점이 될 수 있다. 사용자들과 문제 상황에 대한 깊은 이해를 했다면 그 이해를 바탕으로 실행 가능한 문제정의문을 만들 수 있다. 문제정의문은 우리의 관점으로 특정 사용자가 누구인지, 그들의 니즈는 무엇인지, 그리고 근본원인 혹은 행동패턴 등 왜 그러한 니즈를 갖고 있는지에 대한 통찰로 구성된 문장이다.

문제정의문은 디자인씽킹 과정 동안 반드시 유념하고 있어야 한다. 특히 좋은 문제정의문이 되려면 충족시켜야 할 다음과 같은 조건들이 있다.

- 문제의 초점과 주변 관계를 제시한다.
- 디자인씽킹 팀에 문제해결을 하고자 하는 자극을 준다.
- 경합관계를 가진 아이디어에 대한 평가기준을 제공한다.
- 팀 멤버들이 자율적으로 의사결정을 할 수 있는 힘을 가진다.
- 팀 멤버들의 생각과 감정을 포착한다.
- 이때 <모든 사람이 모든 니즈를 만족시키는 아이디어를 창조>한다는 식의 접근법은 배제한다. 즉 통찰을 통하여 특정 니즈를 만족시키는 방법을 찾는 것이다.
- 문제정의문은 광범위한 것이 아니라, 개별적이고 또 구체적인 것이 되어야 한다. 따라서 간단하고, 명료한 것이 바람직하다.

5.4

문제정의를 위한 창조(아이디어 발상)로의 이행

문제정의 단계에서는 특이하고 또 유의미한 과제(디자인챌린지)를 결정한다. 창조단계에서는 과제에 대한 해결책을 제안하는 데 집중한다. 명확하고 좋은 착안점(POV: Point of View)이야 말로 자연스럽게 아이디어 발상단계인 창조단계로 넘어간다. 실제 아이디어를 발상하는 브레인스토밍의 주제는 착안점으로부터 나온다. 착안점은 창의력을 테스트하는 멋진 리트머스 시험지에 해당된다.

디자인씽킹 프로세스 중 공감단계에서 문제정의 단계 그리고 아이디어발상 단계로 자연스럽게 이행을 하는 것은 대단히 중요하다. 특히 문제정의, 즉 착안점을 실제로 수행 가능하게 하는 <만약에 ~ 한다면, 어떻게 될까?; HMW(How Might We~)>로 바꾸는 아이디어 기술문으로 변형하는 것이 필요하다.

다음에 좋은 문제정의문 작성을 위하여 공감지도를 만들고 니즈와 통찰을 발견해나가는 일련의 과정을 살펴보자.

공감지도(empathy map) 만들기

문제정의문, 즉 착안점을 만들기 위한 전 단계로 공감지도를 만들어야 한다. 공감지도 또는 공감도는 관찰, 인터뷰 체험하기를 통하여 발견한 것과 여기서

그림 5.2 공감지도의 4가지 영역

나온 데이터를 분류 및 종합하도록 도와주는 창의적 방법이다.

공감도를 만드는 과정은 현장에서 관찰하고 기록한 내용, 인터뷰하면서 녹음 및 촬영한 정보를 참고하여 포스트잇에 기록하여 각 카테고리 별로 정리한다. 이때 녹색이나 청색의 포스트잇은 창조적 또는 긍정적인 아이디어를, 적색은 놀랍고 새로운 아이디어 혹은 부정적인 아이디어를 그리고 황색은 일반적인 아이디어로 정리하는 색깔별 분류 카테고리로 활용할 수 있다. 그 다음에는 고객이나 사용자가 직접 말하는 것과 행동하는 것, 고객이 생각하는 것으로 추측하는 것, 고객이 느끼는 것으로 추론하는 것 등을 토대로 말(Say), 행동(Do), 생각(Think), 느낌(Feel)의 4가지 카테고리로 분류한다.

말과 행동(Say & Do)

말(Say) 카테고리에는 인터뷰에서 고객이 실제로 한 말들이 해당된다. 반면에 행동(Do) 카테고리에는 우리가 관찰한 고객이 하는 행동들이 포함된다. 이 두 카테고리는 인터뷰를 실시하는 과정에서 별 무리 없이 파악이 가능하고 따라서 분류 자체도 별로 어렵지 않다.

생각과 느낌(Think & Feel)

이 카테고리에는 고객의 생각과 고객의 느낌에 대해 우리가 추측하거나 추론한 것들이 포함된다. 다시 말해 앞의 말(Say)과 행동(Do)은 실제 고객이 말한 것과 행동한 것을 중심으로 도출해 낸다. 이에 반해서 생각(Think)과 느낌(Feel)은 "고객이 이렇게 생각할 것 같다"라든지 "고객이 이런 감정을 가질 것 같다"와 같이 디자인씽커가 고객의 인지와 감정을 추론하는 것이다.

공감지도를 작성하면 고객의 진정한 니즈를 알게 되고 문제에 대한 통찰을 얻을 수 있다. 니즈는 디자인을 통해 해결하여야 하는 과제를 정의하는 요소가 된다. 니즈는 명사(해결책)가 아니라 동사(사용자가 가진 욕망, 도움을 요청하는 활동)로 표현된다는 사실에 주의하자. 니즈는 우리가 주목한 사용자의 특성에서 나오거나, 두 가지 특성 사이의 모순(고객의 말하는 것과 실제로 하는 행동 사이의 불일치)에서 발견할 수 있다. 공감지도의 한 쪽에 고객의 니즈를 기록한다. 다음과 같은 질문이 고객의 진짜 니즈를 발견하는데 도움이 된다: 그들에게 무엇이 '진짜로' 중요한가? 그들이 말하지 않는 것은 무엇인가? 무엇이 그들을 감동시키나? 그들의 꿈과 포부는 무엇인가? 그들이 우려하는 것은 무엇인가?

표 5.1 공감지도의 4가지 영역

영역	기록 내용	특성
말 (SAY)	고객이 인터뷰할 때 말한 것들을 기록 ~고객이 한 말, 사용한 어휘, 인용문 등은 무엇인가?	인터뷰를 통해서 말로 표현되거나 보여준 내용
행동 (DO)	고객을 관찰하면서 발견한 행동에 대한 기록 ~고객의 행동, 표정, 제스처 등에는 어떤 것이 있었나?	
생각 (THINK)	직접 관찰할 수 없는 고객의 생각이나 신념을 추측해서 기록함 ~고객이 어떤 생각을 하고 있을까? 어떤 생각과 기분으로 말하는 것 같은가?	추론한 내용: 바디랭귀지, 목소리, 사용한 단어 등 다양한 단서에 주의를 기울일 것
느낌 (FEEL)	직접 관찰할 수 없는 느낌이나 감정을 추측해서 기록 ~ 고객은 어떤 감정, 기분, 느낌을 가지는 것 같은가?	

통찰은 고객의 니즈가 발생하게 된 원인을 파악하는 것으로 심층적 디자인 과제에 활용된다. 통찰은 공감지도의 4가지 사분면 중 2개의 속성 사이의 모순에서 나오거나, 문제되는 행동을 알아차렸을 때 "왜?"라는 질문을 던짐으로써 찾을 수 있다. 통찰을 확인하는 방법은 긴장, 모순, 단절, 갈등, 불만, 놀라움 등을 포착하는 것이다.

공감지도의 다른 한 쪽에 잠재적인 통찰을 기록한다. 이때 다음과 같은 질문을 하는 것이 도움이 된다: 새롭거나 놀랍게 보이는 것은 무엇인가? 고객이 진정으로 원하는 것은 무엇인가? 어떤 모순이나 단절이 있는가? 이 같은 질문을 던지면 고객이 겪고 있는 고충도 이해할 수 있다. 고객의 불만, 두려워하는 리스크, 목표달성의 장애요인, 갈등 등은 각각 무엇인가? 예기치 않은 일정한 유형, 즉 어떤 패턴이 보이는가?, 잠재된 요구가 보이는가?

공감지도 작성 예시

경주 관광경험 리디자인 프로제트

SAY	THINK
주차공간이 부족해요. 휴가철에는 교통체증이 너무 심해서 가는 것을 자제해요. 버스를 이용하고 싶어요. 시내에는 구경꺼리가 없어요. 버스를 타고 바깥 풍경을 보면서 여행하는 것이 좋아요.	버스 배차 간격이 너무 긴 것 같다. 노선이 복잡한 것 같다. 주차장이 좀 더 확보되면 좋겠다. 표지판에 외국어도 표기되면 좋겠다. 렌트 하기 어렵다.
DO	**FEEL**
자가용을 이용한다. 투어버스를 탄다. 시내버스를 탄다. 다른 길로 돌아 간다. 방문하지 않는다.	아름답다. 편하다. 지루하다. 답답하다. 짜증이 난다. 신기하다. 체념했다.

긴장(tension): 주차 공간 부족
모순(contradiction): 주차공간이 부족하다는 사실을 알면서도 자가용 이용
놀람(surprise): 교통체증 때문에 경주 관광을 하지 않는다고 함

앞에서 간단히 소개했지만 본서의 필자들은 디자인씽킹을 이용한 여행상품 개발 프로젝트를 미국 하와이 주정부가 파견한 "해외 여행업계 상품개발 전문가들"을 대상으로 실시한 적이 있다. 이 워크숍에는 미국 여행 관계자와 한국 여행 관계자 각각 30명씩 약 60명이 참가하였다. 새로운 여행상품을 개발하기 위해 이들로 하여금 인천국제공항에 가서 여행을 떠나는(outbound) 고객들과 또 여행을 마치고 귀국하는(inbound) 여행객을 관찰하고 또 인터뷰하는 필드 워크를 실시하였다. 짧은 워크숍 기간(2일)으로 실시된 디자인씽킹과정에서 여행 관계자들은 현장의 고객 관찰과 인터뷰가 중요하다는 것을 깨닫게 해주었다고 공감하였다.

디자인씽킹 워크숍을 실시할 때 공감지도를 작성하는 과정은 항상 큰 도전이 된다. 이때 참가자들은 "생각과 감정이 어떻게 다릅니까?"라고 질문하는 경우가 종종 있다. 생각의 경우는 인지적 요소가 주로 작용한다고 보고, 이에 비해 감정이나 기분을 말하는 느낌(Feel)은 주로 '좋다' 또는 '나쁘다', '기쁘다' 또는 '슬프다' 등과 같이 감성 차원을 말한다고 구분할 수 있다.

공감지도에서 도출할 내용을 정리하면 다음과 같다. 첫째, 고객에게 무엇이 '진짜' 중요한가?, 둘째, 고객이 말하지 않는 것은 무엇인가?, 셋째, 고객이 말로 표현하지 못하는 것은 무엇인가?, 넷째, 무엇이 고객을 감동시키나?, 다섯째, 고객의 꿈과 포부는 무엇인가?, 마지막으로 고객이 우려하는 것은 무엇인가?

다음은 디자인씽킹 프로젝트를 수행하던 대학생들로 구성된 팀들이 통찰한 것을 정리한 것이다. "우리는 맛집 어플 개선을 위한 프로젝트를 진행하였습니다. 설문자료만 보았을 때 어플을 사용하지 않는 이유는 신빙성이 떨어지기 때문이라 생각하였습니다. 그러나 직접 인터뷰하고 대상을 관찰하자 전혀 새로운 문제점을 발견하게 되었습니다. 어플을 사용하지 않는 사람들은 신빙성이 떨어져서 맛집 어플의 사용을 꺼리는 것이 아니었습니다. 왜냐하면 맛집을 찾을 때 이전에는 더 신빙성이 떨어지는 포털 검색을 사용하였기 때문입니다. 우리는 이 점을 놓치지 않았습니다. 결국 진짜 문제는 맛집 어플의 접근성과 지나치게 복잡한 메뉴가 문제라고 통찰했고 이를 바탕으로 어플을 개선해보았습니다. 결과는 만족스러웠습니다. 이렇게 개선된 어플이 시중에 출시되어 나온다면 사용할

용의가 있다는 답변까지 얻었습니다."

문제정의문 작성

문제정의문은 고객과 그들의 니즈, 그리고 통찰로 구성된다. 먼저 간략한 사례를 들면 "김ㅇㅇ씨는 ~이 필요하다. 왜냐하면 …하기 때문이다." 이때 사용자 김ㅇㅇ씨는 문제 정의문의 주어가 된다. "…이 필요하다."는 니즈를 나타내는 것으로 반드시 동사로 표현되어야 한다. 마지막으로 "왜냐하면 …가 필요하

표 5.2 문제정의문 작성 예시

디자인 과제	문제정의문	
휴대용 충전기 개발	특정고객	캠핑을 하는 사람들
	니즈	휴대가 가능한 충전용 풍력 발전기를 개발할 필요가 있다.
	통찰	왜냐하면 캠핑장에는 전기가 없어서 충전을 할 수 없고 또 큰 충전기는 휴대할 수가 없기 때문이다.
미숙아를 위한 인큐베이터 개발	특정고객	절망적인 네팔의 산모들
	니즈	출산직후 저체중 조산아를 따뜻하게 보호해야 할 필요가 있다.
	통찰	왜냐하면 대부분의 산모는 아기를 병원에 데리고 갈 방법이 없기 때문이다.
신입사원을 위한 자기소개에 자신감주기	특정고객	이OO씨는
	니즈	자신을 다른 사람들 앞에서 당당하게 소개할 수 있는 자신감을 개발하는 것이 필요하다.
	통찰	왜냐하면 그는 내성적이기 때문에 새로운 고객에게 스스로를 자신있게 소개하지 못하기 때문이다.
소아암 환자를 위한 인간 중심의 모험시리즈 MRI 개발	특정고객	소아암 환자
	니즈	정상적인 아동처럼 놀고 또 즐겁게 해야 할 필요가 있다.
	통찰	왜냐하면 아동들은 MRI 촬영이 놀이와 같은 일종의 모험이라고 인식하면 별 두려움없이 촬영에 참여할 수 있기 때문이다.

표 5.3 문제정의문의 구성요소

구성요소	진술 형태
고객(이름)	고객 A씨는
고객의 니즈	~ 하는 것이 필요하다.
통찰	왜냐하면 … 하기 때문이다.

기 때문에"에 해당되는 통찰은 단순히 니즈의 이유가 되어서는 안 되며 니즈가 나타나게 되는 근본적 원인이 되어야 한다. 표 5.2는 문제정의문의 사례들을 표로 정리한 것이다.

전형적인 착안점을 표현하는 문제정의문을 구성하는 요소와 그 진술 형태는 표 5.3이 보여준다.

디자인씽킹 워크숍에서 착안점을 만들 때 가장 중요한 점은 간단명료하지만 핵심을 찾아내는 것이다. 미국 버몬트 디자인 스쿨의 학장을 역임한 John Maeda는 단순함(Simplicity)이야 말로 디자인씽킹에서 가장 중요한 요소라고 지적하였다. 이에 기초하여 착안점을 작성할 때 유념하여야 할 것으로 다음과 같은 내용을 제시한다.

- 고객 즉 사용자가 누구인가가 먼저 밝혀져야 하다.
- 고객의 니즈는 반드시 동사(動詞 Verb)로 표현해야 한다.
- 통찰은 단순히 니즈의 이유가 되어서는 안 되고 니즈가 나타나는 근본 원인이나 행동패턴이 되어야 한다.

착안점(문제정의문) 작성을 위한 가이드로 다음에 "좋은 착안점"의 실제 사례를 들어서 살펴보자.

좋은 착안점(POV) 사례

문제 상황

MRI란 대형병원에서 반드시 갖추어야 하는 의료기기에 해당된다. 엄청 크고 비 인간적인 MRI 기계를 인간 중심의 디자인씽킹을 통해서 모험시리즈로 바꾸어 놓은 사례가 있다.

MRI 기계로 아동전문병원에서 아동 소아암 환자들을 촬영할 때, 기계의 소음 때문에 두려워하는 아이들이 많았다. 경우에 따라서는 아동환자에게 마취과 의사가 별도로 와서 진정제를 투입하지 않으면 촬영이 불가능한 경우가 빈번하였다. 아이들의 공포감과 기계에 대한 저항감 때문에 이들에게 진정제를 투약하는 과정 때문에 하루에 촬영할 수 있는 인원이 제한적일 수밖에 없었다. 이 문제해결에 착수한 디자인씽킹팀이 찾아낸 착안점은 다음과 같다.

착안점(POV)

고객	소아암 환자는
고객의 니즈	MRI 소음에 대한 두려움을 극복하는 것이 필요하다.
통찰	왜냐하면 촬영 때 마다 진정제를 맞는 일은 바람직하지 않기 때문이다.

다른 예로 표 5.4와 같이 일반적인 문제정의문과 바람직한 문제정의문을 비교해 보자. 이경우에서 바람직한 문제정의문의 조건이 무엇인지 분명히 알 수 있다. 이를 위해 10대 소녀가 건강영양식 섭취를 하도록 유도하는 것과 관련된 문제정의문의 일반적 기술과 바람직한 기술을 서로 비교하여 제시한다.

표 5.4 일반적 문제정의문과 바람직한 문제정의문

일반적 문제정의문	바람직한 문제정의문
10대 소녀들은 한참 자라는 나이이기 때문에 성장 및 발육에 좋은 비타민이 풍부한 음식을 먹는 것이 필요하다.	사춘기 10대 소녀들은 건강식을 먹어야 한다. 그러나 자기 또래 집단에 소속한다고 느끼는 것은 더 중요하다.
왜냐하면 비타민은 건강에 매우 필요하기 때문이다.	왜냐하면 건강보다 또래들로부터 따돌림 당하지 않는 것이 이 나이의 아이들에게는 그 무엇보다 중요하기 때문이다.

표 5.5 바람직한 문제정의문의 요건

요소	일반적 문제정의문	바람직한 문제정의문	바람직한 문제정의문의 요건
사용자	10대 소녀	새 학기를 맞이한 14살의 소녀	특정 사용자 거론
니즈	몸에 좋은 음식을 먹는 것이 필요하다.	건강식을 먹을 때 사회적으로 받아들여지는 느낌을 얻는 것이 필요하다.	10대 소녀의 니즈 기술 (잠재적 니즈)
통찰	특정한 영양소가 신체적 건강과 인지적인 발달에 필수이기 때문이다.	그녀는 건강한 음식을 먹는 것보다 또래들로부터 따돌림 당하지 않는 것이 더 중요하다고 느끼기 때문이다.	공감을 통해서 발견한 놀라운 점을 기술함

표 5.5는 앞의 사례를 가지고 문제정의문의 구성 요소별로 바람직한 문제정의문이 될 수 있는 요건을 정리하였다.

또 다른 사례로 자가용 운전자가 주차장을 빠져 나갈 때 주차권 발행기와 차의 거리를 잘못 측정해서 차문을 열고 손을 내밀어 주차권을 뽑는 모습을 본 적이 있는가? 이 사례를 가지고 공감지도부터 문제정의문을 작성하는 일련의 과정을 다음에 제시되는 표 5.6에 제시한다.

이상에서 살펴본 바와 같이 디자인씽킹 과제의 니즈는 명사(해결책)가 아니라 동사(고객이 가진 욕망, 도움을 요청하는 활동)로 표현됨을 알 수 있다. 통찰은 니즈가 발생한 근본적 원인이나 **행동패턴**을 깨닫는 것에 해당된다. 니즈는 우리가 주목한 고객의 특성에서 나오거나, 고객이 가진 두가지 특성 사이의 모순(고객의 말과 행동하는 것이 상호불일치)에서 발견할 수 있다.

공감지도의 한쪽 편에 니즈를 기록하고 4가지 카테고리 중 고객이 가진 2개 속성 사이에서 모순이 보이거나 또는 고객이 보여주는 문제되는 행동을 알아차렸을 때 "왜?"라는 질문을 던짐으로써 통찰을 얻을 수 있다. 통찰을 얻는 방법은 긴장, 모순, 놀라움을 포착하는 것이다. 즉 고객이 보여주는 감성적 반응을 유념하는 것이 통찰을 얻는 지름길이다. 우리는 이처럼 통찰을 통해서 디자인 챌린

표 5.6 공감지도 및 문제정의문 작성 예시

상황	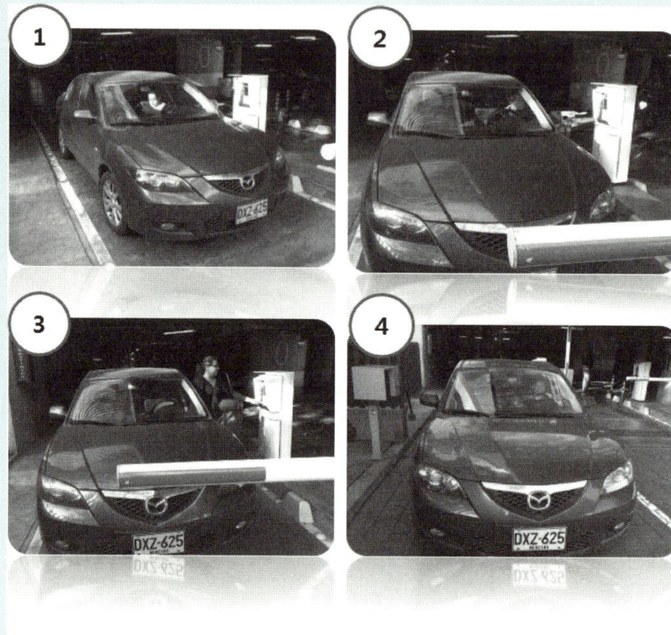 여성 운전자가 실내 주차장에 차를 세울 때 마다 차단기와 왼손 간의 거리 조정을 잘 하지 못해서 당황해 한다. 너무 가까이 가면 차체가 부딪칠 것 같고, 안전하게 거리를 두자니 주차권을 뽑을 거리가 너무 멀다.
공감지도	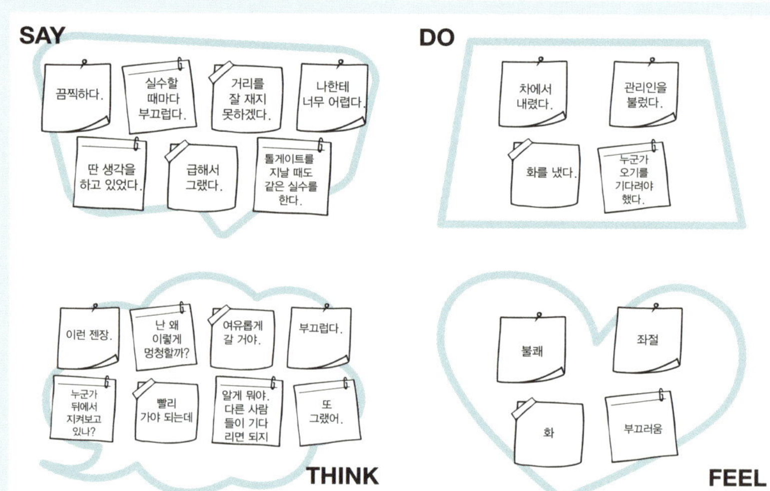

(계속)

표 5.6 공감지도 및 문제정의문 작성 예시(계속)

문제 정의문

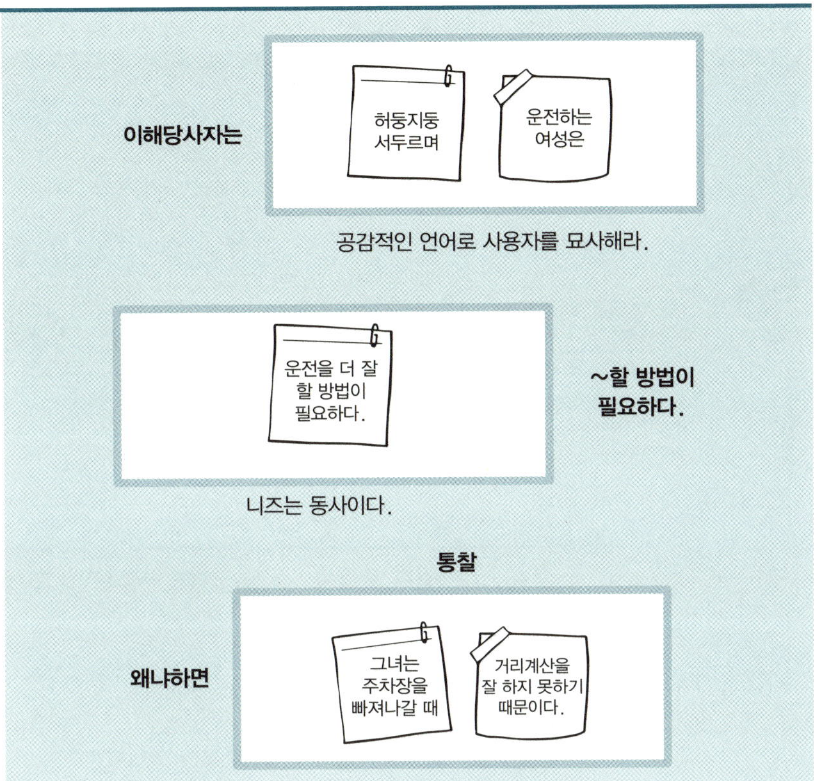

지를 더 잘 해결할 수 있다.

또 다른 사례로 슈퍼마켓을 찾는 고객들의 충성도를 높이기 위해 디자인씽킹을 적용한 프로젝트를 살펴보자. 이는 고객 인터뷰를 시작으로 니즈와 통찰을 발견해가는 과정에서부터 시작한다. **디자인씽킹 도전과제는 "어떻게 하면 슈퍼마켓에 오는 고객의 충성도를 높일 수 있을까?"이다.** 디자인씽킹 컨설턴트는 먼저 사람들이 왜 슈퍼마켓에 오는지에 대한 질문을 가지고 고객들을 직접 만나 인터뷰를 실시하였다(표 5.7 참조). 경찰이 전과자를 대상으로 디자인씽킹을 한 말레이시아 사례는 그림 5.3에 제시 되었다.

표 5.7 고객의 니즈와 통찰 발견 과정 예시

도전과제	슈퍼마켓 이용 고객의 충성도 높이기	
인터뷰	디자인 컨설턴트: "최근에 슈퍼에 쇼핑왔던 경험에 대해 얘기해주세요." 고객 피터슨씨: "네. 어제 아침에 일어나서 냉장고를 열어보니까 매일 구입하는 신선한 빵이 없다는 걸 알았어요. 그래서 집에서 나와 빵을 사러 슈퍼에 갔어요. 우리 집은 슈퍼에서 오른쪽 코너를 돌면 바로 그 앞에 있는 집이에요." 디자인 컨설턴트: "냉동 빵을 사서 집에서 구워먹는 건 어떠세요? 그게 더 편하지 않나요?" 고객 피터슨씨: "저도 그렇게 생각해요. 하지만 그렇게 하면 아침에 제가 해야 할 일이 아무것도 없어요. 슈퍼마켓에 매일 빵을 사러 가는 것은 제가 매일 외출하는 이유가 될 수 있고, 이렇게 해야 신선한 공기도 마실 수 있잖아요."	
문제정의문	고객	2명의 딸, 1명의 아들, 5명의 손주를 둔 75세의 독신 할머니
	니즈	식료품과 청소 도구들을 살 필요가 있다.
	피상적인 이유	신선한 빵을 매일 아침 먹기 위해서
		가족들이 할머니 집을 방문할 때 그들을 잘 먹이기 위해서
		상품에 대한 정보를 점원으로부터 직접 얻기 위해서
	통찰	사실 그녀는 할 일이 별로 없고, 매일 밖으로 외출하는 것을 즐기기 때문이다.
		그녀는 가족이 아직도 자신을 중요한 존재라고 느끼기를 원하기 때문이다.

표 5.8 고객의 니즈와 통찰을 포함한 문제정의문 발견 서식

______________________ 은(는) ______________________________	
고객의 이름	고객의 니즈
______________________ 할 방법이 필요하다.	
왜냐하면	
____	
____	
____	
통찰을 적는다.	
우리가 어떻게 하면? 질문들을 만들고 선택하기	
____	
____	
____	
____	
____	
____	

말레이시아 경찰들이 수행한 프로젝트의 문제정의 사례

- 특정고객: 쿠알라룸푸르에 사는 살인혐의로 복역한 50대 전과자
- 니즈: 전과자라는 굴레에서 벗어나 정상생활을 하도록 도와줄 필요가 있음
- 통찰: 12년간 복역 후 석방되었지만 전처와 이혼한 후 두 번째 결혼하였음. 사업을 시작했지만 실패하고 전과로 인하여 사회 정착에 어려움에 직면함. 현재는 택시운전기사로 살아가고 있음

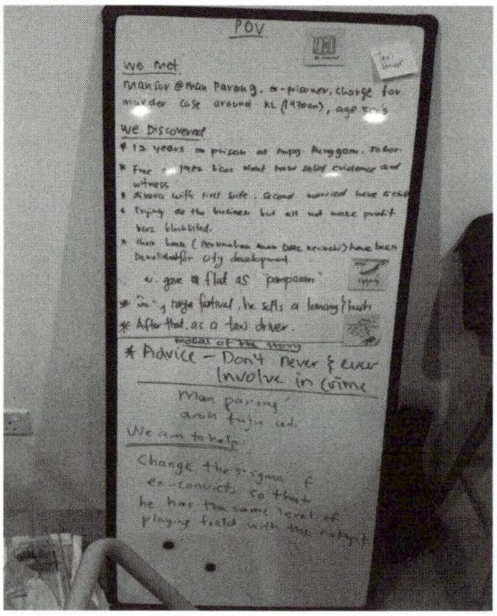

그림 5.3 Genovasi School of Design Thinking, Malaysia

문제 재구성하기(Reframe the problem)

디자인씽킹에서 가장 중요한 부분은 문제를 재구성하는 것이다. '잃어버린 시간을 찾아서'의 저자 마르셀 프로스트(Marcel Frost)는 "새로운 것을 찾아 떠나는 단 하나의 여정은 새로운 풍경을 찾는 것이 아니라 새로운 눈으로 세상을 보는 것이다"라고 말하였다. 이와 비슷한 맥락에서 디자인씽킹은 고정관념(상자)으로부터 벗어나는 사고를 하는 것이다(Design Thinking is 'thinking out of the box').

문제를 재구성하는 데 반드시 필요한 것은 문제의 근본원인과 고객의 행동패턴을 찾는 것이다. 그 다음은 딥 니즈를 확인하고 해결책을 찾는다. 따라서 문제를 정의할 때 해결책을 제시하는 형태로 하는 것은 바람직하지 않다. 다양한 관점에서 문제를 보고 해결책을 찾기 위해서 너무 좁게 문제를 보는 것을 지양해야 한다. 이는 큰 틀에서 전체를 보고 문제를 재구성하는 것이 중요함을 알려주는 것이다. 이것은 현미경적인 사고가 아니라 망원경적인 사고가 필요한 것을 의미한다.

사고를 어느 한 곳에 고정시키지 않고 폭넓게 다양한 사고로 탐색하는 문제 재구성(reframing) 방법은 다음과 같다(김보름, 2016).

1. 문제 기술의 일반화(Generalizing the challenge statement): 기존의 문제를 바라보는 시각 넓히기와 일반화하기(문제를 넓게 보기)
2. 한계 및 가설에 대한 질문제기(Questioning boundaries and assumptions): 이미 알고 있던 한계와 가정에 대한 의문을 제기해보기
3. 문제 구성요소의 분류(Categorizing the components of the problems): 문제를 구성하고 있는 요소들로 분류하기
4. 진짜 문제 질문하기(Asking "What is the Real Problem?"): 진짜문제가 무엇인지를 탐구하기
5. 이상적 상태를 가정하기("I wish …" : Assume the ideal world, no constraints): "만약 ...라면"(제한조건 없는 이상적 상태 가정하기)

출퇴근 문제를 다룬 사례를 살펴보자(그림 5.4). 이것은 출근 시간대 혼잡한

버스 탑승 문제에 적용하여 문제를 재구성(reframing)한 케이스에 해당된다. 우선 디자인씽킹 도전과제는 "아침 출근 시간때 혼잡한 버스 안에서 어떻게 질서를 유지할 수 있을까"이다. 이 내용은 그림 5.4에서 살펴볼 수 있다. 다음에 독일의 SAP사가 디자인씽킹을 사용하는 사례와 국내기업 중 죠스어묵티를 개발한 케이스를 각각 소개한다.

1	기존의 문제를 바라보는 시각 넓히기, 일반화시키기	"대중교통 버스안에서 타인을 배려하는 방법에는 어떤 것이 있을까?"
2	이미 알고 있던 한계와 가정에 대한 의문을 제기해보기	"아침시간 이외의 시간대에서는 질서가 잘 유지되고 있는가?" "출퇴근시간이 서로 다를 수는 없을까?" "질서는 꼭 유지해야 하는가?"
3	문제를 구성하고 있는 요소 분류하기	"대중교통 이용시간, 대중교통의 종류, 사용자가 느끼는 감정, 사용자의 필요"
4	진짜 문제가 무엇인지 탐구하기	"바쁜 아침시간에 효율적으로 대중교통을 이용하는 방법은?" "승객들의 급한 마음을 어떻게 하면 줄일 수 있을까?"
5	"만약 _라면 (제한조건 없는 이상적 상태 가정하기)	"사람들이 아침을 상쾌하게 시작했으면 좋겠다." "교통 체증에 의한 불규칙한 배차간격 발생이 줄었으면 좋겠다." "사람이 많아도 서로에게 피해를 주지 않았으면 좋겠다."

그림 5.4 리프레이밍(문제 재구성) 방법 적용 사례

SAP: 사용자 관점에서 문제 재정의

- 스탠포드 대학의 d.school을 지원한 Hasso Plattner가 CEO로 있는 IT 대기업 SAP는 디자인씽킹의 중요성을 오래 전부터 구성원들에게 강조하고 있음
- 기술에 인간적 의미를 부여하고 사용자 경험을 최우선적으로 고려하는 디자인씽킹은 사용자 관점에서 문제를 재정의하고 솔루션을 단순화시키는데 도움을 줌
- (예) 유통 매장의 재고 관리 소프트웨어 프로그램을 개발하는 경우, '재고관리 문제'가 아닌 '매장 선반에 상품이 떨어져 쇼핑에 불편을 겪는 고객 문제'로 문제를 재정의함으로써 매장 선반에 상품이 없더라도 이를 필요로 하는 고객에게 상품을 전달해 줄 수 있는 방안들을 포함해 기존에는 생각하지 못했던 솔루션을 도출함

디자인씽킹 성공 사례: 죠스 어묵티 개발[18]

- 디자인 챌린지: 어떻게 하면 추운 날 어묵국물을 쉽게 먹을 수 있을까?
- 문제 재구성(Reframe): 이것은 제품이 아니라 콘텐츠다.
- 차(Tea) 형태로 만들면 어떨까?
- 유추적 영감(Analogous Inspiration): 오설록 오마주를 참조하고 또 알루미늄 파우치를 유추 함
- 테스트: 프로토타입 사진을 SNS에 올려서 테스트함

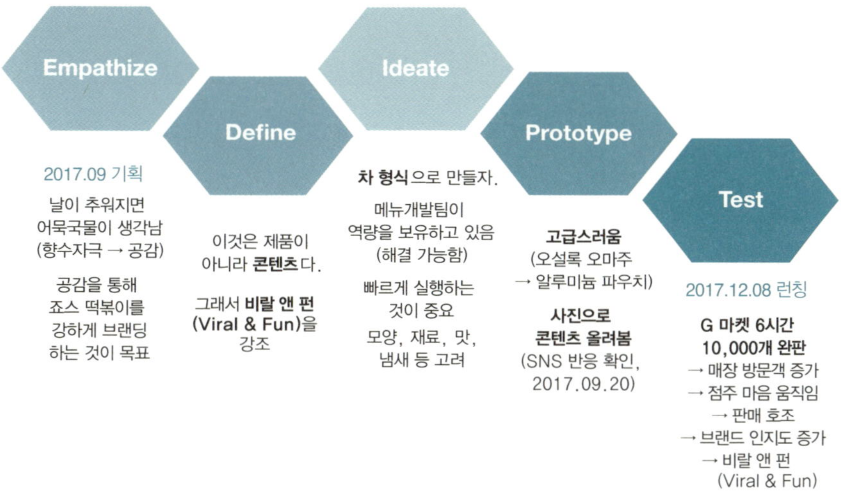

[18]이희우 경영학박사 Design Thinking 발표자료 heewoo7@gmail.com

6

아이디어 발상: 제3단계

Design Thinking

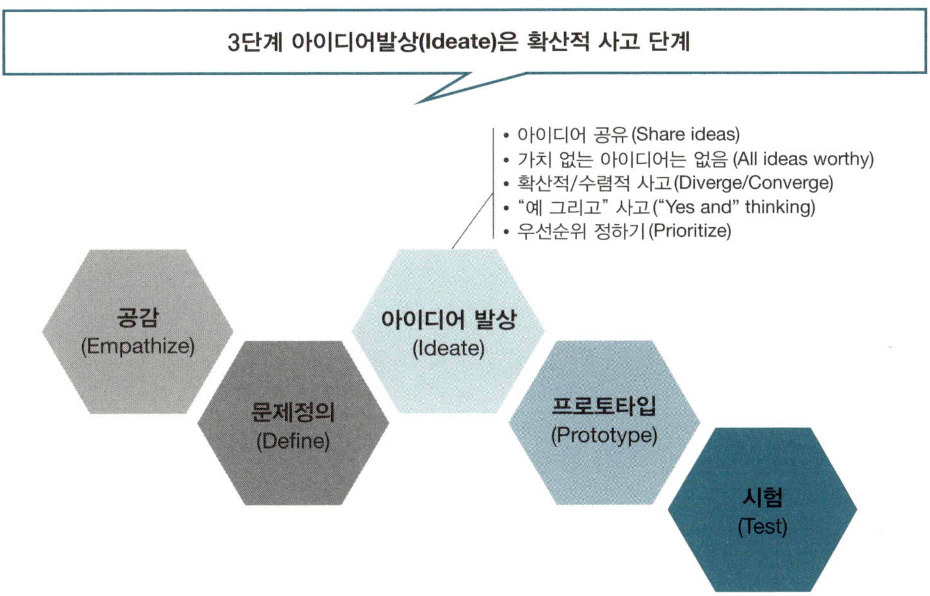

출처 : https//dschool.Stanford.edu

"이 단계에서는 해결방안을 찾기 위해 다양한 아이디어를 발상한다."

6.1

아이디어 발상이란 무엇인가?

아이디어 발상 단계는 문자 그대로 아이디어를 내고, 평가하여, 바람직한 아이디어가 어떤 것인지 선정하는 단계이다. 처음에는 먼저 아이디어 발상에 초점을 둔다. 여기서는 특히 전 단계에서 도출한 문제정의문, 즉 착안점(Point of View: POV)을 해결하기 위한 아이디어를 찾아내고 또 이를 구체화시킨다.

이 단계에서 행하는 창조적 행동의 목적은 프로토타입을 만들기 위해 여러 가지 아이디어를 찾아내고 문제를 제기한 고객을 위한 혁신적 해결책을 제공하는데 있다. 따라서 아이디어 발상단계는 이해관계자들이 모두 모여서 아이디어를 내고 해결책을 함께 모색하는 것이 바람직하다(co-creation). 이때 단 하나의 좋은 아이디어를 내기 보다는 엉뚱하게 보이더라도 많은 아이디어를 내는 것이 중요하다. 왜냐하면 아이디어는 질보다 양이 중요하기 때문이다. 다수의 아이디어로부터 좋은 아이디어를 평가하고 또 선정하면 다음 단계로 넘어갈 수 있다.

케프너 트리고(Kepnor Trigo), 트리즈(TRIZ), 식스 시그마(Six Sigma) 등 대부분의 문제해결 도구들은 솔루션을 찾기 위해 아이디어를 발상하는 창조 단계를 가지고 있다. 디자인씽킹이 이들 기존의 창조 기법과 구분되는 특징의 하나는 "문제를 어디에서 찾느냐" 하는 점이다. 즉 디자인씽킹은 모든 문제는 반드시 고객(또는 인간)으로부터 찾아야 하고, 이를 해결하는 솔루션도 바로 고객에게 초점을 맞추어야 한다는 점이다.

6.2

왜 아이디어 발상이 중요한가?

우리는 디자인씽킹의 제2단계인 문제정의 단계를 거쳐 고객을 위해서 해결책을 찾아내는 제3단계로 넘어와서 아이디어를 발상한다. 그 이유는 문제정의 단계에서 만든 착안점(POV)을 해결하기 위해서는 '정답'이 아니라, 그 대신 정답이 될 수도 있는 여러 가지 '아이디어'가 필요하기 때문이다.

아이디어를 내는 창조 활동은 지금까지 이해해 온 문제영역과 창조력을 바탕으로 한 해결책을 통합하는 기회이다. 특히 프로젝트의 초기단계에 실시하는 아이디어 발상은 선택가능한 아이디어의 폭을 가능한 확대하면서 그중에서 최선의 해결책을 찾기 위한 것이다. 왜냐하면 정의된 문제에는 단 한 개의 해결책만 있는 것이 아니기 때문이다. 따라서 다양한 해결책 중에서 가장 실현 가능성이 높고 고객을 만족시킬 수 있는 아이디어를 평가해서 선정하여야 한다. 어떤 것이 가장 좋은 해결책인가는 추후 단계인 고객으로 부터 테스트를 받고 여기서 얻는 피드백을 통하면 점차 명료해진다.

6.3

창조(아이디어 발상)에 영향을 미치는 요소들

새로운 것을 만들기 위한 아이디어를 발상하는 방법은 놀랄 만큼 많이 있다. Takahashi(2017) 교수는 자신이 저술한 "창조력 사전"에서 아이디어 발상 기법에는 약 620가지가 있다고 주장한다. 이렇게 많은 발상 기법이 존재한다는 것은 그만큼 창조력에 대한 필요성을 사람들이 공감하기 때문일 것이다. 나아가 세계 도처에서 오랜 세월 동안 새롭고 다른 생각을 발상하는 방법이 개발되어 왔기 때문에 이처럼 숫자가 많아진 것이다.

아이디어 발상 기법 중 브레인스토밍이나 브레인라이팅은 쉽게 사용이 가능하고, 언제나 또 어디서나 활용할 수 있다. 이 밖에도 트리즈(TRIZ), 스캠퍼(SCAMPER) 기법, 유추적 영감(analogous inspiration), 마인드맵(mind mapping), 우뇌 활동(right braining), 분해 및 조립(decompose/buildup), 무작위성(randomness), 강제연결법, 생체모방학, 형태론(morphology) 등의 방법이 있다.

아이디어 발상을 할 때 실제 얻게 되는 아이디어 수에 영향을 미치는 발상 방법에는 다음과 같이 접근하는 것이 바람직하다.

- 평범한 해결책을 넘어서 혁신적인 아이디어 발상
- 팀의 강점을 이용하는 것

- 아이디어 발상을 기존과는 전혀 다른 예상외의 영역으로까지 확대시킬 것
- 이노베이션 방안을 선택할 수 있도록 다수의 아이디어를 발상하면서 유연성(버라이어티)이 있도록 발상할 것
- 평범한 해결책은 일단 차치하고 이것을 초월하는 팀 아이디어 발상

아이디어를 발상하고 이를 이노베이션까지 유도하는 과정은 직선적인 프로세스가 아니다. 그 대신 처음에는 개인이 가진 호기심에서 출발한다. 호기심(curiosity, 好氣心)은 궁금한 것을 알고 싶어 하는 사람의 본능과 관계를 가진다. 그다음은 상상력으로 넘어간다. 상상력(imagination)은 다른 동물보다 인간만 가지고 있는 독특한 능력이다. 상상력은 다시 창의력(creativity)을 자극한다. 이 단계에서는 아이디어 발상과 관계를 가진다. 마지막으로 창의력이 꽃 피는 것은 혁신 즉 이노베이션(innovation)이다. 따라서 호기심-상상력-창의력-이노베이션은 직선적 연속성을 가지지 않지만 이 같은 순서로 진행된다.

6.4

어떻게 창조(아이디어 발상)를 하는가?

우리는 의식과 무의식, 그리고 상상력을 근간으로 한 합리적 사고를 통합하여 아이디어 발상(창조)을 한다. 예를 들면, 브레인스토밍에서는 다른 사람의 아이디어에 편승하면서 새로운 아이디어를 발상하기 위해 집단 구성원들이 상호작용을 한다. 이때 제약을 가하거나 자극을 주는 행위는 금지하고 또 팀원들 사이에 오해를 주고 받을 수 있는 행위도 중지해야 한다.

아이디어는 연약한 새싹과 같아서 보살피고, 가꾸고 돌보지 않으면 곧 사라져 버린다. 따라서 연약한 새싹 또는 갓난아이를 돌보는 것 같은 자세를 가지는 것이 대단히 중요하다. 이를 실행하는 방법의 하나는 제시된 아이디어에 대해 평가 및 비판을 하지 않는 것이다.

아이디어 발상단계에서는 확산적 사고(Divergent thinking)와 수렴적 사고(convergent thinking)가 교차적으로 진행된다. 이 두가지 사고 방법에는 아이디어를 많이 내는 단계와 이를 평가하고 선정하는 단계가 포함된다. 우선 많은 수의 아이디어를 내는 것이 확산적 사고이다. 아이디어의 질보다는 양이 중요하기 때문에 엉뚱한 아이디어도 환영하고, 비판은 금지하고, 상대방의 아이디어에 편승하고, 나아가 한 번에 한 사람씩 아이디어를 발상한다. 이 단계를 거치면 제안된 아이디어를 종합하고, 분석해서 평가하는 수렴적 사고 과정으로 진입한다.

수렴적 단계에서는 아이디어가 가진 여러 측면, 즉 장 · 단점, 개선할 점, 그리고 보완이 요구되는 점 등을 꼼꼼히 따진다.

아이디어 발상 단계의 목표는 양적으로 또 다양성 측면에서 많은 수의 아이디어를 폭넓게 생각해내는 것이다. 이때에는 아이디어의 양이 매우 중요하다. 왜냐하면 아이디어가 많을수록 좋은 아이디어가 나올 확률이 높기 때문이다. 실리콘밸리의 벤쳐회사들도 창업아이디어가 많으면 성공할 확률이 높다는 것은 인정하고 있다. 즉 아이디어는 우선 그 숫자가 많아야 그중에서 좋은 아이디어가 나올 확률이 높다는 것이다.

이러한 아이디어는 고객에게 피드백을 받을 프로토타입을 만드는 기반이 된다. 프로토타이핑이란 그 자체가 바로 창조행위이다. 아이디어 발상 단계에서는 아이디어를 시각화(sketch, be visual)해서 보여주는 것이 필요하다. 아이디어의 기능적인 특징과 감성적인 요소를 동시에 나타낼 수 있는 것은 글이 아니라 시각화를 이용하여 그림으로 보여주는 것이다. 즉 물리적으로 무엇인가를 볼 수 있도록 하는 것, 만질 수 있고 또 시각화시켜 제시하는 과정 등이 여기에 포함된다. 역사상 3명의 발명 천재에 해당되는 15세기 이태리의 레오나르도 다빈치와 19세기 미국의 토마스 에디슨은 이들이 발상한 아이디어를 모두 그림으로 남겼다. 이같이 시각화를 이용하면 새로운 아이디어가 구체화되고 추후 여기에 대한 평가, 즉 테스트도 가능하다.

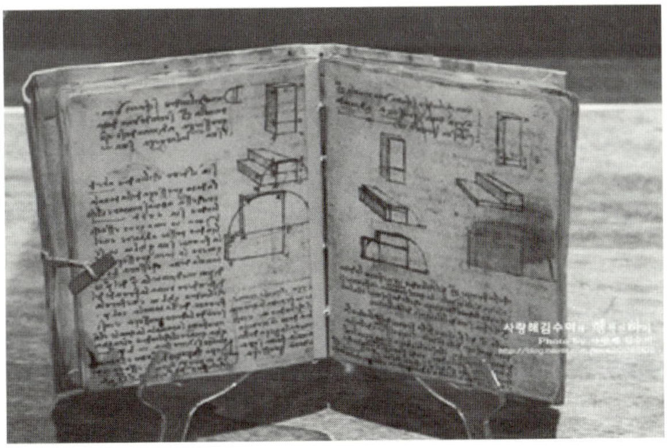

그림 6.1 레오나르도 다빈치의 스케치북

그밖에 아이디어를 발상하는 창조적 발상 기법으로 실제로 몸을 이용해서 행동으로 제시하는 바디스토밍(body storming), 마인드맵, 냅킨 스케치 등이 있다. 이들 기법들에 공통적으로 적용되는 규칙은 제시된 아이디어에 대한 비판이나 평가는 금물이다.

결국, 창조 및 혁신 프로세스는 아이디어를 내는 것과 아이디어를 평가하는 것으로 구분된다. 이 같은 과정을 통해 아이디어가 가진 강점을 검증하는데 필요한 상상력과 창조성을 발휘할 수 있다.

창의력을 연구하는 사회심리학은 오랫동안 집단 아이디어 발상과 개인 아이디어 발상을 비교 연구해왔다. 실험적 증명에는 차이가 있지만 집단 아이디어 발상이 개인 아이디어 발상보다 우월하다는 집단과 반대로 개인 아이디어 발상이 더 낫다는 집단으로 나누어져 있다. 전자는 브레인스토밍이 가장 좋다고 주장하고 후자는 수학 문제 해결과 같은 사례를 들고 있다.

최근 연구들은 집단 및 개인의 "하이브리드 아이디어 발상"을 하도록 추천하고 있다. 즉 처음에는 개인이 아이디어 발상을 하고 그다음에는 집단으로 함께 활동하고 마지막에는 다시 개인이 발상을 마무리하는 것이 이상적이라는 것이다.

6.5 아이디어 발상 기법

아이디어를 발상하는 창조단계에서 나타나는 이노베이션 기회를 놓치지 않기 위해서 발상된 아이디어를 테스트해보는 프로세스를 준비한다. 테스트를 위한 이 단계에서는 프로토타입을 제작해봄으로써 더 나은 혁신 방안을 찾을 수 있다. 또 팀에서는 브레인스토밍을 통해서 나온 다수의 아이디어들 중에서 가장 바람직한 아이디어를 선택하기 위해 투표를 할 수도 있다. 아이디어를 선택하기 위하여 사용하는 평가기준은 다음과 같은 3가지가 있다.

1. 가장 재미있는 아이디어는 무엇인가?
2. 가장 합리적인 아이디어는 어떤 것인가?
3. 가장 예기치 못한 아이디어는 어떤 것인가?

이때 평가기준은 참가하는 개인이 결정할 수 있다. 또 팀원들이 상호 합의를 통해서 기준을 정할 수도 있다. 가장 많은 표를 획득한 2개나 3개의 아이디어에 중심으로 프로토타입을 제작하는 단계로 진행한다. 이 방법은 팀원 대부분이 동의하는 단 하나의 아이디어를 정하는 것과는 근본적으로 다르다. 복수의 아이디어를 다음 단계로 가지고 가는 것은 이노베이션의 가능성을 더욱 더 확

표 6.1 창의성의 4가지 요소(유연성, 유창성, 독창성, 정교성)에 따른 아이디어 발상도구

창의성의 요소	정의 및 특징	아이디어 발상 도구
유연성	• 여러 가지 범주에 속하는 많은 아이디어를 발상 • 아이디어의 숫자가 중요함	• 브레인스토밍 • 포스트잇 브레인라이팅
유창성	• 서로 다른 종류의 대안을 도출하는 능력 • 서로 다른 관점을 고려함	• 스캠퍼(SCAMPER) 기법 • 분류하기 기법, 클러스터링(Clustering)
독창성	• 새롭고 다른 아이디어 도출 능력 • 평범하지 않고 독특한 아이디어 도출이 중요함	• 결합(Combinations) • 무선적 발상(Random trigger)기법
정교성	• 아이디어를 구체적으로, 흥미롭게, 나아가 완벽하게 만드는 능력 • 아이디어를 구체화시키는 것이 중요함	• 심상법(Imagery)

대시키는 방법이다.

발상된 아이디어는 창의성을 구성하는 4가지 요소에 입각하여 발상한다. 이를 살펴보면 다양한 아이디어를 발상하는 유창성, 여러 가지 범주의 많은 아이디어를 발상하는 유연성, 새로운 아이디어를 발상하는 독창성, 아이디어를 정교하게 다듬어주는 정교성 등이 여기에 해당된다(표 6.1).

노벨화학상을 수상한 라이누스 풀링(Linus Pauling) 교수는 아이디어 발상 시 수량이 중요함을 다음과 같이 강조한 바 있다. 즉 "좋은 아이디어를 얻는 방법은 많은 아이디어를 내는 것이다."(*The best way to get a good idea is to get a lot of ideas*)

영국의 심리학자 커튼(Kirton)은 아이디어 발상 스타일은 크게 "적응형"과 "혁신형"으로 구분하는 커튼 테스트(Kirton TEST)를 개발하였다. 커튼에 따르면 아이디어 발상자는 이 두 가지 유형의 분류선 상의 어디엔가에 위치한다는 것이다. 이 두개 스타일을 살펴보면 "적응형"은 맥락에 맞는 아이디어, 수용될만

표 6.2 적응형과 혁신형의 아이디어 발상

적응형(Adaptor)	혁신형(Innovator)
• 맥락과 관련된 아이디어를 산출함 • 소수의 아이디어, 받아들일만한 아이디어를 산출함 • 점진적인 변화에 초점을 맞춤	• 다수의 아이디어, 참신한 아이디어를 산출함 • 통찰력 있는 아이디어들을 산출하여 비약적 진보를 이끌어 냄
• 새로운 아이디어나 관점에 대해 경직되고 수용성 없는 태도를 보임 • 독특한 아이디어가 산출되거나 발전되기 전에 종결함 • 판단을 미루는 것을 어렵게 느낌	• 어떤 아이디어들은 실행불가능한 것으로 느껴질 수도 있음 • 아이디어를 내는 것은 쉽게 느끼지만 종결하는 것은 어렵게 느낌 • 아이디어를 수렴하거나 판단하는 것을 어렵게 느낌

한 소수의 아이디어를 산출하는 점진적인 변화에 초점을 둔다. 반면 "혁신형"은 새로운 아이디어를 풍부하게 생산하며 비약적인 전진으로 이어지는 환상적인 아이디어를 발상한다. 이 두 가지 스타일의 비교하는 내용은 표 6.2에 제시하였다.

아이디어 발상 단계에서 활용할 수 있는 여러 가지 기법들을 다음에 자세히 살펴보도록 하자.

브레인스토밍

대표적인 아이디어 발상 기법으로 알렉스 오스본(Alex Osborn)의 브레인스토밍을 들 수 있다. 그는 광고회사를 경영하면서 광고제작에 이 기법을 활용하였다. 브레인스토밍을 활용할 때 반드시 지켜야 하는 규칙으로 비판 금지, 질보다 양, 엉뚱한 아이디어 환영, 그리고 다른 아이디어에 편승하기 등이 있다. 다음에 이를 하나씩 살펴보자.

1) 비판 금지

비판은 아이디어를 발상하는 회의 분위기를 악화시키기 때문에 금지하는 것이 바람직하다. 자신의 아이디어를 제안할 때에는 생각을 단절하는 '그러나' 대신 '그리고'라는 어휘를 사용하여 기존 아이디어에 다른 아이디어를 결합하고 또 더해가면서 발전시키는 것이 중요하다. 나아가 팀 활동 중 침묵과 비판은 바람직하지 못하다.

2) **질보다 양**

아이디어는 질보다 양이 중요하다. 이것이야말로 브레인스토밍에서 가장 중요한 규칙이다. 왜냐하면 많은 아이디어가 나와야 그 중에서 좋은 아이디어도 나올 확률이 높아지기 때문이다.

3) **엉뚱한 아이디어 환영**

뜻밖의 또는 어리둥절할 만큼 기발한 아이디어를 환영한다. 그 이유는 기상천외하고 엉뚱한 아이디어 중에는 의외로 좋은 아이디어가 나올 수 있는 가능성이 높기 때문이다.

4) **남의 아이디어에 편승**

브레인스토밍에서는 다른 사람의 아이디어에 편승하도록 권장한다. 이는 서로 다른 아이디어들은 결합을 통해서 더욱 발전될 수 있기 때문이다. 서로 다른 아이디어를 합치고, 다른 사람들의 아이디어에 편승하여 발전시키는 것은 생산적인 방법이다. 무조건 새로운 아이디어를 낼 필요는 없다. 다른 사람의 아이디어에 기초하여 조금씩 수정하는 것이 더 나은 아이디어를 만들 가능성이 훨씬 크다.

브레인스토밍을 활용할 때 명확한 문제 정의를 통하여 방향성을 상실하지 않는 것이 중요하다. 앞 단계에서 도출된 착안점(POV)을 벽에 크게 써놓는 것은 방향을 잃지 않는 좋은 방안이 된다. 또한 브레인스토밍에서는 적당한 제한을 가하는 것도 도움이 된다. 시간제한이나 아이디어 100개 만들기와 같은 제한은 팀원들의 두뇌활동을 더욱 활발하게 만든다. 브레인스토밍을 통해서 도출된

표 6.3 효과적인 브레인스토밍 전략

구분	단계	내용
2단계 방법	1단계	먼저 브레인스토밍 주제에 대하여 사전에 팀원들이 조사나 연구를 해 가지고 옴
	2단계	1단계에서 조사한 내용을 바탕으로 브레인스토밍을 진행함
3단계 방법	1단계	전통적인 브레인스토밍
	2단계	긍정적 해결안과 부정적 해결안을 발상하고 그 사이에서 다양한 아이디어를 발상
	3단계	유추적 영감(Analogous Inspiration) 방법을 사용하여 유사하지만 다른 분야에서 아이디어를 발상

아이디어를 기록하고 유형별로 분류하는 것도 좋다. 이 때 아이디어는 포스트잇 하나에 한 개씩 기록하고 브레인스토밍을 마친 후 이를 모두 합친다. 또한 비슷한 아이디어 등은 유형별로 묶어서 분류한다.

브레인스토밍은 표 6.3이 보여주는 것과 같이 2단계 방법과 3단계 방법으로 나눌 수 있다. 이 2가지 브레인스토밍은 서로 다른 전문 분야 혹은 관심사를 가진 이해관계자가 모여서 다수의 아이디어를 발상한다. 3단계로 진행하는 브레인스토밍은 이를 종합하여 아이디어를 선정하는 데 효과적인 방법이다.

유추적 영감법(Analogous Inspiration)

디자인씽킹을 활용하여 기업, NGO 단체, 정부기관, 병원 등의 문제를 해결하는 컨설팅 회사나 대학에서는 유추적 영감법을 많이 활용하고 있다.

여기서 말하는 유추란 둘 혹은 그 이상의 현상이나 여러가지 복잡한 현상들 사이에서 기능적 유사성이나 일치하는 내적 관련성을 알아내는 것을 말한다(Root-Bernstein & Root-Bernstein, 1999: 189). 대표적인 사례로는 뉴턴이 발견한 중력의 법칙을 포함하여 여러 중요한 과학적 발견의 근저에 유추의 논리가 작용하였다. 뉴턴의 "중력의 법칙"은 사과가 나무에서 떨어지는 것을 보고 달도 반드시 떨어져야 할 것이라고 생각한 데서 생겨났다(Root-Bernstein & Root-Bernstein, 1999: 199). 사과를 땅으로 잡아당기는 힘이 있다면 이 힘이 하늘 위로 계속 뻗쳐나갈 것이고 그렇게 되면 달까지 끌어당길 것이라고 '유추' 했던 것이다.

문제해결에 이 방법을 활용한 사례 중 하나로 영국 런던의 한 외과 전문병원 Greate Ormon Street Hospital을 예로 들 수 있다. 이 병원은 자동차 경주 때 경주용 차의 바퀴를 교체하는 팀(NASCAR pit crew)의 업무와 병원 응급수술실 업무의 유사성에 기초하여 수술 시 복잡하고 정신없는 외과수술팀의 문제해결을 위한 영감을 얻었다. 즉, 자동차 경주 포뮬러 레이싱팀 정비요원의 업무와 병원 응급수술실 업무의 유사성으로 다음의 3가지를 찾아내었다. 1) 전문가라는 것, 2) 높은 압박을 받는다는 것, 3) 복잡한 도구를 다룬다는 것이었다.

유추적 영감법을 활용한 문제해결 사례

영국 Greate Ormon Street Hospital

외과수술팀이 가진 문제 해결에 대한 영감을 자동차 경주 포뮬러 레이싱팀 정비요원으로부터 얻음

- 모든 역할에서 할 일과 정해진 시간을 도표화 함
- 환자 정보를 넘겨 줄 때 체크리스트를 단계별로 검토하고 적용한 결과 기술상의 실수가 42% 감소하고 정보 상의 실수가 49% 감소하였음

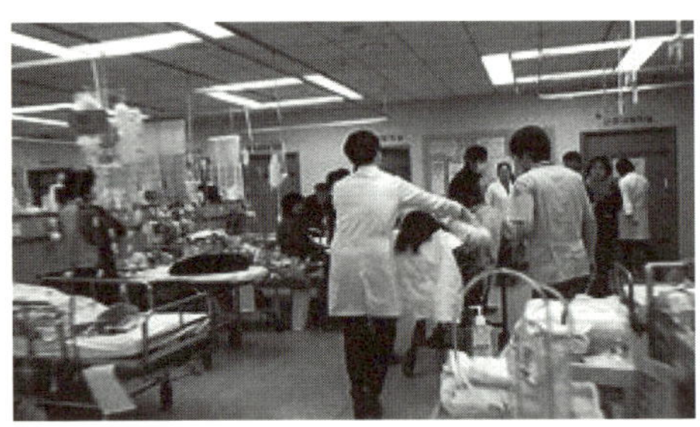

유추적 영감법을 자선과 기부를 할 때 적용하여 나타나는 문제를 개선하는 데 적용한 사례를 보면 다음과 같다.

표 6.4 자선과 기부를 할 때 대두되는 문제 개선에 유추적 영감법 적용

자선 기부문제	단순화된 표현	유사한 새로운 것
자선에 대해서 알아보자	다른 것에 대해 찾기	새로운 밴드 발견
자선기관과 신뢰를 확립	신뢰 형성	스카이다이빙 강의
자선기관에 돈 기부	돈 기부	결혼 선물
감사 편지 수신	감사받기	일본식 다례
다른 기부자와 네트워크에 가입	같은 생각을 가진 사람과 교류	멀티 롤플레잉 게임 동호회 가입

- 맥락을 바꾸고 생각을 바꾸어 보도록 한다. 원래 복잡하게 보이는 문제를 단순화된 표현으로 변경한다.
- 각각의 단순화된 표현에 대하여 그 내용과 유사한 새로운 것을 기록한다. 그 중에서 가장 그럴듯한 것을 선택하고 직접 방문하여 벤치마킹한다.
- 예를 들어 일본식 다례 모임에 가서 어떤 영감을 얻게 된다면 이를 원래 자선기부 문제 개선에 적용한다.
- 영감이 떠오르지 않을 때 원래 문제가 가진 고통점(pain points)을 새로운 것과 비교해 본다.[19]

"우리가 어떻게 하면~ ?" (How Might We~?) 질문법

"우리가 어떻게 하면?" 질문 방식(HMW)은 특정한 상황에 처해 있는 사용자들을 위해서 "우리가 어떻게 하면 ~도울 수 있을까?"라는 질문을 통해 해결책을 찾는 아이디어 발상법이다. 문제 정의 단계에서 도출한 문제정의문을 브레인스토밍하기 위해 3~5개 정도의 "어떻게 하면"의 질문으로 바꾸어 본다. 그중에서 가장 많은 아이디어를 낼 수 있고, 팀이 흥미를 가지며, 제시된 문제를 해

[19]https://www.youtube.com/watch?v=wS4MpEAxYMk

결하는 데 중요한 역할을 할 질문을 선택한다.

"우리가 어떻게 하면 ~을 할 수 있을까"라는 질문 예시를 들어보자.

HMW 활용 문제정의 사례 1

[대상] 경로당을 찾는 시니어들
[필요] "손주와 대화할 주제가 필요합니다."
[통찰] 전화를 하고 싶어도 할 말이 없어서 전화하기를 꺼려하기 때문입니다.
[HMW] "어떻게 하면, 경로당 어르신들이 손주들과 더 잘 이야기할 수 있을까?"(How might we make the elders to talk with their grandchildren better?)

다음에 예시된 문제정의문에서 도출된 통찰을 "우리가 어떻게 하면 ~?" 식의 질문으로 바꾸어보자. HMW로 만든 문장 중에서 문제해결에 가장 적합한 질문을 선택한다.

문제정의문 예시

고객(이름)	농촌에 사는 사람들은
고객의 니즈	안정적으로 소득을 얻는 것이 필요하다.
통찰	• 소득의 수준이 낮기 때문이다. • 농촌의 경우 기반 시설이 부족하다. • 자녀 교육여건이 잘 되어 있지 않다. • 불안정한 수입구조를 가지고 있다. • 고령화 문제가 있다. • 젊은 사람들의 관심이 부족하다. • 폐쇄적이다. • 농산물 가격이 너무 탄력적이다. • 가치관이 보수적이다. • 새로운 것에 대한 두려움이 있다. • 농민들 간의 네트워크가 부족하다.

위에서 도출된 통찰을 HMW 문장으로 전환하면 다음과 같다.

- 어떻게 하면 농촌의 기반 시설을 발전시킬 수 있을까?
- 어떻게 하면 농촌 자녀들의 교육여건을 개선할 수 있을까?
- 어떻게 하면 농촌에 대한 젊은이들의 관심을 끌 수 있을까?
- 어떻게 하면 농촌의 폐쇄성을 해결할 수 있을까?
- 어떻게 하면 농산물 가격을 안정시킬 수 있을까?
- 어떻게 하면 농촌에 사는 사람들로 하여금 새로운 것에 대한 두려움을 없앨 수 있을까?
- 어떻게 하면 농민들 간의 네트워크를 형성할 수 있을까?

인터뷰에서 시작하여 문제정의문을 작성하고, 나아가 HMW 문장으로의 전환 및 선택을 하는 과정을 잘 나타내주는 사례를 다음에 소개한다.

인터뷰 결과	직장을 다니는 30대 남성을 인터뷰했습니다. 그는 회사 일이 바빠서 가족들과 보내는 시간이 부족합니다. 그는 아내의 가사 일을 도와주거나 자녀들과 놀아주지 못해서 미안해했습니다. 특히 가족에게 문제가 생겼을 때에도 제대로 챙겨주지 못한다는 점을 안타까워했습니다. 그는 가족들과 자주 만나지 않으면 멀어질 것이라고 생각합니다. 그는 자녀들에게 선물을 주면 행복해 할 것이라고 말했습니다. 현재 가족들은 인천에 있고 그는 대구에서 일을 합니다.
문제정의문	직장을 다니는 남편은(사용자) 가족들과 함께 시간을 보낼 방법이 필요하다.(니즈) **왜냐하면** 그는 가족을 챙겨주지 못해 걱정스러워한다. 아내의 가사 일을 도와주고 자녀들과 놀아주지 못해서 미안해한다. 가족들과 자주 만나지 않으면 멀어질 것이라고 생각한다. 자녀들에게 선물을 주면 행복해할 것이라고 생각한다. 가족들은 인천에 있고 그는 대구에서 일을 한다.
HMW 문장 전환 및 선택	1. 어떻게 하면 가족에게 문제가 생겼을 때 챙겨줄 수 있을까? 2. 어떻게 하면 가족들에게 미안함을 덜 느낄 수 있을까? 3. 어떻게 하면 가족들을 자주 만날 수 있을까? 4. 어떻게 하면 자녀들이 기뻐할 선물을 줄 수 있을까? 5. 어떻게 하면 가족들과 가까이서 일을 할 수 있을까?

HMW 활용 문제정의 사례 2

[대상] 소아암 환자
[필요] 정상적인 아동들처럼 즐겁게 놀게 할 수는 없을까?
[통찰] 아동들은 모험을 좋아하고 모험 관련 놀이에 즐겁게 참여한다.
[HMW] 어떻게 하면 병원 치료를 두려워하는 소아암 아동들을 위한 MRI검사를 모험놀이라고 느끼도록 바꿀 수 있을까?

HMW 활용 문제정의 사례 3

[대상] 개발도상국의 오지에 사는 가난한 젊은 산모들
[필요] 젊은 산모가 신생아를 항상 자기 옆에 두게 할 수 있을까?
[통찰] 신생아를 병원 인큐베이터에 혼자 있도록 하는 것은 이 나라 산모들이 문화적으로 받아들이기 어려움
[HMW] 어떻게 하면 신생아를 엄마 곁에 둘 수 있도록 전기가 필요 없는 유아 인큐베이터를 만들 수 있을까?

"어떻게 하면"을 활용한 문제제기 사례를 추가적으로 더 열거하면 다음과 같다.

- 어떻게 하면 병원에 가기 어려운 개발도상국의 오지에 살고 있는 산모가 출산한 저체중 미숙아의 체온을 보존할 수 있을까?
- 어떻게 하면 학교 교실을 학생들의 니즈에 맞도록 디자인할 수 있을까?
- 어떻게 하면 아동들의 창의성을 높일 수 있는 게임을 만들 수 있을까?

브레인라이팅(Brainwriting)

브레인라이팅은 브레인스토밍과 비슷하지만 아이디어를 말로 하지 않고 그 대신 글로 쓰는 기법이다. 여기에는 '6명의 멤버가, 아이디어를 3개씩, 5분 이내로 제시하기'와 같은 규칙이 있다. 이것을 "635 브레인라이팅"이라고 부른다. 이

방법을 사용하면 30분 이내에 108개나 되는 아이디어를 낼 수 있다. 특히 내성적이거나 부끄러움을 많이 타는 성향을 가진 구성원들로 이루어져 토론이 활발히 이루어지지 않는 그룹에서는 이 방법을 사용하면 매우 큰 효과를 볼 수 있다.

"635 브레인라이팅" 실시 절차는 다음과 같다.

1. 참가자에게 아래 <표 6.5>와 같은 양식을 나눠주고 주어진 주제에 대해 5분 이내로 첫 번째 줄에 각자의 아이디어 3개를 쓰게 한다.
2. 5분이 지나면 옆에 앉은 다른 멤버에게 브레인라이팅 시트를 건네주고 역시 5분 내로 두 번째 줄에 아이디어 3개를 쓰게 한다. 이때 전혀 새로운 아이디어를 적어도 좋고 아니면 앞에 쓴 아이디어를 보고 발전시켜 기록해도 좋다.
3. 6명이 모두 아이디어를 쓸 때까지 이 과정을 반복한다.
4. 시트가 채워지면 바람직하고 이상적인 아이디어를 원으로 표시한다. 표시한 아이디어를 중심으로 다시 브레인라이팅이나 브레인스토밍을 해도 무방하다.
5. 종료된 브레인라이팅 시트에서 아이디어를 결합하고 정리하여 다시 새로운 아이디어를 낼 수도 있다.

표 6.5 635 브레인라이팅 양식

POV:			
	아이디어 1	**아이디어 2**	**아이디어 3**
1			
2			
3			
4			
5			
6			

스캠퍼(SCAMPER) 기법

아이디어 발상 단계에서 팀원 모두가 아이디어를 내는 것에 익숙지 않거나 또 생각이 잘 떠오르지 않을 때는 스캠퍼 기법을 사용하는 것이 좋다. 이 방법은 아이디어와 상상력을 자극하는 대표적인 체크리스트 기법이기 때문에 쉽게 적용 가능해서 활용 범위가 대단히 넓다.

브레인스토밍이 아이디어 발상 숫자에 제한을 두지 않고 실시한다면, 스캠퍼 기법은 일정 범위 안에 문제를 정의해놓고 해결방안을 찾아가는 데 초점을 둔다. 이 기법은 어떤 사물이나 프로세스 등을 새로운 것으로 변형하기 위해 발상을 돕는 "7가지 키워드"(<표 6.6> 참고)를 활용한다. 이 7가지 키워드는 하나씩 적용하기보다는 7가지를 동시에 적용하는 것이 효과적이다.

이 기법은 일상생활에서 유연하게 적용할 수 있기 때문에 창조적 사고를 기르는데 좋은 전략으로 활용된다. 이 기법은 키워드에 따라 솔루션을 찾아가면서 아이디어를 도출하는 방식으로 실시한다. 표 6.6에 이 기법에 대한 구체적인 설명이 제시되었다.

트리즈(TRIZ)

트리즈는 문제에 대한 가장 이상적인 결과가 무엇인가를 정의하고 그 결과를 얻는 데 관건이 되는 모순을 찾아내어 그것을 극복할 수 있는 해결안을 얻을 수 있도록 하는 '생각하는 방법'에 대한 이론이다.[20]

1940년대 구소련 해군 특허담당관인 알츠슐러(Genrich S. Altshuller)가 특허 심사 업무를 수행하면서 "발명에는 어떤 공통이 되는 법칙과 패턴이 있음"을 발견하였다. 그는 누구나 창의적으로 문제를 해결할 수 있는 일반적이고 체계적인 문제해결책이 TRIZ라고 명명하고 이를 정리 개발하였다.

[20] http://skccblog.tistory.com/2187; http://www.slideshare.net/BeeCanvas/brainwriting; http://www.slideshare.net/BeeCanvas/all-about-brainstorming 참고

표 6.6 스캠퍼(SCAMPER) 기법

구분	설명	문제해결 질문법
Substitute (대체)	무엇인가 대체할 것을 찾다 보면 새로운 아이디어를 얻을 수 있다.	기존의 것에서 일부나 전체를 다른 것으로 대체할 수 있는가? 다른 물질, 공정, 사람, 동력원, 장소 혹은 접근법을 사용한다면?
Combine (결합)	짝 지을 수 있는 것을 찾아 보면 시너지를 내거나 새로운 것을 만들어낼 수 있다.	두 가지 이상의 것을 결합해보기, 단품, 목적, 혹은 아이디어를 결합할 수 있는가?
Adapt (변경)	어떤 부분을 바꿔보면 문제를 해결하거나 제품 또는 서비스를 변화시킬 수 있다.	원래 있는 것을 다른 아이디어나 사물에 적용하기, 다른 어떤 것이 나타나는가? 다른 아이디어를 추천하는가? 과거와 같은 것을 제공하는가? 내가 무엇을 복제할 수 있는가?
Modify (수정)	이리저리 꼬여있는 현상을 변화시키면 대안을 찾을 수 있다.	기존에 존재하는 것을 축소하거나 확대하여 변형해보기, 의미, 색깔, 움직임, 형태, 혹은 형상을 변경할 수 있나? 다른 것을 더할 수 있나? 더 강한, 더 높은, 더 길게, 더 두껍게 만들 수 있나? 무엇을 뺄 수는 없는가?
Put to other uses (다른 용도 활용)	현재의 해결책을 다르게 적용하거나 혁신적으로 사용하여 새로운 아이디어를 만들 수 있다.	원래의 목적이나 용도와 다르게 사용해보기
Eliminate (제거)	기존의 것에서 무엇인가를 제거하면 새로운 실마리를 찾을 수 있다.	기존에 있던 아이디어들을 과감히 없애기, 결과에 영향을 주지 않으면서 부품, 기능, 사람을 제거할 수 있는가?
Reverse (순서 바꾸기)	순서를 바꿔봄으로써 색다른 아이디어를 낼 수 있다.	기존의 순서나 모양을 거꾸로 하거나 다시 배열해보기, 부품을 교환할 수 있는가? 다른 배치 혹은 순서를 사용할 수 있는가? 원인과 결과를 바꿔볼 수 있는가? 긍정적인 것과 부정적인 것을 바꿔볼 수 있는가? 그 방법을 아래서 위로, 위에서 아래로, 혹은 안에서 밖으로 돌릴 수 있는가?

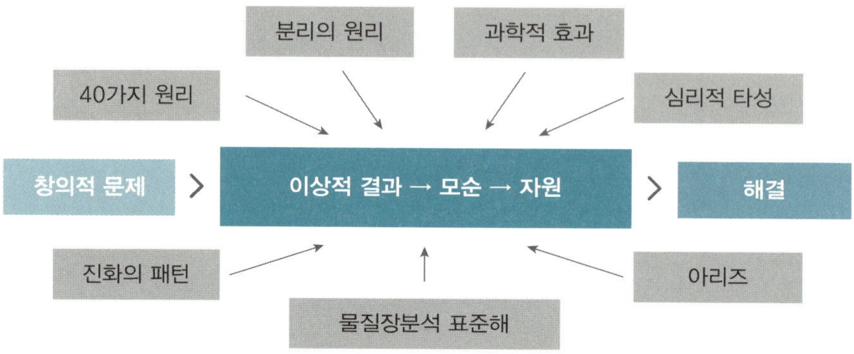

그림 6.2 TRIZ를 구성하는 근간

트리즈가 좋은 해를 얻기 위해서는 다음의 기본원칙을 고려하는 것이 바람직하다.

1. 모순(contradiction): 서로 반대가 되는 요구를 동시에 만족시켜야 하는 경우로 기술적 모순과 물리적 모순을 다루어야 한다. 이러한 모순을 극복하면 윈-윈(win-win)할 수 있는 해결책을 찾을 수 있다.
2. 표준 문제화(regularity): 전공이나 시간에 무관하게 공통적인 문제가 존재하기 때문에 추상화를 통해 표준문제화 함으로써 시간과 자원의 절약이 가능하다.
3. 이상성(ideality): 최종 해는 마지막의 이상적 상태로서 절대적으로 단순함을 추구한다.
4. 시스템 사고(system thinking): 여러 가지 관점에서 문제를 관찰함으로써 정확하게 문제를 선별하여야 한다.
5. 기술진화의 법칙(technology evolution): 기술은 일정한 법칙에 따라 발전하기 때문에 정확한 방향 설정이 필요하다.

트리즈의 사고방법은 다음과 같이 정리할 수 있다.

1. 과제나 문제를 일반화(추상화)하여 생각한다.

- "연필을 연필 자체로만 표시하면 글자를 쓴다"라는 것에만 제한하게 된다.
- 문제를 추상화하면 많은 아이디어가 떠오른다.

2. 문제를 시스템적 사고로 받아들인다면,
   - 전체로서 파악하는 것이 가능하다.
   - 근본적으로 파악하기가 용이하다.
3. 이상적인 해를 먼저 생각한다.
   - 눈앞의 잠정적인 대책보다 근본적인 해결책을 모색한다.
4. 기술적 모순이나 물리적 모순을 모순 테이블과 발명의 원리 또는 분리의 원칙을 적용하여 해결한다.

다음의 [그림 6.3]은 트리즈를 통해 문제를 해결하는 방법을 도식화한 것이다. 문제를 표준화하고(추상화; abstraction) 표준문제를 해결하는 연산자를 활용하여 표준 해결책을 도출하고 유추화(analogy)를 통하여 문제의 해결책을 찾

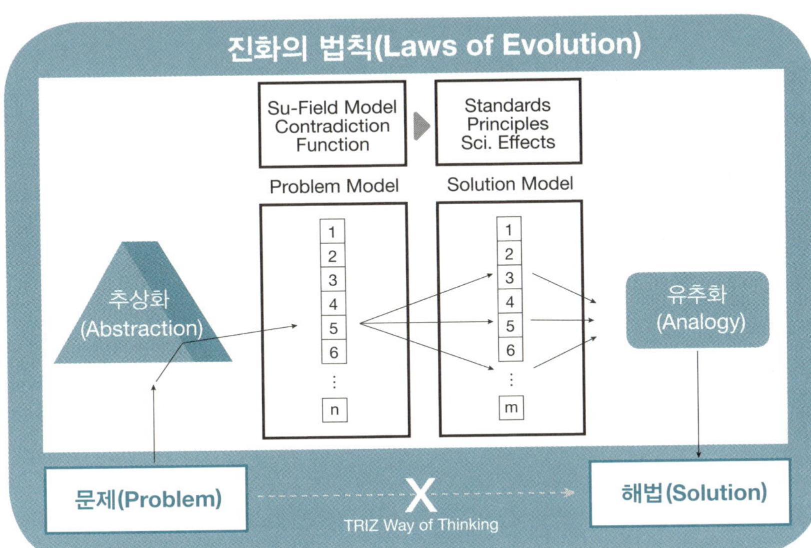

그림 6.3 트리즈 문제해결 방법

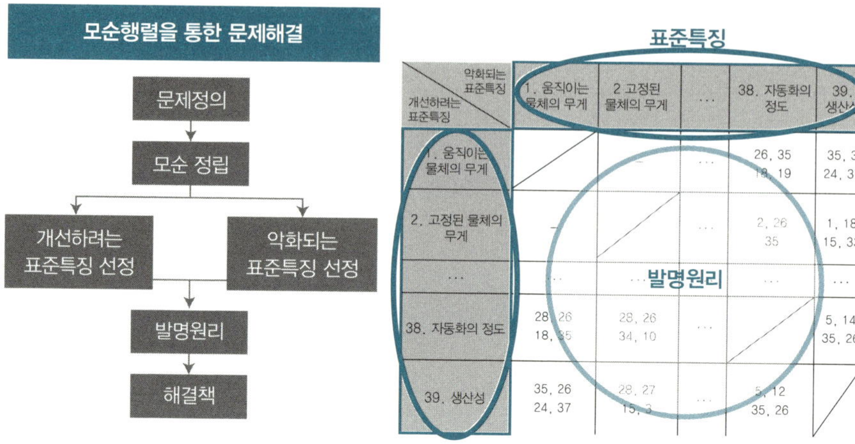

그림 6.4 모순행렬을 통한 문제해결 방법

는 절차로 진행한다.

표준해결책을 도출하는 과정에서 모순테이블을 활용하여 해결책을 찾을 수 있다. 트리즈에서 적용하는 발명 원리는 분할, 분리, 국소품질 등 40가지가 있다. 그리고 무게, 모양, 동력 등 일반화된 39가지 표준특징(혹은 설계변수)이 해에 영향을 미치게 된다. 모순테이블은 개선되는 특징은 가로로, 이로 인해 나빠지는 특징은 세로로 배열하고(기술적 모순) 이 특징들이 교차하는 곳에 발명의 원리를 나열하는 방법으로 구성된다(그림 6.4 참조).

하나의 요소에 서로 상반되는 특성을 동시에 요구하는 물리적 모순 문제는 시간, 공간, 전체와 부분, 그리고 조건의 분리에 의하여 해결한다. 이에 대한 보다 자세한 내용은 트리즈 전문서적을 참조하기 바란다.

퀵 트리즈(QUICK TRIZ) 과정

이 방법은 이경원교수(2012) 등이 제안한 방법으로 트리즈에 대한 배경지식이 비교적 적은 사람들도 짧은 시간에 익혀 사용할 수 있는 체계적인 접근방법이다. 퀵 트리즈는 디자인씽킹과 결합하여 공감하기를 통해 고객, 사용자, 혹

1. 문제기술

2. 문제원인분석
- 원인분석 및 1차 대응 아이디어 도출 -

3. 갈등분석도

4. 해결안 도출(모순 해소)
- 2차 아이디어 도출 -

5. 아이디어 평가 및 실행

그림 6.5 퀵 트리즈 과정

은 대상의 요구사항을 파악할 수 있다. 이때 우리는 공감지도를 이용하여 문제의 근본원인을 찾는 통찰과 대상의 필요 즉 요구를 찾는다. 이경우 말한 것(Say)와 관찰한 것(Do), 생각한 것 (Think)과 느낀 점(Feel)들 사이에 서로 모순이 있으면 이를 문제해결을 위한 터치포인트로 삼는다. 이러한 모순을 찾는 체계적인 방법이 바로 퀵 트리즈(QUICK TRIZ) 방법이다. 따라서 이 절차는 모순을 찾아서 문제의 근본원인을 찾는 문제정의와 아이디어 발상(모순해소-분리원칙, 혹은 모순 테이블)에 걸친 유용한 방법이다. 다음에 그 절차를 살펴보면 다음과 같다.

1) 문제 기술

예: 경제적 어려움을 해결하고 싶다.

- 회사에서 받는 연봉은 제자리 걸음인데 근래에 여러 가지 지출이 추가로 발생하여 경제적 부담이 늘어났다.

2) 문제 원인 분석

원인기술(근본 원인의 탐색): 1차 대응 아이디어 기술

a. 업계보다 낮은 연봉 때문: 높은 연봉을 주는 직장 탐색

b. 아이 출산으로 인해 비용 발생: 아이를 낳지 않는다.

c. 임신과 출산으로 인한 아내의 퇴직: 출산휴가를 주는 직장을 찾는다.

d. 전세 자금 대출로 인한 경제적 어려움: 보다 낮은 전세집을 찾아본다.

e. 수입보다 지출이 너무 많다: 지출을 줄이는 방법 모색

3) 갈등 분석도 (모순도출)

그림 6.6는 모순도출을 체계적으로 하는 순서를 보여주는 갈등 분석도이다. 갈등분석도는 다음과 같은 순서로 그릴 수 있다.

(1) 목표를 기술한다. (B, 여유로운 경제력)

(2) 목표를 이루기 위한 수단을 기술한다. (D, 아이를 갖지 않음)

(3) 이러한 수단으로 인하여 발생하는 문제를 기술한다. (-C, 덜 행복한 가정) 새로운 목표 C는 행복한 가정이 된다.

(4) 행복한 가정이 되기 위한 수단 기술 즉 아이를 갖지 않는 것의 반대 사항을 기술한다. (D, 아이를 가짐)

(5) 목표(B)와 이러한 수단으로 인하여 발생하는 문제의 반대 사항(C)을 기술하여 공동목표로 한다. (A=B+C): 이것이 모순을 극복한 해결 목표가 된다.

4) 해결안 도출: 2차 아이디어 도출

갈등분석도를 보면 서로 모순 관계에 있는 것을 쉽게 알 수 있다. 즉 (2)와 (4)는 여유로운 경제력을 위하여 아이를 갖지 말아야 하며 행복한 가정을 위해서는 아이를 가져야 된다는 모순이 도출된다.

물리적 모순은 시간, 공간, 조건, 및 전체와 부분의 분리로 해결안을 도출할 수 있으며 기술적 모순은 발명의 원리를 활용하여 해결안을 도출하게 된다.

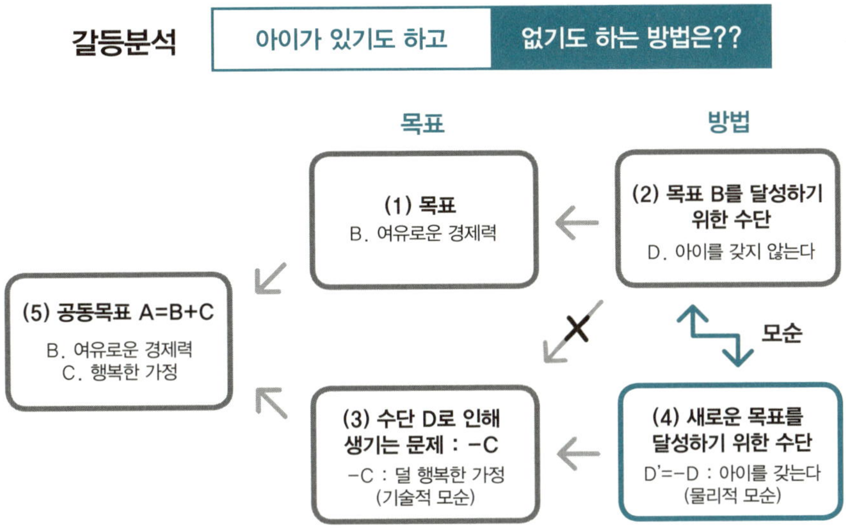

그림 6.6 퀵 트리즈에 따른 갈등분석도

a) 물리적 모순

시간에 의한 분리: 퇴근 시간이 비교적 일정하므로 퇴근 후 시간을 이용해서 아르바이트를 한다.

b) 기술적 모순

발명의 원리 활용(총 40개 발명원리 중 적당한 방법 사용)

(05. 통합): 몇 가지의 지출을 하나로 묶어서 지출관리에 대한 스트레스를 줄인다.

(13. 역방향): 출산으로 인해 정부에서 받을 수 있는 혜택을 최대한 받아 경제적 이점을 누린다.(아이를 낳음으로서 돈을 아낀다.)

(24. 중간 매개물): 부모님 집에 들어간다.(집 대출금과 육아에 대한 부담을 덜 수 있다)

5) 해결안 평가, 선택, 실현 가능성, 경제성 등의 평가 및 실행

하이라이팅(Highlighting) 기법

아이디어 발상 과정에서는 많은 아이디어를 도출하고, 그 다음에는 도출된 많은 수의 아이디어를 평가하여 우수한 아이디어를 선정하는 수렴 과정이 필요하다. 이때 수렴 과정에서 활용할 수 있는 좋은 방법으로는 하이라이팅 기법이 있다.

표 6.7 하이라이팅 기법

1	**히트 아이디어(hit idea)** 브레인스토밍에서 나온 아이디어 중 바람직하게 생각되는 대안에 체크한다. 이때 아이디어의 실현 가능성은 고려하지 않아도 됨
2	**적중영역 만들기(Hot spot)** 적중 영역을 만들고 선택한 아이디어를 적중 영역별로 구분한다. 적중 영역의 의미를 검토해 본다. <table><tr><td>영역</td><td></td></tr><tr><td>아이디어</td><td></td></tr></table>
3	**재(再)진술에 의해 선택된 해결책** 문제의 요구를 가장 잘 충족시키는 것으로 판단되는 적중 영역을 선택한다. 두개 이상의 적중 영역을 조합하여 하나의 해결책을 만들어도 좋다. 이때 선정 기준은 가장 성공 가능성이 높은 방법, 가장 기쁘게 만드는 방법, 만일 실행한다면 가장 혁신적인 방법 등을 적용한다.

넛지 효과(Nudge Effect)

아이디어 발상시에 넛지효과(nudge effect)를 활용할 수 있다. 넛지효과라는 것은 사람들이 의식적으로 인지하지 못할 정도로 부드럽게 개입하여 원하는 목적을 달성하는 것을 의미한다. 아래 그림 6.7과 6.8은 스마트폰을 보고 횡단보도를 건너는 사람들의 안전을 위하여 필요한 해결방법을 구하는 데 문제 중심 해결법과 인간중심 해결법을 비교하여 보여주고 있다.

그림 6.7 mysc 발표자료: 문제 중심 접근 해법

그림 6.8 mysc 발표자료: 인간중심 접근 해법

아이디어 발상 과정에서 수많은 아이디어들이 나왔다면, 시제품을 만들 아이디어를 선택하는 수렴 과정이 필요하다. 그 과정을 그림으로 나타내면 표 6.8과 같다.

표 6.8 아이디어 선택 과정

1	아이디어 발상하기	 아이디어는 많을 수록 좋다.
2	비슷한 아이디어끼리 분류하기	
3	아이디어 수정과 결합	
4	아이디어 선택	

6.6
아이디어 평가 및 선정

발상된 아이디어를 평가하는 방법에는 두 개의 대안들을 서로 비교하여 더 나은 대안을 선정하는 방법(짝 비교, 리그 혹은 토나먼트 방식)이나 평가기준에 대하여 기준안과 대안들을 비교하는 Pugh 선정 방법이 있다. 대안이 많을 경우에는 제거하는 기준에 따라 먼저 제거하고, 그 다음에 남는 대안에 대해서는 선호하는 기준을 적용하여 만족하는 안을 선정하는 제거와 선호 방법이 있다. 나아가 여러 가지 평가기준에 의하여 대안들을 정량적으로 평가하는 의사결정행렬(decision matrix), 및 분석적 계층구조 절차(Analytic Hierachy Process) 등을 들 수 있다.

Pugh 선정방법

Pugh 선정방법은 기준 대안과 비교하여 우월한지, 동등한지, 혹은 부족한지를 상대적으로 비교 기술한다. 이 방법에 사용되는 개념안은 절대적인 평가기준을 통과하여야 한다.

개념안 선정방법의 단계

1. 개념안을 평가할 평가기준의 선택
2. 결정매트릭스의 정형화: 행 – 평가기준, 열 – 개념안
3. 설계 개념안의 명확화
4. 기준 개념안의 선택은 다른 안과 비교 목적
5. 행렬의 수행: 더 우수(+), 더 열등(–), 동등(=) 표시
6. 등급의 평가: 비교행렬 완성후 등급의 합 결정, 상호보완, 평가기준 검토
7. 새로운 기준을 확립하고 행렬을 다시 작성 – 첫 단계에서 최고등급 받은 개념안을 기준안으로 사용하여 행렬 재작성
8. 기회를 개선하기 위해 선택된 개념안을 점검함

표 6.9 개념안 Pugh 선정방법

ROW	평가기준		개념안 D	개념안 A	개념안 C	개념안 B
1	경비		+	DATUM	+	+
2	추가된 기능		=		=	–
3	디자인의 단순성		+		=	=
4	재료의 가용성		+		–	–
5	제조의 용이성		+		+	=
6	조립의 용이성		+		+	–
7	프로토타입의 능력		+		=	+
8	편안함		–		+	–
9	무게		+		=	–
10	심미성		–		=	–
		PLUSES	7	0	4	2
		MINUSES	2	0	1	6

기준안(DATUM)과 비교하여 우수 +, 열등 –, 동등 = 으로 평가

의사결정행렬(Decision Matrix)

의사결정행렬은 각 대안들이 평가기준을 얼마나 잘 만족하는지를 평가하기 위해 사용한다. 대안들이 갖는 다양한 속성들을 평가기준과 비교하여 속성을 정량적 값으로 변환시킨다. 이러한 의사결정행렬은 각 대안의 특성을 평가기준과 체계적으로 비교할 수 있는 접근방법을 제공한다. 즉 개별 대안들이 가진 장단점을 결정하기 위한 기초를 제공한다.

표 6.10 의사결정행렬 예시

평가 기준	개념 설계안 (Conceptual Designs)				
	a	b	c	d	참조
기준 1	–2	+3	+2	+2	S
기준 2	S	–1	+2	+3	S
기준 3	–1	S	+1	+1	S
기준 4	+2	S	S	+1	S
기준 5	S	+1	-2	-3	S
Σ(+)	+2	+4	+5	+8	0
Σ(–)	–3	–1	–2	–3	0
Σ(S)	2	2	1	0	5

+3	참조설계보다 월등히 우수
+2	참조설계보다 매우 우수
+1	참조설계보다 우수
0	참조설계와 같음
–1	참조설계보다 열등
–2	참조설계보다 매우 열등
–3	참조설계보다 극히 열등

가중치를 고려한 의사결정행렬

모든 평가기준이 동일한 중요도를 가지지는 않는다. 따라서 평가기준에 중요도를 구분하는 가중치를 부여한다.

평가과정의 품질을 보장하기 위하여 필요시 재고의 기간(period of reflection)을 두어 평가 중에 이루어진 타협안, 평가시 이용된 평가기준 및 가중치 등의 적정성에 대한 재평가의 기회가 제공되어야 한다. 또한 의사결정과정의 강건성을 가중치의 변경에 따른 영향을 확인하여 검토한다. 평가시 편파성, 선입견,

표 6.11 가중치를 고려한 의사결정행렬 예시

		개념 설계안(conceptual Designs)									
		척도(0-5)					척도 × 가중치				
평가기준	가중치	a	b	c	d	Ideal	a	b	c	d	Ideal
신뢰도	4	2	4	1	3	5	8	16	4	12	20
생산비	3	1	4	2	2	5	3	12	6	6	15
유지비	3	3	3	4	1	5	9	9	12	3	15
미적요소	1	4	2	4	2	5	4	2	4	2	5
가중치	2	3	2	4	3	5	6	4	8	6	10
	합계	13	15	15	11	25	30	43	34	29	65

적합하지 않은 동일한 평가기준 적용, 평가기준을 특정안에 대해서만 적용, 평가기준들의 상호의존성, 부적절한 가치의 부여, 평가기준의 불완전성 등 주관적 오류를 추정하고 정성적 표현의 이용과 같은 예측의 불확정성과 관련된 본질적 오류를 검토하여야 한다.

IDEO: 인간 중심적 디자인

- 스탠포드 대학의 디스쿨 설립에 결정적인 역할을 한 컨설팅 회사 IDEO와 독일의 IT 기업 SAP은 디자인씽킹의 중요성을 그 어떤 기업보다 오래 전부터 강조해오고 있음.
- 산업 디자인 업계에서 특히 인간 중심적 디자인으로 유명한 IDEO는 1990년대부터 다양한 분야의 인력으로 구성된 팀이 브레인스토밍, 현장에서의 사용자 관찰, 신속한 프로토타입 제작, 나아가 반복적 수정 등을 제품 디자인 과정에 적용하고 있음.
- 2000년대 들어 제품의 외관 디자인 외에 디자이너의 사고방식을 적용한 문제 해결 등을 컨설팅 받기 위해 IDEO를 찾는 고객들의 수는 급격하게 증대되고 있음.

7

프로토타입(Prototype): 제4단계

Design Thinking

4단계 프로토타입(Prototype)은 수렴적 사고 단계

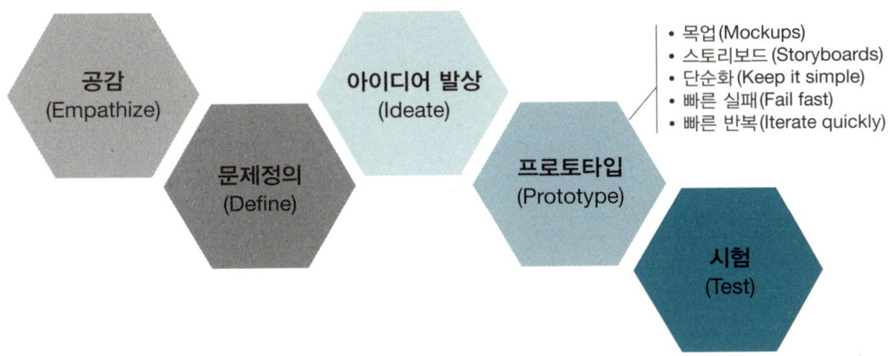

출처 : https//dschool.Stanford.edu

"생각하기 위해서 만드는 것이고,
학습하기 위해서 시도해 보는 것이다."
(Thinking by Hands or Build to think)

7.1

프로토타이핑이란 무엇인가?

이 단계는 해결책을 찾기위해 시각적, 촉각적으로 빠르게 고객과의 소통을 하는 단계이다. 즉 고객과 소통하고 또 테스트를 받을 수 있는 물건, 제품, 서비스 등 보거나 만질 수 있는 대상 또는 가공품을 만들어내는 단계이다. 프로토타이핑의 목적은 아이디어를 표현하고, 그 결과를 문제를 제기한 고객에게 보여주어 이들의 반응을 관찰하는데 있다.

프로토타입은 사용자와의 대화 및 상호작용을 하도록 조력하는 매체이다. 따라서 사용자와 대화를 시작할 수 있고 또 경험하면서 상호작용할 수 있도록 하면 충분하다. 이를 통해 고객으로부터 깊은 공감을 이끌어 낼 수 있으면, 이는 성공적인 프로젝트 수행의 전제조건이 될 수 있다.

아이디어를 구체화하는 것(Make ideas real)

프로토타이핑은 생각을 구체화하는 방안이다. 이는 문제에 대한 해결책인 솔루션을 만드는 것을 의미한다. 프로토타이핑을 통하면 아이디어를 다른 사람들에게 전달하고 보여주어 좀 더 정교하게 발전시켜 나갈 수 있다. 프로토타이핑은 자기가 낸 아이디어에 빠져들어 가기 전에 빨리 그리고, 적은 비용으로 실

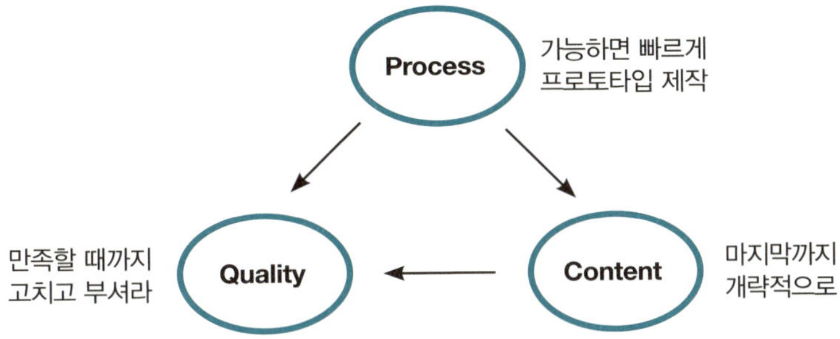

그림 7.1 신속하고 개략적 프로토타입

체화시켜 고객이나 사용자로 하여금 테스트하고 평가할 수 있도록 도와준다.

프로토타입은 문제해결 즉 솔루션 컨셉을 개발하는 과정 전반에 걸쳐서 아이디어를 검증할 뿐만 아니라 더 많은 아이디어를 발상하기 위해 사용하는 일회성 도구이다. 프로토타입은 강력한 커뮤니케이션 수단이며 사람들이 찾아낸 컨셉과 어떻게 상호 작용하는지를 볼 수 있게 해 준다.

프로젝트의 초기 단계에서는 <고객은 평상시와 다른 방법으로 요리하는 것을 즐거워하는가?>와 같이 질문내용이 막연하고 광범위한 경우가 많다. 이 같은 경우, 초기 단계에서는 간단하고, 비용이 저렴한 재료를 가지고 저 품질의 프로토타입을 만든다. 이렇게 접근하는 프로토타이핑을 "빠르고 간편한 프로토타입(Quick and dirty prototype)"이라고 말한다(그림 7.1 참조).

초기에, 비용이 적게 들 때, 프로토타입을 여러 번 만들어서 고객으로부터 피드백을 받는 것은 매우 중요하다. 프로젝트 초기 시점에서 자주 실패를 경험함으로써 성공에 이를 수 있으므로 프로토타입 단계에서 개념을 즉시 시험해 보는 것이 필수적이다. 이 단계에서는 개념이 작동하는지, 고객이 원하는 것인지를 초기단계에 값싸게 자주 경험함으로써 고객의 요구사항을 발견하고 피드백을 통해 고객의 진정한 니즈를 학습하는데 그 목적이 있다.

초기에는 완성도 높은 프로토타입을 만들려고 하지 말고 개략적 형상 혹은 최소한의 중요한 기능만을(Critical function prototype) 구현한 저해상도(low fidelity)의 프로토타입을 만드는 것이 좋다. 첫 번째 시도에서 완벽할 수는 없다. 그 대신 고객의 피드백을 받으면 시간이 지남에 따라 점차 진화한다. 프로토타입의 정밀도는 프로젝트가 진행되면서 고객의 요구사항을 반영하는 정도가 커질수록 높아질 수 있다. 프로토타입을 만드는 후기 단계에 가면 고객은 <“시각적으로 눈에 즐거운 요리를 선호하는가?”>를 밝히는 것과 같은 기능성, 정밀한 형상, 또는 완성도 높은 좀 더 진전된 시제품을 프로토타입으로 만든다(functional prototype, or rapid prototype).

도전적인 실험에 대한 열린 자세는 모든 디자인씽킹 팀에게는 필수적이다. 아이디어가 떠오르면 주저하지 말고 직접 만들어보는 프로토타입핑은 이러한 실험정신을 가장 잘 보여준다고 할 수 있다. ‘프로토타입이야말로 창의성의 핵심’이라고 IDEO의 창립자이자 스탠포드 대학 디스쿨의 데이비드 켈리 교수는 강조한다. 실패를 자주 해보고 이를 통해 학습해서 앞으로 나아가는 것이 프로토타입의 기본자세이다. 유아가 걷기를 배우는 데 수천 번 바닥에 자빠지는 것 역시 이런 원칙이다. 이때 절대 바닥에 자빠지는 실수를 아기가 피한다면, 영원히 걷지 못하고 말 것이다.

질문에 대한 답을 탐색하는 과정

프로토타입은 문제해결안이 가져야하는 적합성, 유용성, 편리성, 기능성 그리고 타당성 등에 대한 질문의 답을 탐색해가는 과정이다. 즉, 프로토타입은 디자인씽킹 팀이 찾는 솔루션에 대한 질문을 명확히 하기 위해 만든다. 왜냐하면 이를 통하면 팀원간의 내부적 커뮤니케이션과 고객인 외부에 있는 사람들과 컨셉에 대한 커뮤니케이션을 하기가 편리하기 때문이다.

프로토타이핑 과정에서 던져야 할 질문 내용을 정리하면 다음과 같다.

- 누가 이 아이디어로 혜택을 보게 될 것인가? 이것은 최종 고객에게 어떤 가치가 있는가?
- 다른 대안보다 이 아이디어가 왜 그리고 어떻게 더 좋은가?
- 이것은 고객에게 어떤 이익을 주는가?
- 고객은 이 같은 가치와 혜택에 대해 얼마를 지불할 의사가 있는가?
- 고객은 지불 비용을 어떻게 마련할 것인가?

프로토타입을 가지고 고객과 대화를 시작할 수 있다면 형태나 내용 등은 큰 상관이 없다. 신문이나 라면 상자를 만드는 종이로 된 물리적 작품일수도 있고 스케치 같은 그림으로 표현되는 것일 수도 있다. 예컨대 벽에 붙인 포스트 잇, 거칠게 조립한 기계장치, 역할 연기, 만화로 그린 스토리 등 그 어떤 것도 가능하다.

고객이 프로토타입을 경험할 수 있도록 만들 수 있으면 충분하다. 스토리를 중심으로 시나리오를 진전시키는 것도 좋지만, 물리적인 대상을 가지고 스토리와 연결시키는 것도 무난하다. 이렇게 하면 고객이 가진 풍부한 감성과 심리적 반응을 획득할 수 있다.

7.2

프로토타이핑은 왜 중요한가?

일반적인 공학설계에서는 개념설계, 구체화설계 및 상세설계로부터 도출된 제품의 기능, 성능, 형상을 시험할 목적으로 프로토타입을 제작한다. 반면 디자인씽킹에서는 보다 심층적인 공감의 추구, 소통을 위한 형상화, 피드백, 나아가 다른 사람들에게 솔루션의 영감을 불러일으키기 위한 목적으로 프로토타입을 만드는 것을 중요시한다.

프로토타이핑의 목적, 유용성, 그리고 추가적인 주요 고려 사항은 다음과 같다.

1. 목적은 설계 개념의 증명, 경험 그리고 발견 및 학습에 있다.
2. 가치는 모델 그 자체가 아니라 사람들과의 상호작용에 있다. 따라서 형태보다 프로토타입이 창출하는 경험(느낌)이 중요하다.
3. 설계에 대한 팀원들간의 이견을 해소하고 아이디어를 구체화하며 의사소통하는데 도움을 준다.
4. 프로토타입과정에서 재료는 주변의 저렴한 원자재(라면 상자, 신문지

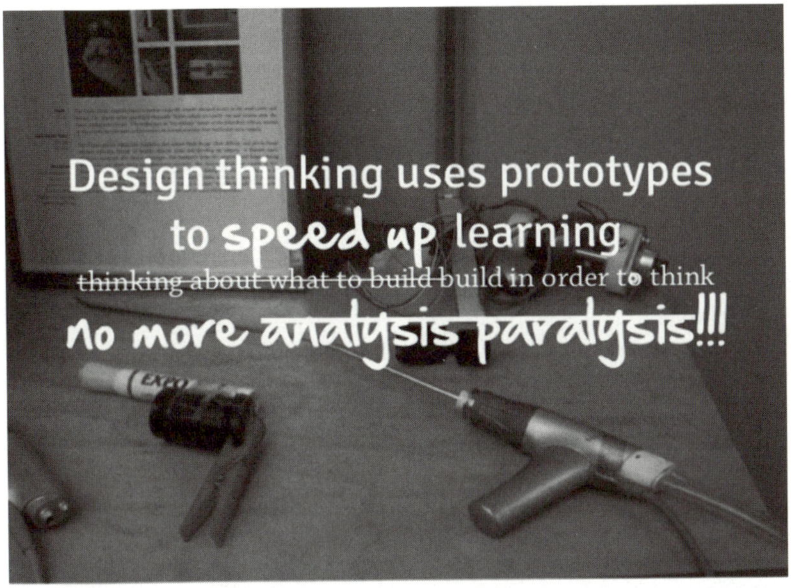

그림 7.2 이비인후과에서 “코 수술용” 새 장비 개발 프로토타입과 실제 제품의 비교 그림
[그림 내용 설명: 디자인씽킹은 프로토타입을 학습을 촉진시키는데 사용함. 이는 생각하기 위해 만들고 또 만들기 위해 학습하는 것이다: 끝없는 분석은 마비의 지름길일 따름!!!]

등)를 사용하고 이를 통해 조기에, 저렴하게 또 자주 실패를 경험하는 것이 좋다.[21]

초기 프로토타입의 목적은 개념을 증명하고 개념에 대한 해를 발견하기 위한 학습을 하기 위한 것이다. 이에 비해 사용자나 고객의 피드백을 반영하여 구상안이 개선되어 확정되면 보다 정교한 프로토타입을 만들게 된다.

프로토타입 제작 시 필요에 따라 제약조건을 주면서 아이디어를 수정, 보완하는 방법이 효과적일 수 있다. 다양한 제약조건은 생각을 제한하는 것이 아니고, 오히려 주제나 문제에 적합한 아이디어를 심화시킬 수 있는 창의적인 잠재력을 이끌어 내도록 도와준다. 따라서 제약조건을 설정하는 것은 선입견 때문에

[21]이하 프로토타입 그림의 경우 [그림 7.2] IDEO; [그림 7.3] 영남대 기계공학부 CDP 프로젝트(지도교수 송동주); [그림 7.6] 영남대 CDP 프로젝트(지도교수 송동주) 참고

그림 7.3 자율주행 전기자동차 개발 시 크고, 작은 프로토타입들

아이디어를 비판하는 것과는 다르다.

"말하지 말고 보여 주세요"(Do not Talk, Show Me)라는 말이 있다. 이는 백 마디 말보다 실제로 보여주는 것이 더 설득력이 있다는 것으로, "백문불여일견"(百聞不如一見))과 일맥상통하는 말이다. 구체적인 사례로 좋아하는 사람에게 백번 사랑한다고 말하는 대신에 정성어린 선물을 준다면 말과 물건(프로토타입) 중 그 어떤 것이 설득력이 더 큰지를 금방 알 수 있다. 다음에는 프로토타이핑과 관련된 몇 가지 특성을 정리한다:

- 창조와 문제해결을 위한 발상을 하기 위해서는 무엇인가 보고, 만지고, 또 접촉할 수 있도록 만드는 것이 중요하다.
- 주제에 대한 대화를 하기 위해서 1,000개의 어휘를 활용한다면 프로토타입을 통해 보여주는 것은 1,000매 이상의 그림에 해당되는 가치가 있다. 특히 디자인씽킹에서는 소통을 위하여 시각과 촉각을 활용하는 것을 매우 중요시 한다(be visual and tactile).
- 고객과의 대화(인터뷰)를 할 때 구체적인 대상이나 물건이 있으면, 이를 통해서 대화는 보다 풍성하게 진행될 수 있다. 예를 들어 당신의 지갑 속에 소중히 간직한 사진이 있다고 하자. 그 사진을 지갑에 간직하게 된 사연, 사진에 등장한 사람과의 관계, 그 주인공과 함께 한 경험 등이야 말로 프로토타이핑을 만들기 위해 소통을 하지 않으면 얻기 어려운 정보이다. 이처럼 프로토타입은 고객과 직접적인 대화를 가능하게 하는 촉진제 역할을 한다.
- 프로토타입을 통해 조기에, 또 재빨리 그리고 비용이 적게 들었을 때 실패를 하자. 실패에 대한 두려움은 대부분의 사람들이 가지고 있다. 그런데 실패 없이 학습한다는 것은 애시 당초 불가능하다. 우리는 시도하고 실패를 해야 도대체 무엇이 잘못된 것이지를 깨달을 수 있다. 나아가 발상된 아이디어를 즉시 행동에 옮기고 고객의 피드백을 통하여 개선을 반복적으로 수행한다는 것이 디자인씽킹의 원리중 하나이다. 그런데 이 깨달음을 얻는 시기는 투입한 자원이 작을 때, 일을 시작한 초기에, 그리고 자주 또 많이 실패를 함으로써 얻는 것이 훨씬 의미가 크다. 오늘날 수명 100세 시대에 나이가 90세쯤 되어서 깨달는다면 너무 늦지 않은가?
- 토마스 에디슨은 실패를 하지 않으면 절대로 발전이 없다고 역설하였다. 즉 세상의 어떤 일도 단 한 번에 성공하는 일은 없다는 것이다. 그는 전구를 개발하는 데 9,999번 실패를 하고 마지막 10,000번째 성공하였다. 그리고 에디슨은 수많은 실패를 통해서 작동하지 않는 교훈을 학습하였다고 말한다. 사람들은 실패하지 않기 위해서 시도도 하지 않고, 프로토타입도 만들어 보지도 않고 그냥 안 된다고 주저앉는 경우가 너무나 많다.

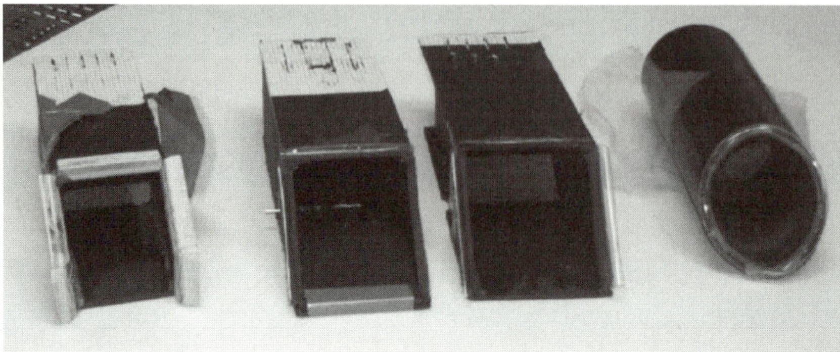

그림 7.4 자동차 윈드쉴드 통풍구의 다양한 프로토타입

- 프로토타이핑을 통해서 가능성을 검증하고 문제해결의 자질을 유지하고 조급한 해결방안을 피하면서도 여러 가지 해결방안 즉 솔루션을 추구하는 것이 가능하다.

프로토타입의 궁극적인 목적은 "실패를 하기 위한 것"이다. 왜냐하면 실패야말로 우리가 학습을 하거나 문제해결을 할 수 있는 유일한 방법이기 때문이다. 실패를 두려워해서는 절대 해결책을 찾을 수 없다. 아기가 탄생해서 걸음마를 배우는 것, 말을 배우는 것 그리고 유치원 및 초등학교에서 학습을 하는 것 등 사회화 과정은 모두 실패를 통한 학습에서 이루어진다.

프로토타입을 만들기 위해서는 먼저 테스트하고 싶은 것이 무엇인지를 잘 파악해야 한다. 테스트를 할 때 프로토타입은 특정한 질문인 문제정의문, 즉 "착안점"의 솔루션이 되는지 여부를 살펴보아야 한다. 나아가 고객이 프로토타입에 대해서 어떻게 반응하는 가를 주의 깊게 살펴봄으로써 추가적인 단서도 알아낼 수 있다.

프로토타입과 관련하여 레릭(Lewrick) 등은 1) 사랑하라(Love it), 2) 변화시켜라(Change it), 3) 떠나라(Leave it)와 같이 사랑하되 언제나 목적을 달성한 후에는 떠날 수 있음을 강조하고 있다(Lewrick 등, 2018)

7.3 프로토타입의 형태

프로토타입은 반드시 어떤 시제품을 만드는 것만을 의미하는 것은 아니다. 프로토타입의 유형에는 여러 가지가 있고, 이를 만들기 위한 재료로는 어떤 것을 사용해도 무방하다. 이와 관련된 몇 가지 특성을 요약하면 다음과 같다.

1. 시제품을 볼 수 있고, 만질 수 있는 물리적 형태로 나타내면 2차원 아이디어가 3차원으로 살아나게 해준다. 투박한 재료를 사용하면 신속하고 완성도 낮은 프로토타입을 만들 수 있다. 그리고 이는 곧 수정, 보완이 가능하기 때문에 다음 단계로 쉽게 연결시킬 수 있다.
2. 스토리 보드, 일련의 이미지, 나아가 냅킨 스케치 등을 통해 전체적인 사용자 경험을 상상해 볼 수 있다. 특히 영화 산업에서는 프로토타입으로 스토리보드를 활용하고 있다.
3. 역할극을 할 수 있다. 팀원들이 고객의 역할을 맡아서 실제 체험을 해 보면서, 제품 또는 서비스 디자인에 대한 감성적 경험을 해 볼 수 있다. 즉 물리적 실체가 없는 경험조차도 프로토타입으로 표현할 수 있다.

4. 다이어그램 맵핑(Diagram mapping)은 공간, 프로세스 나아가 구조를 표현할 수 있는 좋은 방법이다. 아이디어들이 서로 어떻게 연관되는지 또 시간이 지남에 따라 경험이 어떻게 변하는지 등을 고려할 수 있다.

다음에는 얻기 쉬운 주변의 종이류를 사용하여 제작하는 페이퍼 프로토타입 외의 다른 프로토타입의 종류들을 살펴보자(d.school Bootcamp Bootleg 참고).

모델(Model)

자신의 생각을 간단히 3차원으로 표현하여 만든다. 이것은 팀 멤버들이 함께 제작하여 실제 크기로 만들 수 있다.

디지털 목업(Digital Mockup)

디지털 도구들은 종이 위에 스크린 스케치를 통해서 표현할 수 있다. 디지털 기기가 상호작용하는 상황을 표현하기 위해 휴대폰이나 컴퓨터 등의 스크린 위에 테이프로 붙여 표현할 수도 있다.

역할극(Role Play)

자신의 아이디어와 관련된 경험을 토대로 역할극을 수행할 수 있다. 이 상황에서 사람들이 하는 역할을 보고 질문을 하도록 한다. 간단한 소품, 유니폼, 사용자, 스토리 등을 만들어서 역할극을 해보는 것도 좋은 방법이다.

광고(Advertisement)

아이디어를 촉진할 수 있도록 프로그램, 서비스, 제품을 광고 모형으로 만드는 것도 하나의 방법이다. 우리가 제공하는 것을 고객이 실제로 인지하는 방법과 이들에게 가치를 전달하는 방식에 대해 생각해 볼 수 있다.

페이퍼 프로토타입(Paper Protoype)

페이퍼를 이용하여 더 빠르게 만들 수 있다. 스케치는 실물 제작과 프로그래밍보다 쉽다. 이것은 디자인 과정에서 보다 쉽게 변경이 가능하다. 비용이 덜 들며 필요시 버릴 수 있다. 디자이너가 상세한 세부사항보다는 큰 그림에 집중하게 한다. 누구라도 쉽게 할 수 있는 방법이다. 좋은 페이퍼 프로토타입을 만들기 위해서는 실물보다 크게 표시하고, 단색으로 처리하며, 미묘한 시각적 피드백은 언어표현으로 대체한다. 핸드 스케치와 실제 이미지 사용해서 폴더 · 봉투 등 사용하는 조각 정보를 보관 하는 것이 필요하다.

공간 개조(Revamped Space)

프로토타입은 공간 디자인에 관한 것일 수 있다. 즉 기존 공간에서 창의적인 장면을 연출해낼 수 있다. 기존 가구와 책상을 자유롭게 이동시켜 다양하게 발상하고 이를 실제 실행해 본다. 이때 필요한 재료들은 주변에서 찾아서 활용한다.

오즈의 마법사

오즈의 마법사 프로토타입은 고객이 원하는 기능성이 무엇인지를 파악하려고 할 때 사용된다. 이 방법을 활용하여 테스팅을 하면 실제로 기능성을 구현할 때 자원과 시간을 절약할 수 있다.

오즈의 마법사에 나오는 "파워를 속이는 커튼 뒤의 남자"처럼, 디자인팀은 테스트하고자 하는 특징들을 속일 수 있다. 사실 사람이 통제하지만, 고객이 느끼기에 컴퓨터가 대답하는 것으로 생각하도록 만드는 디지털 시스템의 프로토타입이 사용 가능하다.

오즈의 마법사 프로토타입을 만드는 것은 무엇을 테스트하고 탐색할지 결정하는 것으로부터 시작한다. 이 방법은 종종 디지털 인터페이스를 코딩하는 것과 같이 개인이 창조하기에 엄청난 노력이 필요한 것을 테스트하고자 할때도 활용할 수 있다. 우선 고객인 사용자에게 그들의 시선에서 진짜 경험을 체험하게 할 필요가 있는 기능성을 어떻게 속일지를 준비해야 한다.

경우에 따라서는 트위터, 이메일 시스템, 스카이프 등 IT 툴들은 활용하는 것이 효과적이다. 이때 디자인씽커는 상기한 여러 가지 테크놀로지 도구들을 커튼 뒤에서 결합해서 현실과 같은 프로토타입을 만들 수 있다. 예를 들어 진짜 기계를 이용하여 만드는 대신에 선택한 상품들을 전해주는 숨어있는 사람을 활용하면 자동판매기 프로토타입을 만들 수 있다.

자동판매기의 매출을 높이기 위해 새로운 시장에 내놓을 디자인의 자판기를 만들어 시판해서 실패한다면 비용이 엄청나게 많이 든다. 새 자판기를 개발할 때 고객이 동전이나 지폐를 투입하는 경우, 그리고 원하는 물품을 선택하는 경우, 물품이 나오는 과정 등을 뒤에 숨어 있는 사람이 기계 역할을 스스로 해본다. 이는 완성된 자판기를 제작하기 전 고객의 반응을 테스트하는 훌륭한 프로토타이핑이다. 이런 프로토타입으로 개선할 점을 찾아 낸다면 시간 · 비용 · 자원 면에서 엄청나게 큰 이득이다. 추가적인 프로토타입 제작과 관련된 내용은 3.5절의 디자인씽킹(Lewrick 등, 2018)을 참조하길 바란다.

참고로 스위스 St, Gallen 대학교에서 사용하는 프로토타입 순서는 다음과 같다.*

1. 디자인 공간 탐색(양이 중요함)
2. 중요 기능 프로토타입(Critical function prototype)
3. 다크 홀스 프로토타입(Dark Horse Prototype)
4. 펑키 프로토타입(Funky prototype)
5. 기능 프로토타입(Functional prototype)
6. “X는 완료했다”프로토타입(X-is finished prototype)
7. 최종 프로토타입

*Design Thinking 발표 자료, Design, Thinking, University of st, Gallen, DMSG.com

7.4

어떻게 프로토타입을 만드는가?

프로토타입을 제작할 자료 및 도구를 준비

아이디어를 즉시 구현하기 위해서는 주변에서 쉽게 구할 수 있는 자료가 프로토타입용으로는 적당하다. 실제 우리 주변에는 사용하고 나서 버린 라면 박스나 과일 상자, 오래된 신문, 스티로폼 보드, 스티로폼 봉 등 비용을 전혀 들이지 않고도 프로토타입에 활용할 자원은 너무나 많다. 쉽게 구할 수 있는 주변의 자원을 활용하여 손으로 직접 만드는 것 외에도 인터넷 이미지, 공간 활용, 포스트 잇, 역할극, 인터페이스, 화이트보드, 칠판 위에 하는 스토리텔링, 나아가 시각적인 방법 등등을 프로토타입 제작에 사용될 수 있다. 그림 7.5은 말레이시아 제노바시 대학(Genovasi School of Design Thinking)에서 사용하는 재료 보관 시설을 보여준다.

만들어야 할 프로토타입이 아직 분명하지 않은 경우에는 종이나 포장용 박스 그리고 저렴한 테이프 등을 이용해서 쉽게 작업을 시작할 수 있다. 그 이유는 초기 프로토타입은 저렴한 비용으로 만들어서 실패하는 것이 목적이므로, 비용을 많이 투입하는 것은 절대 금물이기 때문이다.

한 개의 프로토타입에 너무 긴 시간을 할애하지 않는 것도 중요하다. 그 이유는 너무 공을 많이 들이고 시간을 투입해서 만드는 프로토타입에는 누구나

그림 7.5 말레이시아 Genovasi School of Design Thinking의 재료 보관 함

애정과 애착을 가지기 때문에 이에 대한 개선이나 수정 피드백이 나오면 이를 수용하는 대신 방어하고자 하는 것이 심리적 메카니즘이기 때문이다. 따라서 한 프로토타입에 애착을 가지기 전에 다음으로 옮겨가야 한다.

프로토타입의 기본 모토는 "실험하면서 배운다."이다. 즉 프로토타입을 만드는 이유는 행하면서 배우는 학습 효과 때문이다. 실패 중에서도 가장 좋은 실패는 신속하고, 값싸고, 조기에 경험하는 실패이다. 최소한의 노력을 들여서 실험을 하고 피드백을 얻을 수 있는 모형을 만드는 것이 중요하다.

고객으로부터 피드백을 받아서 개선된 프로토타입을 만들게 되면 그 다음으로는 기능 중심 프로토타입(functional prototype)이나 고정밀도(high fidelity) 프로토타입을 3차원 CAD와 3D 프린터, 목업 그리고 알파 프로토타입(alpha-prototype) 등 보다 정교하게(쾌속조형: Rapid Prototype) 만들게 된다. 다음 그림 7.6는 저정밀도 프로토타입으로부터 개선된 정교한 프로토타입을 보여준다. 이때는 시간과 비용이 들어가기 때문에 자주 실패해서는 곤란하다.

프로토타입을 만드는 워크숍의 진행 순서를 보면 그 순서를 유추할 수 있다. 첫째, 어떤 기능이 가장 중요한가 숙고한다. 둘째, 어떤 대안을 만들지 생각한다. 셋째, 하나 혹은 몇 개의 프로토타입을 제작한다. 넷째, 피드백을 서로 다른 그룹으로부터 받는다. 다섯째, 피드백에 따라 프로토타입을 수정한다. 빠트

그림 7.6 자율주행전기자동차 3차원 CAD모델 및 최종제품

려서는 안되는 특징과 해에 대해 집중해야한다. 여섯째, 사용자에게 프로토타입에 대해 테스트한다. 테스트를 할 때는 2인 1조로 질문하고 관찰, 기록하는 역할을 서로 분담해서 수행한다. 일곱째, 피드백에 따라 프로토타입을 개선한다.

고객의 시선에서 생각해 본다

고객이 무엇을 테스트하고 싶어하는가? 고객은 어떤 행동을 기대하고 있는가? 이 같은 질문에 답하기 위해서 프로토타입을 만든다. 또 프로토타입을 통해서 테스트 단계에서 유익하고 의미있는 피드백을 얻는다.

사용자 중심(user-driven) 프로토타입은, 고객이 어떻게 생각하는 가를 파악하기 위해서 고객 스스로 만들어 보도록 하는 것이다. 예를 들어 만약 고객들이 스스로 티셔츠를 제작하는 웹 사이트를 만들었다고 하자. 초기단계에는 고객이 좋아하는 스타일과 단추를 디자인한 프로토타입이 웹사이트의 목업(mock up)이 될 수 있을 것이다.

또 사용자 중심의 프로토타입은 사용자에게 아무 것도 없는 백지를 주고, 고객 스스로가 티셔츠의 모양이 어떠해야 할지 그리도록 하는 것이 될 수 있다. 우리는 고객에게 웹사이트 레이아웃을 박스나 종이 같은 것으로 보여주고 여기에 컨텐츠를 창조해 내도록 요청함으로써 프로토타입을 만드는 발판을 마련해 줄 수 있다.

프로젝트의 진행 상황에 따라 고객 스스로가 주체가 되어 프로토타입을 만든다는 느낌을 가지도록 하는 것이 중요하다. 이렇게 할 때 디자인씽커는 편견없이 고객으로부터 배우는 개방적 자세를 가져야 한다. 다음 표 7.1에 사용자 중심 프로토타입의 예시를 제시한다.

프로토타입은 실물 크기로 만드는 것이 좋다. 이를 가장 잘 활용하는 회사는 전 세계 10만개가 넘는 체인점을 보유하고 있는, 레이 크록(Ray Kroc)이 창업한 패스트푸드식당 McDonald's이다. 미국 시카고 근교에 있는 맥도날드 대

표 7.1 사용자 중심 프로토타입 예시

사용자 중심 프로토타입 예시		비고
고객인 사용자들에게 무엇인가를 그리도록 요청함	"병원 의사에게 가는 것에 대해 어떻게 생각하는지를 그려보세요."	이때 백지에 그림으로 그리게 할 수 있다.
	"종이와 테이프를 이용하여 기저귀용 가방과 아기용품을 만들어 보세요."	이때 간단하고 값싼 재료를 사용한다.
	"이 잡지들로부터 이상적인 쇼핑 경험을 나타내는 그림들을 선택하여 잘라 보세요."	이 경우는 잡지의 새로운 편집에 대한 프로토타입에 해당된다.

학에서는 매년 10만 명이 넘는 직원들과 프랜차이즈 관계자들이 와서 다양한 교육을 받는다. 이 회사가 특히 잘 하는 것이 바로 프로토타이핑으로 실제와 똑같은 매장과 레스토랑을 만들고, 실제 매장에서 판매하는 메뉴를 그대로 조리한다. 또 매장에서 제공하는 서비스를 교육생들에게 제공한다. 이 같은 방법이 바로 목업(Mock up)의 대표적 사례이다.

프로토타입 사례: 병원 실물크기 mockup*

배경:
네모어 아동병원(Nemour Children's Hospital) 아동 환자 서비스 개선

공감도구:
아이들이 선호하는 환경 – 박물관, 학교, 장난감 상점, 동물원 등
환자, 부모, 가족, 의사, 간호사, 직원, 외래의사 등과 인터뷰 수행.

통찰: 병원에 방문하는 환자, 부모, 가족이 병원에 처음오거나 또는 단골 환자로 빈번히 오거나 관계없이 병원은 똑같이 취급함

이해관계자: 어린이, 부모 및 친척 모두에 초점을 맞춤

실물크기의 폼코어 프로토타입 제작: 접수처, 대기라운지, 검사실

- 결과는 환자, 가족 및 병원 관계자 모두에게 만족스러웠음
- 병원은 어린이 환자만이 아니라 그들의 부모 및 가족 모두에게 초점을 맞춤

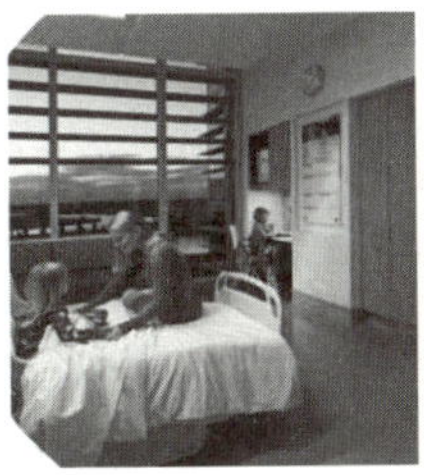

*A Human-Centered Children's Hospital, IDEO U cas study, 2018. 5 및 Nemours Hospital Hompage https://www.nemours.org/locations/orlando-nemours-childrens-hospital.html

7.5

프로토타입에서 테스트로 이동

프로토타입에서 테스트로 진행하는 것은 마치 2인용 자전거를 타는 것과 같다. 이때 테스트하고 싶은 내용과 어느 정도를 테스트할 것인가에 대해서 프로토타입을 만들기 전에 반드시 생각해야 한다.

프로토타입과 테스트는 동시에 실시할 수도 있다. 그러나 보통의 경우는 프로토타입과 테스트를 분리하여 진행한다. 분리해서 진행하는 경우는 테스트 시나리오를 계획하고 이를 실행하기 위해서 프로토타입을 만든 후 그 다음에 테스트를 실시한다.

고객과 대화하는 과정이 프로토타이프의 목적이다. 이때 단순히 프로토타입을 제시하는 것으로 끝나는 것이 아니라 테스트 과정을 통해 피드백을 받아 솔루션의 적합도를 향상하고 또 개선시켜야 한다. 이때는 프로토타입을 고객에게 보여주고 이에 대한 피드백을 얻는다. 즉, 테스트를 통해 고객으로부터 배우고, 문제정의(착안점: POV)을 재구성하면 보다 정밀하게 프로토타입을 제작할 수 있다.

진척된 의견을 수집하려면 다음과 같은 질문들을 해보는 것이 유용하다.

1. “이 아이디어는 당신의 관심을 끕니까?”
2. “그렇다면 왜 그렇습니까?”
3. “이 프로토타입에서 당신을 가장 흥분시키는 것이 무엇인지 설명할 수 있습니까?”
4. “당신은 이 아이디어에 대해 개선할 필요성이 있다고 보십니까?”
5. “이 아이디어에 대해 무엇이 마음에 안 듭니까?”

8

테스트(Test): 제5단계

Design Thinking

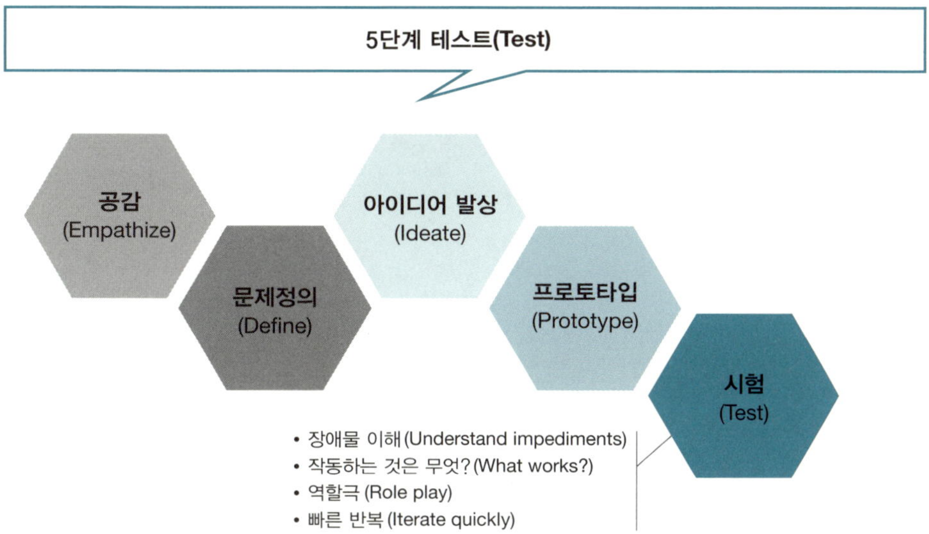

출처 : https//dschool.Stanford.edu

"테스트는 자신이 만든 해결책과 고객에 대해서 학습하는 기회이다."

Design Thinking

8.1

테스트란 무엇인가?

테스트는 고객이 가진 니즈와 문제를 디자인씽킹 프로세스를 통해서 찾아낸 문제해결 방안, 즉 솔루션에 고객이 만족하는가를 점검하는 마지막 절차이다. 만일 제시된 솔루션이 마음에 들지 않으면 고객은 등을 돌릴 것이다. 이 경우 우리는 반복(Iterate)을 통해서 지금까지 해 온 디자인씽킹 절차를 필요한 단계를 찾아서 다시 밟아야 한다.

테스트 단계란 프로토타입에 대해서 고객에게 피드백을 요청하고, 고객과의 공감을 높이기 위한 단계이다. 프로토타입은 가능하면 고객이 손으로 만지게 하고 또 실제 사용해 보도록 한다. 이때 고객이 손에 쥔 프로토타입에 대해 보이는 반응에 눈과 귀를 기울인다. 또한 고객에게 어떻게 경험했고 느끼는지에 대하여 말하도록 요청한다. 이때 고객이 관심을 가지는 것과 가치를 느끼는 것이 무엇인지를 찾아내야한다. 또한 작동하지 않는 것은 무엇인지 검토하면서, 새로운 질문을 제기하면서 아이디어 탐색을 반복해야 한다.

테스트는 고객을 이해하는 기회이다. 그러나 테스트 단계에서 하는 고객 이해는 제1단계에서 실시하는 공감과는 다르다. 왜냐하면 이것은 문제가 명확하게 정의되고, 검증을 위한 프로토타입이 만들어진 다음에 이루어지기 때문이다. 따라서 테스트에서 고객이 만족스러워하지 않는다면, 디자인씽킹 프로세스

중 앞의 단계로 되돌아 갈 수 있다. 예컨대 문제정의는 바로 되었지만, 아이디어 발상인 창조단계가 부족하다면 이 단계로 되돌아가서 다시 시작할 수 있다.

테스트 단계에서는 고객과의 상호작용에 초점을 맞추기 때문에 고객이 해결책을 좋아하는지 여부를 알아보는 <검증>작업도 여기에 포함된다. 나아가 <왜>라는 질문을 함으로써 계속적인 탐구를 실시한다. 이처럼 우리가 제시하는 잠재적 해결책이 고객에게 어떻게 받아들여지는 지를 파악하는 것과 동시에, 고객과 문제에 대해서 추가적으로 학습하는 것이 테스트실시에서 초점을 맞추어야 한다.

테스트가 얼마나 중요하가를 보여주는 사례로 독일 포츠담대학의 HPI 디자인씽킹 연구소의 워크숍 장면을 사례로 들 수 있다. 이 연구소는 사람들이 붐비는 기차역에 교육장을 빌려서 워크숍을 실시한다. 즉 큰 통유리창을 통해서 실내교육장에서 이루어지는 디자인씽킹 교육 및 실습과 각각의 활동장면을 지나가는 사람들이 자유롭게 관찰할 수 있도록 디자인하였다. 또 프로토타이프를 만들어서 이것을 가지고 바로 왕래하는 고객을 대상으로 테스트하는 것이 가능한 이곳은, 기차역의 대형 쇼핑몰과 연결되어 있다. 남녀노소, 다양한 인종, 그리고 성별에 관계없이 테스트를 통해 풍부한 피드백을 받는 것이 가능하다. 고객과의 테스트는 포커스 그룹, 매니아 사용자를 대상으로 한 베타 테스트, 고객과의 만찬, 사전 공개행사, 설문조사, 인터넷 분석 등을 통해서도 실시할 수 있다.

8.2

테스트는 왜 하는가?

고객 즉 사용자를 대상으로 한 테스트 실시는 인간중심 디자인씽킹의 핵심이다. 사용자를 대상으로 테스트를 하면 고객을 깊이 있게 이해하고 파악할 수 있는데 그 이유는 해결책에 대한 고객의 반응을 확인하고 피드백을 받을 수 있기 때문이다.

디자인씽킹에서 테스트를 하는 것은 지금까지 밟아온 각 단계가 과연 문제를 가진 당사자인 고객의 니즈를 충족시켰는지 여부를 파악하기 위함이다.

토마스 에디슨은 테스트를 수도 없이 실시한 사람으로 잘 알려져 있다. 그는 테스트를 통해서 하는 실패야 말로 다음 단계 성공을 향해 갈 수 있는 지름길이라고 항상 긍정적으로 생각하였던 것이다.

테스트를 통해 기대할 수 있는 효과를 요약하면 다음과 같다.

- 프로토타입과 문제해결 방안인 최종 솔루션을 개선하기 위해서 하는 테스트는 고객이 지적하는 부족한 사항을 반영한다. 이를 통해서 프로토타입을 수정 및 개선하는데 필요한 정보와 아이디어를 얻을 수 있다. 이때 아직 미흡한 문제해결 방안을 좀 더 고객의 니즈에 부합시키기 위해서 전 단계로 되돌아가서 다시 다루는 반복(iterate)을 할 수 있다.

- 테스트는 고객에 대해서 배울 수 있는 또 하나의 기회이다. 물론 공감단계에서 관찰과 질문을 통해서 니즈를 파악했지만, 테스트 단계에서는 좀 더 심층적인 고객에 대한 이해를 할 수 있다. 이때 종종 처음에 전혀 기대하지 못하고 또 예기치 못한 다른 통찰을 포착할 수 있다.
- 테스트는 착안점을 바로 잡을 수 있는 아이디어를 제공하고, 잘못 포착한 해결책뿐만 아니라 나아가 가장 중요한 문제 설정 자체가 잘못되었는지 그 여부에 대해서도 밝혀준다.

사용자들을 대상으로 테스트할 때 주의하여야 할 요소들이 몇 가지 있다. 아래에 제시한 주의 사항은 의미 있는 피드백을 받는 기회로 프로토타입을 활용하는 방안인 테스트를 할 때 참고할 포인트이다.

1. 어떤 프로토타입을 가지고 테스트할 것인지에 대한 결정
2. 테스트하고자 하는 맥락과 시나리오
3. 테스팅하는 과정에서 사용자와 상호작용하는 방법
4. 테스트를 통해 사용자에 대한 관찰 및 피드백을 어떻게 진행할 것인지에 대한 결정

8.3

테스트 과정

고객을 대상으로 실시하는 테스트는 무엇보다 고객이 살고 있는 곳이나 실제 상황과 같은 환경에서 실시해야 의미 있는 피드백을 받을 수 있다. 만일 프로토타입의 테스트를 실제 상황에서 행하지 않는 경우에는 고객의 역할을 테스트와 분리하여 현지 상황에 입각해서 프로토타입을 테스트한다. 테스트 단계에서는 우리가 한 아이디어 발상, 프로토타입 등이 고객의 기대와 다를 수도 있다는 것을 유념하면서, 해결책을 재정의하거나 개선하기 위한 기회로 활용할 수 있다.

고객의 입장에서 일상 생활과 관계되는 것을 말해 달라고 부탁한다. 이때 구체적인 물건이 있으면 이를 제시하도록 하는 것이 바람직하다. 예컨대 우리가 고객의 집이나 사무실에서 테스트를 실시한다면, 자신의 경험과 관계되는 것을 사진, 기념품, 장식물 등 가지고 있는 구체적인 물건과 연계하여 설명하도록 요청할 수 있다.

테스트를 진행할 때 공감과정에 참여한 팀을 활용하는 것이 바람직하다. 즉 공감과정에서 관찰 및 인터뷰를 실시해 온 팀이 테스트까지 진행하는 것이 효과적이다.

테스트를 할 때 고객이 문제정의에서부터 프로토타입 상황으로 옮겨 가도록 도와주어야 한다. 특히 고객에게 "너무 지나치게 자세히 설명을 하지 않는 것"이 중요하다. 왜냐하면 고객이 프로토타입을 스스로 경험해 보고 느껴 보는 것이 필수적이기 때문이다. 이를 위해 디자인 팀은 기본적인 맥락을 제공하고 질문을 이끌어 가는 역할을 해야 한다.

디자인씽킹 팀원 모두가 테스트를 통해 프로토타입을 경험하는 고객의 과정을 함께 지켜보는 것이 중요하다. 그러나 팀원 모두가 참가하여 관찰할 수 없는 상황이라면 비디오로 녹화해서 추후에 보는 것도 좋은 방법이다.

고객을 대상으로 실시하는 테스트 진행 과정을 간략하게 살펴보자.

1. 사용자들에게 프로토타입을 경험하도록 한다. "말하지 말고, 보여준다." 프로토타입을 사용자가 직접 만질 수 있도록 비치한다. 이때는 단지 최소한의 맥락만 제공함으로써 그들이 무엇을 할 것인지를 스스로 이해하도록 한다. 특히 유념할 점은 디자인씽킹 팀의 생각을 설명하거나 프로토타입을 만든 이유에 대해서는 알려 주지 않는다.
2. 사용자들이 자신의 경험에 대해 서로 대화 하도록 유도한다. 이때 "이것을 했을 때 무엇을 생각했는지를 말씀해주세요."라는 식으로 요청하는 것이 적절한 접근법이다.
3. 주의 깊게 관찰한다. 사용자가 제공된 프로토타입을 어떻게 사용하는지 또 어느 정도 사용하는지 등을 관찰한다. 이때 사용자에게 그 행동이 옳은지 여부에 대해서는 즉각적으로 말해주지 않는다.
4. 질문을 한다. 이것은 테스트에서 가장 가치 있는 부분으로 "왜 이 작업이 당신에게 적합한지 보여주세요." 또는 "이것이 어떤 느낌을 주는지 설명해 줄 수 있나요?" "왜 그렇게 생각합니까?" "음, 그 버튼들이 어떤 역할을 한다고 생각하세요?" 등과 같이 질문을 제기할 수 있다.

8.4

테스트를 통한 피드백 받기(Gather Feedback)

피드백의 목적 및 진행 프로세스

문제에 대한 최종 해결책인 솔루션을 프로토타입으로 제시하면 그 다음에는 고객들로부터 피드백을 받게 된다. 이때 유의할 점은 피드백을 받기 전에 아이디어를 완벽하게 만들기 위해서 너무 많은 시간을 투자하는 것은 바람직하지 않다는 점이다. 피드백에 고객들을 참여시키는 것은 솔루션을 수정하는 것이 목적이지 완벽하다는 것을 증명하기 위한 것은 아니기 때문이다.

프로토타입에 대한 피드백이 부정적이어도 솔직한 피드백을 받는 것이 중요하다. 왜냐하면 이를 통해 고객에게 바람직하지 않은 솔루션에 너무 많은 시간과 에너지를 투자 하기 전에 빨리 그 문제점을 파악하여 개선점을 도출해내야 하기 때문이다. 다음을 참고하면 문제해결책인 솔루션을 발표하는 데 도움이 될 수 있다.

1. 아이디어를 판매하려고 해서는 안 된다. 솔루션의 장점과 단점을 공히 설명하면서 중립성을 유지한다.

2. 피드백을 받는 집단은 그 인원 및 크기를 다양하게 하는 것이 좋다. 처음에는 비교적 많은 숫자의 그룹(10~15명)을 대상으로 솔루션을 발표한다. 그 후 깊이 있는 피드백을 받기 위해서 솔루션 하나 당 한 그룹의 소집단으로 분리하여 피드백을 받는다.
3. 솔루션의 어떤 면이 핵심 아이디어 집중을 방해하면 이 부분을 제거하거나 변경해서 발표해도 좋다.
4. 참가자들에게 아이디어를 발전시켜 달라고 요청한다. "당신이 보는 좀 더 나은 방안은 무엇이라고 생각합니까?"라는 식의 질문을 하면서 아이디어 개선이나 추가적인 평가 및 비판을 요청한다.

솔직한 피드백을 받을 수 있는 좋은 방법은 고객들에게 테스트 대상 몇 가지를 실제로 실행해 보도록 하는 것이다. 그 이유는 만약 고객들에게 한 가지 컨셉만 주면 그들은 피드백을 평가로 보고 꺼려할 수도 있기 때문이다. 그래서 여러 가지 솔루션을 비교 및 대조할 수 있도록 하면 좀 더 솔직한 피드백을 받을 수 있다.

디자인 팀은 인터뷰한 대상뿐만 아니라 다른 장소의 새로운 고객들을 대상으로 피드백을 요청하는 것이 범용적인 솔루션을 찾는데는 좋은 방법이다. 또한 새로운 고객들과 이전에 스토리를 공유했던 사람들을 함께 자리하여 피드백을 요청하는 방법도 있다. 이때는 컨셉과 관련된 모든 이해 관계자들을 포함시킨다. 즉 최종 사용자뿐만 아니라, 제조 및 설비 관련자, 서비스 및 유통업자 등도 피드백 집단에 포함시킬 수 있다.

피드백 세션을 준비할 때 각각의 프로토타입에 대한 적합성 여부 등을 포함하고, 피드백을 받고 싶은 3~4개의 질문을 준비한다. 고객들이 프로토타입에 대해 긍정적으로 생각하는지 또는 부정적으로 생각하는지 등을 포함하는 피드백 외에도 솔루션에 대해서도 질문을 준비하고 이를 기록한다. 피드백 진행과정은 다음 표 8.1과 같이 정리될 수 있다.

표 8.1 피드백 진행 프로세스

단계	내용
1 단계	팀원들은 솔루션을 피드백 참가자들에게 어떻게 발표할 것인지를 준비한다. 참가자들에게는 솔루션에 대한 구체적인 정보를 제공할 필요는 없다.
2 단계	각 팀은 팀원들을 대상으로 솔루션 발표 연습을 해야한다. 왜냐하면 팀원들이 간단명료하게 발표하고 또 조사단계에서 발견된 문제에 대해서도 적절한 답을 제시할 수 있어야 하기 때문이다.
3 단계	피드백 세션에서 일관성 있게 발표할 수 있도록 솔루션을 표준화 하도록 팀원에게 요청한다. 이어서 제기될 주요 질문에 대해서도 사전준비를 한다.
4 단계	고객 그룹에게는 부정적일지라도 솔직한 피드백을 해달라고 요청한다. 이때 디자인씽킹 팀이 프로토타입을 만드는 데 충분한 시간을 투입하지 못했다고 설명하고 솔직한 피드백에 대한 필요성을 설명한다.

피드백으로서 스토리텔링

의사소통을 하는 방법으로 스토리텔링을 하는 이유는 무엇인가? 스토리는 우리 인류가 오래 전부터 사용해 온 역사가 긴 테크놀로지이다. 문자가 나오기 이전부터 구전으로 전해 온 수 많은 스토리가 지구상 각각의 문화에 깊이 배어 있다. 스토리는 다른 어떤 정보나 지식보다 사람들의 대뇌에 오랫동안 저장되고 기억으로 되살릴 수 있다.

인류는 문자를 사용하기 이전부터 스토리텔링을 통해서 정보를 전달 및 전승해 왔다. 오랜 역사를 가진 스토리는 사람들 사이에 아이디어들을 상호 연결시켜주는 좋은 방법이다. 스토리는 전달하고자 하는 의미를 놀라울 만큼 단순화시키고 극적인 반전도 활용하면서 인지적 의미뿐만 아니라 깊은 감성과 감정을 동시에 전달하는 역할을 한다. 재미를 깃들여 표현하는 적절한 내용을 공유하면서 초점이 잘 맞는 흥미있는 스토리는 사람들의 감성과 지성에 큰 영향을 미친다.

스토리 디자인

스토리를 활용하여 감성적 내용을 전달하려면 전달하고자 하는 캐릭터를 한 문장으로, 감성적 느낌은 2-3개의 단어로 변환시키는 것이 필요하다. 또한 스토리는 전달하고자 하는 내용의 본질을 묘사할 수 있어야 한다. 다음에 스토리텔링에 포함되는 주요 포인트를 살펴보자.

1) 사실에 입각한 스토리

스토리는 자기 자신의 진솔한 면을 포함시키면 큰 공명(共鳴)을 불러일으킬 수 있다. 즉 정직하고 솔직한 표현이 잘 포장된 것보다 더 크고 깊은 울림을 전한다.

2) 인물 중심의 스토리

스토리에 등장하는 인물들이 사람들의 니즈를 표현하면 청중으로부터 공감과 흥미를 불러일으킬 수 있다. 친숙한 등장인물이나 잘 아는 동물들을 스토리텔링에서 흔히 보는 이유가 여기에 해당된다.

3) 극적인 행동

스토리를 구성하는 3가지 요소는 행동, 갈등, 그리고 변화이다. 이러한 3가지 구성요소를 스토리는 모두 갖추고 있어야 한다.

- 행동: 그 인물이 시도하고자 하는 것은 무엇인가? 이를 통해서 달성하고자 하는 목적은 무엇인가?
- 갈등: 그 인물이 한 행동은 어떻게 주변과 갈등을 일으키는가? 어떤 행동들이 더 큰 임팩트를 주는가?
- 변화: 무엇이 가장 큰 통찰인가? 어떻게 갈등을 해결하여 반전하는가?

스토리텔링에서 유념할 것은 "모든 행동은 감정을 뒤에 숨기고 있다."는 사실이다. 그리고 사람들은 자기 성격에 대해서도 이런 전략을 사용한다.

디자인씽킹 과정을 진행하는 동안 스토리텔링을 도입하면 공감지도를 만들거나 대상이 되는 고객을 이해하는데 큰 도움을 받는다. 스토리텔링은 상호 모순이나 충돌 등도 허용한다. 또 이를 통하면 니즈파악 뿐만 하니라 문제해결 솔루션을 위한 통찰력을 얻는 것도 용이하다.

디자인씽킹을 통한 문제해결 영역 피라미드 분석 (Pyramid of Deign Thinking Practice)

스윈번(Swinburne) 대학의 루소(Russo)는 디자인씽킹을 실무에 적용할 때 개인, 팀, 조직 그리고 사회 및 환경 등과 관계되는 영역으로 확대된다고 정리하였다. 그는 인본주의 심리학자 매슬로(Maslow)의 "욕구계층이론"을 활용하여 Y축에 복잡성의 정도 및 디자인씽킹 대상을 구분하였다. 즉 그 대상이 사물인지, 서비스인지 아니면 조직 즉 시스템인지를 분류하였다.

1) 제1수준 영역: 이는 주로 제품개발 내지는 상품개발 등과 같이 우리가 아는 일반적인 디자인과 연계된다. 즉 눈에 보이고 만져지는 통상적 사물 등이 그 대상이다. 여기에는 인테리어 디자인, 상품 디자인, 패션, 보석, 그래픽, 디지털 미디어 등에 관계되는 대상이 포함된다.

2) 제2수준 영역: 제품 및 경험이 주요 대상이다. 엔지니어링, 인터액션 디자인, 사람-컴퓨터 상호작용(HCI), 사용자 경험, 문화인류학적 디자인 등이 있다

3) 제3수준 영역: 조직의 제도 즉 시스템이나 행동과 관련된 것들이 주요 대상이다. 도시계획, 건축, 서비스 디자인, 문화 관련 디자인 나아가서 도시재생 등도 이 수준에 해당된다.

4) 제4수준 영역: 대규모 조직(Large Scale System)이 대상이 된다. 정부 및 지자체의 정책, 제도 디자인, 인프라(기반 구조, infrastructure), 공공보건, 환경 등이 해당된다.

9

조직 개발(OD) 디자인씽킹 적용하기

Design Thinking

디자인씽킹은 얼핏 보기에는 간단하고 쉬워 보인다. 왜냐하면 모델 자체가 5단계(스텐포드대학 모델)나 6단계(포츠담대학 모델) 혹은 4단계(기타 모델)로 구성되어 있기 때문이다. 그런데 디자인씽킹 프로세스를 활용하여 실제 문제를 해결하려고 할 경우에는 상당한 어려움에 직면한다.

예를 들면 우선 제1단계 공감에서부터 벽에 부딪치기 마련이다. 즉 고객을 관찰하고, 고객과 소통해서 마침내 그 사람의 입장과 처지가 되어보는 역지사지(易地思之)를 해야만 고객이 가지고 있는 니즈를 발견할 수 있기 때문이다. 특히 공감에는 인지적 문제와 감성적 문제가 섞여 있기 때문에 니즈파인딩은 어려운 과정이 아닐 수 없다.

고객의 경험과 입장에 기초한 니즈파인딩이 중요한데, 우리는 오래된 학습 경험에 따라 "전문가"로서 문제를 정의하고 또 거기에 대한 솔루션을 내놓고는 고객으로 하여금 이를 받아들이도록 하는데 익숙해져 있다. 이 딜레마에 대해 좀 더 살펴보기 위해서 디자인씽킹을 전사적으로 활용하고 있을 뿐만 아니라 회사의 비즈니스와 연관하여 적극 활용하는 독일의 거인 IT 회사인 SAP의 경우를 살펴보자.

SAP 회장인 하소플라터너(Hasso Plattner)는 디자인씽킹을 지금까지 10여 년 째 지원해 오고 있다. 그는 스탠포드 대학에 거액을 기부하여 디스쿨 설립을 지원하였고, 독일에서는 포츠담대학에 HPI 연구소를 설립하도록 수억 유로를 기증한 당사자이다. 디자인씽킹 탄생 10주년을 기념하는 인터뷰에서 플라터너 회장은 자신이 이 프로젝트를 지원하게 된 계기를 밝힌 바 있다. 그는 독일 및 유럽에서 가장 큰 IT회사인 SAP에서 직원들의 점차 상실해가는 기업가 정신을 다시 찾고 글로벌리제이션을 가속화시키고자 디자인씽킹 프로젝트를 도입 및 지원한다고 밝혔다.

플라터너 회장은 디자인씽킹을 활성화함으로써 기대되는 성과를 다음과 같이 요약하였다. 첫째, 디자인씽킹은 조직개발이고 조직변화이다. 둘째, 디자인씽킹은 글로벌화로 가는 지름길이다. 그에 의하면 디자인씽킹이 조직에 도입되려면 조직의 CEO가 혁신하고자 하는 마인드를 가지지 않으면 불가능하다는 것이다. 그 이유는 디자인씽킹은 지금까지 조직들이 금과옥조처럼 고수해온 사고방식과 상당히 다른 접근법을 전제로 하기 때문이다. 즉 회사가 지금까지 해오던 성공모델에서 벗어나서 미래를 지향하고 준비해야 하기 때문이다. 또한 효율성 중심 패러다임에서 불확실성까지 수용하는 미래지향적 사고로 전향하는 것이 디자인씽킹이 확산될 수 있는 조직문화이기 때문이다.

그는 독일 기업을 예로 들면서 글로벌화의 필요성을 강조하였다. 즉 독일에서는 MAGA(마이크로소프트, 애플, 구글, 아마존)과 같은 혁신적 기업이 나타나지 않는 이유에 대해서 다음과 같이 설명하고 있다. 독일 기업인 SAP의 구성원들은 지역적 사고, 즉 로컬 마인드를 가지고 있기 때문에 사고영역을 제한받고 있다는 것이다. 그 대신 디자인씽킹을 기업이 도입한다면, 이는 기업이 비즈니스를 하는 지역에 따른 문화 차이라는 제약 없이 공통의 언어, 즉 커뮤니케이션 수단을 가지는 것이기 때문이다.

독일 회사 지멘스(Siemens)는 중국에서 하는 사업을 가장 중요한 미래 사업으로 보고 있다. 지멘스는 그간 2년여 검토한 끝에 디자인씽킹을 중국 전사업장에 도입 및 확산시키기로 결정하고 이를 확산시키고 있다. 그 이유의 하나는 독일인과 너무나 다른 중국인 직원들이 디자인씽킹 프로세스, 철학, 그리고 사고방식을 학습하여 동일한 커뮤니케이션 툴을 가지는 것이야말로 "지멘스 글로벌화"란 같은 배를 탄다는 것이다.

미국의 경우 디자인씽킹을 도입해서 비즈니스 자체를 엄청나게 긍정적으로 변화시킨 회사로 P&G를 들 수 있다. 생활용품에서 시작하여 종합화학회사로 성장한 이 회사는 신상품개발, 조직문화창출, 그리고 새로운 리더십의 개발이라는 비전을 성공적으로 실현하는 데 전사적으로 디자인씽킹을 활용하였다.

디자인씽킹을 산업체 실무문제에 적용하는 것은 쉽지 않다. 왜냐하면 디자인씽킹 프로세스를 그대로 적용하여 문제를 직접 해결할 수 있는 것은 매우 제한적이기 때문이다. 따라서 단순히 프로세스를 이해하는 것으로는 부족하며, 프로세스뿐만 아니라 마인드세트를 이해하고, 숙달하도록 반복하고 체화함으로써 문제해결 역량을 배양할 필요가 있기 때문이다.

개인이 이러한 역량을 가졌다 해도 조직에서 그대로 적용하여 효과를 내는 것은 또 다른 문제이다. 회사 내 리더십, 조직 관리, 조직심리, 행동경제학 등 다양한 요인이 디자인씽킹 역량을 배양하는 데 영향을 미치기 때문이다.

제품, 서비스개발, 조직혁신, 정책개발 등 다양한 조직문제에 대해 디자인씽킹을 활용하여 해결한 성공적 조직 개발에 대해 다루어보자.

9.1

디자인씽킹의 실무 적용

디자인씽킹은 인간중심 혁신방법이다

인간중심 혁신은 고객, 즉 사용자의 니즈를 찾아내는 것으로부터 시작한다. 버지니아 대학의 리드카(Liedtka) 교수는 "고객이 가지고는 있으나 분명하게 밝히지 못하는 잠재적 니즈를 찾아내서, 이를 해결해 주는 것이야 말로 기업의 입장에서는 경쟁력이다."(2014)라고 밝혔다. 이를 위해서 고객과의 친밀도가 선행되어야 한다. 즉 고객과 그들의 문제에 대한 깊은 지식 및 이들과의 친숙함이 니즈 발견에 도움을 준다.

세계에서 제일 작은 나라, 인구 15,000여명이 사는 나라 리히텐슈타인(Lichtenstein)은 스위스 국토 내에 있다. 이들이 우주항공산업을 필두로 하여 다수의 글로벌 경쟁력을 가진 회사들을 가지고 있는 것은 널리 알려지지 않았다. 이 나라의 건설, 토목, 공구 등을 특화하여 생산, 판매 그리고 컨설팅하는 글로벌 기업인 Hilti야말로 디자인씽킹을 오래 전부터 행하고 있었다. 즉 고객과 밀착된 관계를 유지하고, 고객으로부터 불편함, 요망사항 그리고 원하는 솔루션 등을 어디서나 제 때 제공하기 때문에 전 세계를 대상으로 성공적인 비즈니스를 하고 있는 것이다.

디자인씽킹은 프로토타입을 통해 개념을 학습하고 테스트하고 나아가 정교하게 파악하도록 고객 혹은 사용자를 참여시키기 때문에 인간중심의 혁신을 가능하게 한다. 디자인씽커는 단순히 과거의 데이터 혹은 시장에 대한 연구가 아니라 고객들이 숨 쉬고 살아 움직이는 실제 세계를 대상으로 한 실험으로부터 얻는 고객 통찰을 혁신의 원동력으로 삼는다.

디자인씽킹을 컨설팅의 주요 도구로 활용하는 IDEO의 대표 팀 브라운은 그의 저서 <Change by Design>에서 진정으로 필요한 것은 조직에서 리더십을 구성하는 의사결정 집단의 무한한 관심과 적극적 지원이며, 이는 디자인씽킹 도입의 전제조건이라고 밝혔다. IDEO는 국내외 지점들의 컨설팅 영역을 특화시켜 놓고 있다. 예컨대 하버드 대학이 있는 캠브리지 소재 IDEO는 "조직개발 및 조직변화"를 컨설팅하고 있다.

애플의 스티브 잡스가 컨설팅을 즐겨 받던 FROG 컨설팅은 디자인씽킹을 축으로 한 상품개발, 신제품개발, 서비스 개발을 특화시키고 있다. 최근 이 회사 CEO가 텍사스 대학교 오스틴 캠퍼스로 영입되면서 "스탠포드는 석사과정에서 디자인씽킹을 학습하지만, 텍사스대학 오스틴 캠퍼스는 학부 1학년부터 시작한다."는 철학으로 다수의 디자인씽킹 과목을 신설하였다. 신설 배경에는 이 과목을 수강하면 서로 다른 전공 학생들과 팀으로 협업하고, 커뮤니케이션하고 나아가 다양성에 기초하여 융복합적으로 일하는 방법을 일찍부터 배우는 것이 경쟁력이라는 믿음에서 시작한 것이다(9.3절 참조).

정부차원에서 디자인씽킹을 도입해서 활용하는 나라는 북유럽의 핀란드와 아시아의 싱가포르를 들 수 있다. 싱가포르 대학 이정주는 싱가포르 공무원교육의 근간에 디자인씽킹 프로세스가 녹아 있다고 밝혔다. 싱가포르에서 활용하는 디자인씽킹 적용 단계를 그는 다음과 같이 말한다(Jung-Joo Lee, 2017).

1. 소개(Introducation) 단계: 처음부터 프로젝트에 기반을 두고 각종 워크숍을 통해 학습 단계로부터 시작하여,
2. 성장(Growth) 단계: 실무적 프로젝트를 수행할 수 있도록 역량강화를 위하여 종업원의 교육훈련 실시 및 표준화,

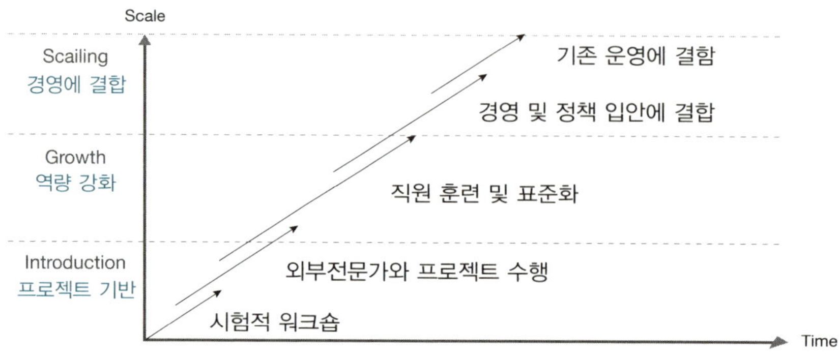

그림 9.1 디자인씽킹을 실무에 적용하는 단계[그림 출처: 이정주, 2017]

3. 확대(Scaling) 단계: 공조직 경영과 정책개발과 통합해서 최종적으로는 기존의 조직운영과 결합

북구라파의 핀란드 정부는 급증하는 실업자 문제를 해결하기 위해 디자인씽킹 컨설팅회사에 '사회적 실험'을 의뢰하였다. 즉 유하 시필레(Juha Sipilä) 수상은 국가가 지불하는 실직자에 대한 '기본보조금'이 구직활동에 어떤 영향을 미치는지 알아보기 위한 연구를 요청한 것이다.

25세~58세에 이르는 2,000명의 실직자들에게 월 560유로(한화 약75만원)를 2년간 지원하면서, 이들의 재취업활동을 관찰한 '공감기반 디자인씽킹' 프로젝트을 수행하였다. 결론적으로 연구결과는 '무조건 정부가 지급하는 기본보조금'은 개인 실직자의 '재취업 활동'에 별 영향을 미치지 못했다고 밝히고 있다.

실직자 문제 때문에 전세계가 골치를 앓고 있고, 독일에서도 정부지원 문제에 대한 연구가 적극적으로 진행되고 있으나, 한국에서는 과학적 연구가 아직도 부재하다.

9.2

디자인씽킹 확산이 어려운 이유

인간중심적 문제해결 방법인 디자인씽킹에 요구되는 다양한 마인드세트와 정형화된 프로세스를 적용하면 혁신적 제품, 사회적 제도 그리고 서비스 개발이 가능하다. 그럼에도 불구하고 디자인씽킹을 제품 또는 서비스 개발에 적용할 때 성과가 쉽게 나지 않는 이유는 무엇일까? 디자인씽킹을 조직개발 및 전략개발까지 확대 적용하여야 그 성과가 보장됨에도 불구하고 그 실천이 어려운 이유는 다음과 같이 정리할 수 있다.

1. 이해가 부족하여 이를 몸에 체화시키는 것이 미흡하거나,
2. 체계적 및 주기적으로 디자인씽킹을 수행하는 팀 및 조직의 부재
3. 실제 문제에 적용할 때 절차 및 방법에 대한 스킬 부족
4. 디자인씽킹을 조직개발 및 전략개발과 연계시키는 역량 부족

국내에서는 디자인씽킹을 "방법론(Method)" 혹은 "프로세스"로 압축해서 가르치고 여기에 약간의 실습을 결합해서 가르쳐왔다. 그러나 이 같은 접근법은 무엇보다 가장 중요한 마음자세(Mindset)는 잘 다루지 못하는 경우가 많다. 따라서 디자인씽킹 방법을 활용할 수 있는 역량을 충분히 갖추지 못하고 피상

적 수준에 머무는 프로세스 중심으로만 학습하면 기대하는 성과를 얻기가 쉽지 아니하다. 해외의 성공사례들은 각 기업의 업종, 업무 프로세스, 그리고 경영환경 등을 고려하는 맞춤형(tailored) 디자인씽킹을 실시하는 현업적용이었다.

디자인씽킹을 성공적으로 도입한 P&G의 경우는 다음의 요건이 전제되었다. 1) CEO의 확고한 신념과 경영철학, 2) 전사적 디자인씽킹 확산을 전담하는 조직개발팀 구축, 3) 이를 추진하기 위한 인원 및 예산확보, 4) 지속적인 교육실시 및 관리 등이 성공에 이른 요인이 되었다.

디자인씽킹을 현장에 적용할 때 직면하는 딜레마를 이정주는 다음과 같이 정리하였다(Jung-Joo Lee, 2017).

첫째, 디자인씽킹은 고객/사용자의 경험을 이해하고 공감하기를 통해 니즈를 찾아내어야 한다. 그런데 디자인씽킹 팀은 경험과 공감에서 얻은 통찰을 이미 알고 있던 가정을 뒷받침하는 데만 급급했기 때문에, 심층적 해결책을 찾는 데는 한계에 직면한다. 여기에 더하여 관찰이 가지는 민감성, 획득한 데이터 해석능력 부족, 그리고 정성적 방법에 대한 불신 등도 복합적으로 작용하고 있다.

둘째, 새로운 방법론으로 디자인씽킹을 도입하고자 하는 니즈가 조직 내에 있지만, 새로움이 가지고 오는 불편함 대신 이미 익숙한 방법을 지키고자 하는 관성이 큰 제약 요인으로 대두한다.

디자인 역량을 조직에서 배양하기 위해서는, 내부 디자인팀을 조직내에 구성해야 할 필요성이 있다. 이때 필요한 해결책의 전제조건으로 다음의 3가지가 제시된다.

1. 새로운 마인드셋, 업무방법, 아이디어들이 실현될 수 있는 조직 문화가 구축되어야 함
2. 조직 내에서 실험적 역할을 담당하고 디자인 관련 업무, 프로세스 및 도구들을 구축할 수 있는 내부 혁신팀을 만드는 것이 필요함
3. "출구 전략"(Exit strategy)과 디자인씽킹 전달자인 앰배서더 양성의 필요성

싱가포르 정부의 디자인씽킹 추진 기구 및 역할

The Human Experience Lab; Cross-ministry Lab

- 정부 각 부처에서 디자인씽킹 교육 및 디자인 프로젝트를 진행함
- 시민을 공공 서비스 및 정책 아이디어 개발에 직접적으로 참여시킴

Behavioral Insights & Design Unit (BDU)

- 디자인과 행동경제학(Behavioral Insights)을 결합함
- 최근에는 데이터 사이언스와 통합하여 Co-Lab으로 확장

LEA:D

- 디자인과 데이터 사이언스 결합

"출구전략(Exit Strategy)"과 디자인 앰버서더(Design Ambassador)

디자인씽킹을 통하여 사용자의 딥니즈를 찾고 해결책을 발견했다 하더라도 실제 해결책을 수행(deliver)하는데 그 방안이 미흡하다면 이를 실행으로 옮기는 것은 어렵다(Lee Jong Hwa, 2019). 즉 좋은 해결책을 찾더라도 이를 실제로 수행하는 것은 사람이기 때문에 사람의 행동에 대한 고려가 필요하다. 따라서 디자인과 행동경제학의 결합은 필수적이다. 조직 내에서 구성원이 실행할 수 있도록 구성원들에게 동기, 능력, 자원, 및 지원(MARS: Motivation, Ability, Resource, Support) 등을 보장해 주어야 디자인씽킹을 통한 이노베이션이 일어난다.

디자인씽킹이 잘 작동하지 않는 이유

"조직문화는 프로세스를 무시한다
(culture eats process for lunch)"
- Peter Drucker -

스탠포드대학의 빌 버넷(Bill Burnett)은 디자인씽킹이 문제해결에 잘 작동하지 않는 이유를 개인적 한계와 조직의 한계라는 2가지 측면으로 보고 다음과 같이 설명한다.[22] 우선 개인적 한계에는 다음과 같은 요인이 있다. 1) 디자인씽킹 프레임워크에 대한 개념적 이해부족, 2) 실패에 대한 두려움, 3) 프로세스에 대한 실습 부족 등을 들 수 있다. 그 다음 조직의 제한 요소로는 프로세스에 대한 실습을 충분히 하지 않고 곧 바로 문제해결에 들어가는 것이 실패의 요인이다.

디자인씽킹 팀은 서로 배경이 다른 다학제간 멤버들로 이루어지기 때문에 이들은 각자 맡은 분야도 다양하다. 이처럼 서로 다른 배경을 가진 멤버들이 팀으로 협업하려면 지속적인 코칭이 필요하다. 여기에는 멤버들 간의 상호존중, 커뮤니케이션의 원활화, 높은 내적 동기 부여 등을 학습해야만 가치가 창조되는 성과를 얻을 수 있게 마련이다. 이때 팀이 성과를 내게 되는 프로세스로는 진정한 팀이 되는 팀 빌딩의 다음 원칙이 적용된다.

- 팀을 형성하기(forming)
- 팀원들이 각자의 주장을 굽히지 않는 단계(storming)
- 규범 만들기(norming)
- 수행하기(performing)

한편 기업을 포함하여 대부분 조직에는 그 내부에는 정치적 역학관계가 있게 마련이다. 이를 이해하려면 조직에는 공식조직과 비공식조직이 있다는 사실에서 출발해야한다. 명문화한 공식 조직이 아닌 비공식조직이야말로 구성원들이 가지는 가치, 태도 그리고 행동에 결정적인 영향을 미친다.

---

[22] Design Thinking stanford webinar-design thinking=method, not magic, 2016.4.13. https://www.youtube.com/watch?v=vSuK2C89yjA&t=131s

혁신성에 영향을 미치는 요인

조직에서 디자인씽킹을 적용할 때는 마인드세트, 프로세스, 도구 및 환경과 같은 요소를 고려해야 한다(Brown, 2008: 85-92; Brown, 2009; Brown & Wyatt, 2010: 30-35).

디자인씽킹을 할 때 필요한 사고유형은 직관적 사고와 분석적 사고이고(Martin, 2009) 디자인씽커는 고객을 사고의 중심에 놓아야 하는 인간중심적 접근을 해야 한다. 협업을 통해 서로 다른 관점들을 통합하고, 현재의 업무 외에 미래의 활동에 초점을 맞춘다. 이를 수행하는 추진체는 협업을 하는 다학제간 팀을 중심으로 접근해야 한다(Seidel & Fixson 2013). 팀은 조직 내의 서로 다른 부서 사람들이 단순히 같이 모였다는 것만으로는 충분하지 못하다. 팀원들은 서로 다른 의견과 관점을 청취하고 또 아이디어를 교환하는 진정한 팀이 되어야 한다(Simons et al. 2011).

Simon은 디자인씽킹을 자동차 생산업체에 적용하여 팀의 혁신성에 영향을 미치는 요인이 무엇인지를 밝히는 실증적 연구를 수행하였다. 그는 조직 환경, 팀 분위기, 리더십 등이 혁신성에 영향을 미친다는 사실을 밝혔다. 그는 거시적 수준, 중간 수준, 그리고 미시적 수준으로 나누어서 조직의 혁신성에 영향을 미치는 요인들을 규명하고 그의 연구를 살펴보면 다음과 같다(Simon, 2015).

1) 거시적 수준

조직환경이 팀의 혁신성에 영향을 미치는 요소이다. 예컨대 조직이 하는 직원에 대한 고무 및 보상, 상사의 격려, 자유 그리고 도전적 과제 등이 팀의 혁신적 성과를 높인다. 이때 디자인씽킹에서 강조하는 마인드세트가 중요하다. 특히 조직에서 실험적 시도가 가능하고 이를 수용하는 조직문화가 있으면 성과를 얻을 수 있다. 나아가 조직이 제공하는 격려 및 고무가 구성원에게 중요한 요인이고, 반대로 조직의 방해는 프로젝트가 성공적으로 진행되는 것에 역으로 작용하였다.

2) 중간수준

팀 분위기, 팀원 간의 협업 그리고 리더십 등은 팀의 혁신성에 영향을 미치는 요인이었다. 특히 팀 분위기야말로 마인드세트, 새로움에 대한 추구, 그리고 업무 절차에 대한 지지 등과 함께 혁신을 촉진하는 요인으로 밝혀졌다. 팀의 협업에는 상호작용과 조직 내에 있는 네트워크도 포함된다. 리더십 스타일 역시 주요 요소인데, 변혁적 리더십은 조직 혁신에 긍정적으로 작용하지만, 이에 비해 거래적 리더십이나 방임적인 리더십은 디자인씽킹 팀의 성공에 해를 끼치는 것으로 나타났다.

3) 미시적 수준

조직 구성원들의 개인적인 내재적 동기는 팀의 혁신성을 지지하지만, 반대로 외재적 동기는 팀 혁신성을 저해하였다. 나아가 상사의 격려와 자유로움 수준은 혁신 프로젝트에 긍정적 효과로 작용하였다. 방임적 리더십은 디자인씽킹 팀의 혁신 역량을 감소시키는 것으로 나타났다.

이상을 요약하면 디자인씽킹은 회사의 성과에 직접적인 영향을 미치지는 않지만, 회사의 혁신성을 증대시키기 때문에 간접적으로 영향을 미친다고 할 수 있다. 그는 특히 R&D 팀의 경우 디자인씽킹이 팀의 혁신성을 높인다는 것을 발견했다. 본 실증 연구는 디자인씽킹과 팀의 혁신성간에는 상호 긍정적 효과가 있다는 증거를 보여준다(Liedtka 2014; Wattanasupachachoke 2012; Simon et al., 2011; Carlgren et al., 2014).

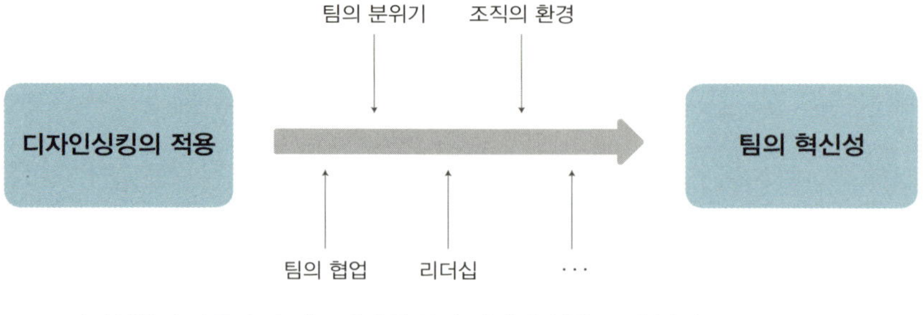

그림 9.2 디자인씽킹 적용과 팀 이노베이션 연결 관계에 영향 요인 분석

조직문화가 혁신에 중요한 요인이라고 강조한 스탠포드 대학의 캘리 교수는 기업 내에 혁신문화를 창조하기 위해서 다음과 같은 요인에 유의해야 한다고 강조하였다(Kelly & Kelly, 2015).

1. 유머감각을 계속 유지하라.
2. 다른 사람들의 에너지를 수용하라.
3. 상하 위계 체계를 최소화하라.
4. 동료애와 신뢰를 중요하게 생각하라.
5. 최소한 잠정적이라도 판단을 유보하라.

혁신 문화를 창조할 때 조직에서 가장 효율적인 방법의 하나는 디자인씽킹을 학습하고 이를 확산시키는 것이다. 이를 효율적으로 수행하기 위해서는 반드시 경영층의 전폭적인 지지가 필요하다.

9.3

디자인씽킹 방법 수업에 적용하기

세계 각국의 저명한 대학들이 교과목으로 디자인씽킹 방법론을 가르치고 있다. 이들이 무엇을 어떻게 가르치고 있는가를 살펴보면 이것은 좋은 가이드라인이 될 것이다.

1) **스탠포드대학** d.school

이 대학은 전공에 관계없이 학생들이 창의력을 발휘할 수 있도록 디자인씽킹 교육을 실시하고 있다. 특히 '서로 다른 분야와 다양한 전공을 배경으로 하는 학생들 간의 협업, 프로젝트 수행, 미묘한 문제(Wicked Problem)에 대한 해결책' 등을 디자인씽킹을 통해 학습하고 있다(송해덕, 2018, 표 9.1 참고).

2) **텍사스 주립대학**(UT Austin)

경영, 의학, 디자인 등을 포함하여 전공에 관계없이 저학년부터 고학년까지 디자인씽킹 교과목을 가르치고 있다. 이 대학은 오스틴 소재 IBM의 디자인센터와 긴밀히 협업을 하는 것이 특징이다. 이 대학은 디자인 마인드를 저학년부터 시작하는 것이 더 낫다고 강조하고 있다. 대표적인 과목명과 내용은 표 9.2와 같다.

표 9.1 스탠포드 대학 d.school 디자인씽킹 교육과정

강좌유형	강좌명	주요 내용
핵심강좌	디자인씽킹 스튜디오 (studio)	• 현장중심 프로젝트, 팀원간의 협력을 통해 디자인스킬과 프로세스를 학습하는 프로그램
	극히 저렴한 비용으로 문제해결 디자인(design for extreme affordability)	• 전세계 빈민층이 당면한 문제에 대한 해결책을 설계하는 프로젝트 • 오염되지 않은 깨끗한 물 제공 프로젝트
집중강좌	성찰적 디자인 실무 (Reflective Design Practice)	• 성찰을 통해 디자인 실무를 개선하는 프로그램
	디자인씽킹 코칭 (Design Thinking Coaching)	• 디자인씽킹 퍼실리테이터 및 코치 양성 프로그램

(출처: 송해덕, 2018)

표 9.2 텍사스 주립대학의 대표적 디자인씽킹 교과목[23]

프로그램(과목명)	주요 내용
비즈니스 혁신을 위한 디자인씽킹 코드(MBA)	• 비즈니스 모델의 혁신 필요성을 이해 • 고객 통찰, 경험 이해 • 인간중심 디자인 이해
디자인씽킹 개론(2017년 최초 개설)	• 전체 대학생들에게 제공 • 디자인씽킹 원리 학습 및 실제문제에 응용

3) 툴레인 대학교

'사회혁신과 디자인씽킹센터'(The Phyllis M. Taylor Center for Social Innovation and Design Thinking)에서는 다양한 디자인씽킹과 연관된 과목과 워크숍을 활용하여 교육하고 있다. 이 대학은 디자인씽킹 프로세스를 강의에 적

[23] https://www.utexas.edu

표 9.3 툴레인 대학교 디자인씽킹 프로그램

<table>
<tr><th colspan="2">프로그램</th><th>주요내용</th></tr>
<tr><td rowspan="2">디자인씽킹 (Design Thinking and Donuts)</td><td>파트너 디자인 씽킹 집중강좌 (Paired crash course)</td><td>• 단기간 속성으로 진행하는 집중형 교육프로그램
• 파트너와 교대로 사용자와 디자이너 역할을 하며 DT로 작은 문제를 해결해 보는 실습 프로그램</td></tr>
<tr><td>팀 디자인 워크숍(Team design work-shop)</td><td>• 팀으로 작업을 하며 데이터 분석, 통찰력 습득
• 최종 사용자가 누구인가 등을 식별하는 실습
• 프로토타입 제작 및 테스트 방법 학습</td></tr>
<tr><td colspan="2">사회적 이슈에 대한 디자인씽킹 (FAST 48 hr Boot Camp in Design Thinking for Social Impact)</td><td>• 주말을 이용하여 48시간에 걸쳐 개인 및 그룹활동 워크숍
• 현장조사, 정보공유, 및 아이디어 창출을 통해 지역사회의 실제문제를 찾아내고 해결함
• 디자인그룹 구성 및 관리, 수렴적 및 확산적 사고, 브레인스토밍, 프로토타입핑, 고객의 의견수집 등과 같은 스킬 배양</td></tr>
<tr><td colspan="2">퍼실리테이터 과정(Taylorized Facilitations)</td><td>• 디자인씽킹 퍼실리테이터 교육 프로그램</td></tr>
</table>

(출처: 송해덕, 2018)

용할 수 있도록 먼저 교수들을 대상으로 워크숍을 통해 프로세스를 학습시킨다. 강의와 팀 프로젝트 등에 디자인씽킹을 적용하여 창의적인 문제해결을 이끌어 내는 성공적인 경험을 제공하고 있다(송해덕, 2018, 표 9.3 참고).

4) **대만국립대학** D-school

대만국립대학의 D-school에서는 디자인씽킹을 이용하여 학생들을 가르친다. 이 대학은 강의보다 문제탐색, 공감, 문제정의, 아이디어 발상, 프로토타입 만들기 및 테스트 등과 같은 절차에 입각한 워크숍을 실시한다. 이를 통해 학생들에게 혁신적 아이디어를 개발하고, 이를 구현하는 것을 도와준다. 특히 프로젝트 수행시 필요한 실무능력을 학생 때부터 키우는 데 방점을 두고 있다. 사회적 이슈 및 기업들이 제공하는 프로젝트를 통하여 혁신적 아이디어를 탐색하고 이론보다 실제적이고 현실적인 도전적 문제를 주로 다룬다.

대만국립대학이 다룬 주제로 에너지, 인구, 수송, 주거, 농업, 환경보호, 노인요양, 및 보건/건강 등이 포함된다. 특히 눈에 띄는 과목에는 스마트 에이징(Smart aging)과 글로벌 이노베이션이 있다. 이들 과목의 특징은 과목이 제공하는 학습 내용을 자기 것으로 내재화하는 '자기 자신의 프로그램으로 만들기(make your program)'이라는 것이다. 여기서는 특히 마인드세트, 의사소통, 분석, 창의력, 프로토타입, 스토리텔링 등을 얼마나 잘 하는지 측정하고 부족한 부분을 보강케 하는 맞춤형으로 진행되고 있다.

5) 캡스톤 디자인 프로젝트에 디자인씽킹 방법 적용

디자인씽킹 프로세스는 공감, 문제정의, 아이디어 도출, 프로토타입 제작, 테스트 등 일련의 과정을 각 요소에 따라 체계화한 것이다. 디자인씽킹은 인간중심 사고를 기반으로 새로운 아이디어를 도출하고, 적용하여 창의적인 혁신을 일으키는 과정이다(Cross, 2006). 이 같은 디자인씽킹 프로그램은 사용자의 요구분석을 바탕으로 문제해결을 위한 아이디어 도출에 활용할 수 있다. 이것을 캡스톤 디자인 프로젝트 과정 중 아이디어 도출과 프로토타입 개발에 반영 가능하다.

디자인씽킹을 고려한 공학설계 절차는 다음의 표 9.4와 같이 보여줄 수 있다(송동주, 2018). 그리고 디자인씽킹을 고려한 공학설계 사례는 부록4에 나와 있다.

표 9.4 디자인씽킹을 고려한 공학설계 절차

1단계: 문제 연구(Research) 이해하기, 문제를 인지하는 단계. 프로젝트를 이해하는 것을 의미
2단계: 사용자 공감하기(Emphasize users) 사용자, 고객을 체험하기, 관찰하기 및 인터뷰하기 등을 통하여 공감하는 단계
3단계: 문제 재구성(Reframing Problem) 문제 정의, 특정한 대상, 필요 및 통찰로서 구성
4단계: 아이디어 발상하기와 신속하고 개략적인 프로토타입(Ideation & Prototyping) 개념설계절차와 TRIZ 방법도 사용 가능함. 이 단계에서 프로토타입은 최소한의 기능과 형상을 주변 재료를 사용하여 제작하고 아이디어를 평가하고 확장하는 것을 포함함
5단계: 기능형 프로토타입(Functional Prototyping) 개략적인 프로토타입에서 고객의 개선요구사항을 피드백받아 보다 정교하게 진전시키는 단계. 이 단계에서는 구체화 설계단계를 포함하며 작동이 가능한 프로토타입을 CAD, 3D 프린터 등으로 정밀 제작
6단계: 평가하기(Evaluation) 도출되거나 제작된 대안을 수시로 평가하고 선정
7단계: 설치하기(Installation) 프로토타입을 현장에서 평가하고 직접 사용자로부터 피드백을 받아 개선하는 것을 포함

(출처: 송동주, 2018)

9.4

조직 문제해결에 디자인씽킹 적용방안

기업, 지자체, 병원 등 조직 현장에서 직면하는 미묘하고 풀기 어려운 문제들(Wicked problems)을 디자인씽킹을 적용하여 성공적으로 해결하고, 교육 현장에 사용할 수 있는 사례로 개발하는 것은 주요한 도전이라 할 수 있다. 이 같은 프로젝트를 수행하면 팀 구성원의 창의적인 사고력과 문제해결력을 동시에 배양할 수 있다. 그런데 실제 현장에서 일어나는 문제들을 해결한 사례를 수집하는 것은 용이하지 않다. 왜냐하면 조직들은 자체의 문제를 외부에 노출시키는 것을 좋아하지 않기 때문이다.

그럼에도 불구하고 디자인씽킹을 가르치고 또 연구하는 스탠포드대, 버지이나대, 스위스 상갈렌 대학(University of St. Gallen) 등은 많은 수의 IT 회사, 제약회사, 그리고 지방정부 등과 협업을 하고 있으며, 이 대학들은 이를 통해 실제 사례를 교육에 적용하여 학생들을 가르치고 있다.

디자인씽킹을 적용하여 조직 문제를 해결하는 절차를 다음의 표 9.5에 제시한다. 이것은 조직의 문제를 디자인씽킹을 활용하여 컨설팅을 하는 방향과 프로세스에 해당된다(UXC, 2019).

표 9.5 디자인씽킹을 적용한 조직의 문제해결 절차

단계	내용
1 단계	관련 기업과 문제해결에 대한 심층 인터뷰 실시
2 단계	디자인씽킹을 조직에 소개하는 기본 워크숍 실시
3 단계	조직의 내부 컨설팅 팀과 협의
4 단계	조직 개발 프로세스에 입각하여 문제해결 워크숍 실시 및 워크숍 성과 정의하기
5 단계	내부 컨설팅 팀과 외부 컨설팅 팀이 협업을 통해 디자인씽킹을 잠재적으로 적용(potential application)

경향분석(Trends Analysis), 니즈 분석(Needs Analysis), 그리고 비즈니스 활동 맵핑(Business Activity Mapping) 등 총체적 접근법을 활용한 싱가포르 식품산업의 디자인씽킹 적용 사례를 예시하면 다음과 같다(UXC, 2018).

식품회사의 디자인씽킹 적용 사례

고객 회사의 비즈니스 전략 파악

- 기업과 문제 도출을 위한 심층 인터뷰 실시 및 디자인씽킹 부트캠프 워크숍 실시(약 4시간)
- 기업의 비전, 미션, 목표와 나아가 현재 실무에 적용하는 창의적 문제해결 방안이 무엇인지를 파악하고 또 미래에 추구하고자 하는 바람직한 변화에 대한 파악
- 적절한 디자인씽킹 절차와 식품 혁신 워크숍에 필요한 도구 및 연구여정 준비

디자인씽킹을 소개하는 기본 워크숍(부트 캠프) 실시

- 단기(4시간) 디자인씽킹 기본 워크숍: 참가자들이 디자인씽킹 과정과 사용하는 도구에 대해 전반적인 개념을 파악케 한다.
- 목표: 참가자들이 여러 가지 다른 관점에서 문제를 볼 수 있게 열린 마인드세트를 가지도록 컨설팅하고 변화추진을 통해서 혁신을 추구하는 새로운 가능성을 확신하도록 한다.
- 기본 워크숍에서는 관련 기업 혹은 이 업종 기업들에서의 최근의 경향을 조사 및 경향 분석한다.
  (예, 혼밥 세대들은 쿠킹을 직접 하지 않는 경향이 있다. 그들이 어떤 음식을 원하는지 또 어떤 다른 산업이 가진 경향이 식품 산업체에 적용될 수 있는가?)

• 고객의 니즈분석은 심층 인터뷰에서 찾아낸다. 딥 니즈를 공유하고 관련 해당 기업의 비지니스 활동 맵핑을 통해 문제를 분석한다.

식품산업 전시회 방문: 관련분야 트렌드 파악

• 식품 산업 관련 전시회를 방문하여 현재 식품 산업의 트렌드를 파악한다.
• 식품 관련 글로벌 트랜드도 파악한다.

워크숍 성과 정의하기

• 집중해야 할 주요 영역이 무엇인지 또 어떤 액션을 취해야 할지 등을 도출한다.
• 디자인챌린지 성과를 평가하는 방법은 무엇인가?
• 질적 및 양적 측정법에 대해 논의하고 바람직한 방안을 결정한다.
• 이해관계자들은 각각 무엇을 성공이라고 생각하는가?
• 해결안이 성공적으로 수행되었는지 어떻게 알 수 있는가?
• 성공적이라고 할 때 그것은 누구에게 성공적인가?

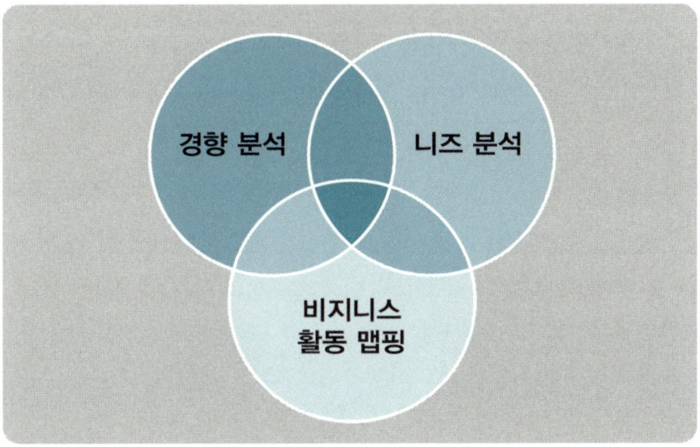

그림 9.3 총체적 접근법(Holistic Approach)

9.5

마이크로 디자인씽킹

스위스의 통신회사인 스위스컴(Swisscom)에서는 정통 디자인씽킹 절차를 단순화시킨 마이크로 디자인씽킹을 활용하고 있다(Lewrick, M. et al., 2018).

표 9.6 마이크로 디자인씽킹 구성

단계	내용	기본적 도구
듣기 (Hear)	• 프로젝트에 대한 이해 • 고객 문제/니즈에 대한 이해 • 정보획득(조직 내부와 외부 정보) • 고객으로부터 직접적으로 경험수집	디자인 챌린지 고객 인터뷰
창조하기 (Create)	• 학습한 것을 잠정적 해로 변환 • 다수 해와 가능성을 도출함 • 해의 특성을 정의함	핵심 신념(Core belief) 기반 타겟 고객 경험 창조
수행하기 (Deliver)	• 아이디어의 구체화 • 프로토타입을 만들고 시험함 • 아이디어의 검증, 촉진 혹은 거부 • 통찰을 얻고 여기에서 학습	니즈, 접근, 혜택, 경쟁력(Need, Approach, Benefit, Competition: NABC) 프로토타입핑 계획수립 자체 검증

마이크로 디자인씽킹은 컨설팅 회사인 IDEO의 인간중심 디자인(HCD)에서 사용하는 듣기-창조하기-수행하기(Hear-Create-Deliver)로 구성되어 있다(IDEO Human Centered Design Toolkit, 2014). 이것은 기존의 5단계 혹은 7단계보다 단순화시킨 모델이다. 표 9.6은 3단계 마이크로 디자인씽킹이 어떻게 구성되어 있는지를 나타낸다.

다음은 컨설팅 전문 회사인 Intuit에서 디자인씽킹을 통하여 기업조직의 문제를 해결한 사례를 제시한다(Liedtka, King & Bennett, 2013)

Intuit 디자인씽킹 사례

Intuit

- 개인 및 중소기업 대상 소프트웨어 개발회사
- 사용자가 쉽게 사용하는 수준의 소프트웨어는 물론 "고객에게 기쁨을 주는 디자인(Designing for Delight, D4D)"까지 확대한 목표를 달성하기 위해 2007년부터 디자인씽킹을 활용하고 있음
- 디자인씽킹을 단순한 문제해결 도구가 아니라 전사적으로 확대하여 직원들의 핵심역량으로 만드는 것을 목표로 함
- 세금 정산 작업을 하는 개인용 소프트웨어 개발: 가정에서 매년 세금 신고를 할 때, 부부 중 한 명이 주도적으로 작업을 하고, 다른 한 명은 "작년에 비해 뭐가 달라졌어?"라는 질문을 한다는 점에 착안하여 프로그램을 인간중심으로 개발하였음. 특히 배우자가 할 수 있는 유력한 질문들이 신속하게 차트와 테이블을 이용해서 결과를 보여줄 수 있는 기능을 추가한 까닭에 개발된 프로그램에 대해 고객들의 긍정적 반응을 이끌어냄

디자인 챌린지

- 혁신을 통해 고객의 가치를 창조하는 리더십개발

기쁨을 주는 디자인(Design for Delight)

- "고객의 기대를 뛰어 넘는 편의와 혜택을 제공하고 긍정적인 정서를 이끌어내어 더 많은 제품을 구매하고 나아가 실제 사용해 본 경험을 다른 사람들에게도 널리 전파하도록 하는 것"

디자인씽킹 3단계 접근법

1) 고객공감
    - 고객을 대상으로 에스노그라피(ethnography) 활용
    - 고객에 대한 페르소나 개발

2) 광범위하게 방법론 적용을 검토하면서 생각은 상세하게(아이디어를 수렴하기 전에 확대하기)
   - 고객의 고통점(pain point)을 해결하기 위해 많은 해결책 개발을 위하여 발상된 아이디어에서 가설을 설정함
   - "레시피"(recipe) 모델

3) 고객과의 신속한 실험 후 트래픽 일부를 다른 처방전에 흡수함
   - 주간 단위로 최신 레시피 준비, 테스트 실시, 결과 검증

조직개발 접근법

- 이 회사는 10명의 이노베이션 촉진자(Innovation Catalyst)를 선발하여 이들은 디자인씽킹 과제를 수행하기 보다는 다른 디자인씽커들을 퍼실리테이팅하는 역할을 수행함
- 이노베이션 촉진자(IC) 인원을 대폭 확대하고 모든 비즈니스 단위에서 활동하게 함. IC들이 월 단위로 1회 내지 2회 혁신 활동을 하고 평소 일상 업무에 디자인씽킹을 적용하여 개선토록 함
- 미팅을 실시할 때는 반드시 디자인씽킹을 적용하도록 의무화하였음
- 신속한 프로토타입핑과 린 스타트업(lean start up)을 통한 과학적 실험실시
  - 신속한 반복, 제품 출시, 최소자금을 강조하는 신제품 개발을 위한 비즈니스 접근법을 이해
  - 최소한도 주요 가설에 대해 3번 이상의 디자인씽킹 실험 사이클을 반복하는 것이 성공 확률을 높였음
- 모든 직원들이 디자인씽킹 방법을 수행할 수 있도록 전사적 교육, 나아가 디자인씽킹 워크숍을 실시하여 공감지도(empathy map) 등 방법론에 친숙하도록 훈련함
- 디자인씽킹 적용시간제(office hours)를 도입하고, 사내 이노베이션을 위한 디자인씽킹을 확대 적용해서 혁신의 초석으로 활용함

10

디자인씽킹 프로젝트 수행

Design Thinking

10.1

인간중심 디자인의 3가지 관점

인간중심 디자인은 고객 및 사용자에게 도움을 주는 새로운 솔루션을 제공하기 위한 일련의 과정이자 방법론이다. 이때 해결방안인 솔루션은 제품, 서비스, 환경, 조직구조, 사람들 간의 상호작용 등 다양한 형태가 될 수 있다.

디자인씽킹 프로세스를 "인간중심"이라고 부르는 이유는 이것이 디자인의 대상이 되는 "사람들"과 함께 하기 때문이다. 인간중심 디자인씽킹 프로세스는 우리가 문제해결, 즉 솔루션을 통하여 영향을 주고자 하는 사람들의 니즈와 꿈 그리고 행동을 파악하는 것에서부터 시작한다. 그렇기 때문에 사람들이 원하는 것, 욕구 즉 니즈를 진지하게 관찰하고, 경청하고, 사려 깊게 이해하는 것에서 출발해야 한다.

이러한 태도로 프로젝트를 대하는 것을 적합성(Desirability)이라고 한다. 디자인 프로세스 전체는 적합성이라는 관점에서 운영하고 바라보는 것이 바람직하다. 무엇이 가장 적합한가를 파악한 다음 실현가능성(Feasibility)과 지속성(Viability)이라는 관점을 통해서 문제해결방안인 솔루션을 추구하게 된다. 특히 디자인씽킹의 후반부에는 이 2가지 관점을 신중히 적용한다.

요약하면 디자인씽킹에서 추구하는 인간중심적 접근은 다음의 세 가지 방향성을 가진다.

- 적합성: 사람들이 진심으로 바라고 원하는 것이 무엇인가?
- 실현 가능성: 기술적 및 조직적 측면에서 실현 가능한 것인가?
- 지속성: 경제적, 재정적 측면으로 보아도 지속 가능한 것인가?

이처럼 인간중심 디자인 방법을 통해 추구하는 해결책인 솔루션은 여기에 제시한 세 가지 조건을 동시에 고려하면서 제안되어야 한다. 즉 솔루션은 고객/사용자의 니즈에 적합하게 부응해야 하고, 기술적으로 조직이 실현할 수 있어야 할 뿐만 아니라, 나아가서 경제적으로 수익이 보장되는 자생 능력을 갖추고 지속적인 실행이 가능해야 한다.

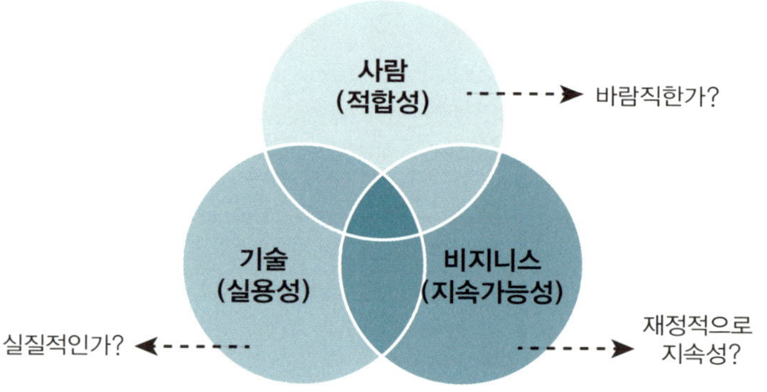

그림 10.1 인간중심의 디자인(3가지 측면)

10.2

인간중심 디자인 프로세스

인간중심 디자인 프로세스(HCD; Human Centered Design)는 디자인씽킹 프로세스와 상호 중복되지만, 다음과 같은 몇 가지 측면에서 서로 차이가 난다. 이를 살펴보면 다음과 같다.

듣기(Hear)

듣기 단계에서 디자인 팀은 고객들로부터 생생한 현장의 소리를 듣고 스토리를 수집한다. 이를 통해 디자인에 도움이 되는 영감을 얻는다. 이 과정에서 현장 조사를 준비하고 실행에 착수한다. 이때 활용하는 방법은 관찰 및 인터뷰가 포함된다.

창조하기(Create)

<창조하기> 단계에서는 디자인씽킹 팀이 워크숍 형식의 공동 작업을 실시함으로써 <듣기> 단계에서 수집한 자료들을 구조화된 유형(패턴), 틀 짜기(프레임워크), 기회 영역 탐색, 솔루션 및 프로토타입 등으로 구분해서 구체화시킨다. 이 단계에서는 기회 영역과 핵심적인 문제를 파악함에 있어서 실제적 문제

에서 벗어나 추상적 사고 과정을 거치게 되고, 다시 현실적 솔루션과 프로토타입을 제작하는 단계로 돌아오게 된다.

실행하기(Deliver)

<실행하기> 단계는 신속한 수익-비용 모델, 역량 평가, 실행계획 수립 등을 통해서 제안한 솔루션을 평가하고 또 다시 진일보한 새 솔루션을 도출할 수 있도록 도와준다.

고객에게 진정으로 도움을 주는 의미 있고 혁신적인 솔루션을 디자인하는 것은 고객의 니즈(Needs), 바람(Hopes), 소망(Wishes) 등을 이해하는 것에서부터 시작된다. 특히 듣기 단계는 팀원들이 문제를 깊이 있게 이해하기 위해서 각자 현장의 상황과 맥락을 보다 의미 있게 이해할 수 있도록 해 주는 방법을 제공한다. 이 단계에서는 다음과 같은 질문을 중심으로 전략을 개발하는 것이 바람직하다.

- 누구와 대화(인터뷰)를 할 것인가?
- 어떻게 공감을 얻을 것인가?
- 어떻게 스토리를 포착해 낼 것인가?

듣기 단계에 얻게 되는 결과물로는 다음과 같은 것이 있다.

- 고객들의 스토리
- 고객의 실제 생활에 대한 관찰
- 니즈, 장애물, 제약 사항에 대한 깊이 있는 이해

디자인씽킹 성공 사례: 장수의자

디자인챌린지:

2017년 교통사고 사망자 4185명 중 노인 보행 사망자가 906명에 달했음. 이 중 335명의 노인들이 무단횡단 교통사고로 사망하였음. 이 자료를 보고 노인 보행 사고를 자주 접하는 한 경찰관이 무단횡단 원인을 알고 싶어 하였음

공감하기:

노인 수십 명을 대상으로 탐문 인터뷰를 진행하였음. 왜 무단횡단을 하는지에 대한 질문에 노인들은 "서 있으면 다리랑 허리가 너무 아프거든", "횡단보도 앞 기둥 같은데 기대 있을 때도 있네." "끌고 다니는 카트에 앉아서 기다리기도 해" 라고 답변함.

문제정의(POV):

고령자들은 무단횡단을 하지 않을 환경이 필요하다, 왜냐하면 횡단보도의 보행 신호를 기다리는 시간이 고통의 시간으로 느껴지기 때문이다.

해결책:

화장실 유아용 의자와 전봇대의 접압기를 받치는 선반에서 영감을 얻어 무단횡단 교통사고가 발생했던 곳, 노인들이 많이 다니는 병원, 은행 등이 있는 지역, 마을과 마을 사이에 노인 왕래가 잦은 곳에 장수의자를 설치하여 노인들의 보행 신호를 기다리는 시간을 휴식의 시간으로 바꾸었음

10.3

질적 연구 방법

질적 연구 방법(Qualitative Research Method)은 디자인씽킹 팀으로 하여금 디자인 대상이 되는 사람들을 깊이 공감하도록 도와준다. 질적 연구방법의 하나인 에스노그라피(ethnography; 민족지학)에 입각한 인터뷰를 실시하면 연구하고자 하는 가정을 검증하고 새로운 솔루션을 찾을 수 있게 해준다.

질적 연구 방법은 초기에는 상상력을 북돋아 주고, 새로운 기회와 아이디어를 얻을 수 있는 직관을 일깨워 주는 등 생성적인(generative) 특징을 가진다. 그 다음으로 프로젝트가 진행되면 질적 방법은 아이디어 및 솔루션에 대한 사람들의 반응을 신속히 파악하는 평가적인(evaluative) 특징도 가진다.

질적 방법은 양적 방법과 달리 고객이 가진 내면의 깊숙한 니즈, 바램 및 소망 등을 밝혀낼 수 있다. 질적 방법을 적용하는 것은 특히 프로젝트 초기 단계에 유용하다. 즉 고객의 실제 상황에 대해서 예측하고 또 추측할 때, 나아가서 이를 테스트할 때 추가하면 바람직하다. 또 프로젝트 팀원들이 가능한 솔루션, 신념, 참여자들의 아이디어들을 모두 파악했다고 확신할 수 없을 때 적용하는 것이 좋다.

질적 조사는 사람, 장소, 사물 및 조직, 기관들 사이의 역학관계를 분석하고 도식화할 수 있는 좋은 방법이다. 이것이 가능한 이유는 사회적 현상은 대개가 상호 내적으로 서로 연관성이 가지고 있기 때문이다. 질적 조사 방법을 통해 다양한 현상들의 극단적인 경우(extreme cases)들을 면밀히 조사하면 전체적인 관계성도 밝혀 낼 수 있다. 현상적 사례들을 도식화하면 마치 지도와 같이 그 요인들의 상대적 위치와 관계를 설명할 수 있기 때문이다.

일단 이러한 관계들이 밝혀지면, 그것을 바탕으로 해석적 방법을 통해 더욱 심층적으로 파고들거나 또 정량적 테스트를 하기 위해 관계가 어떤지 살펴볼 수도 있다.

최근에 실시된 에스노그라피를 활용한 질적 연구 사례를 소개하고자 한다. ReD라는 덴마크 및 미국 소재 컨설팅회사는 보드카를 마시는 사람들의 행동을 연구하고자 하는 보드카 판매 회사로부터 마케팅 조사 프로젝트를 의뢰받아 실시하였다.

이 컨설팅회사는 우선 여러 사람들이 모여서 파티를 하는 기회를 물색하고 이들과 계약을 체결해서 연구를 수행하였다. 회사 측은 연구에 협조하는 대가로 파티비용의 일부를 지불하였다. 연구를 위해서 에스노그라피 전문가를 파견해서 라틴계 미국인들이 파티에서 하는 행동, 즉 음주행동을 관찰하도록 허락을 받았다.

파티가 진행 중이어도 질문을 할 수 있도록 허락을 얻었고, 특히 기록을 위해서 카메라 촬영 및 녹음에 대한 동의도 얻었다. 주말 늦은 오후부터 시작한 파티가 자정이 지나도록 진행되는 전체 프로세스, 파티 참가자들 사이의 상호작용, 축배를 올리는 계기나 구호 외치기, 그리고 어떤 종류의 주류를 각각 언제 마시는지 등등에 대한 면밀한 관찰과 기록 그리고 질문을 실시하였다.

이 회사는 에스노그라피를 통한 보드카 음주행동 연구결과가, 매년 수천명을 대상으로 실시해 왔던 수백만 달러가 드는 양적조사(Quantitative method)보다, 파악하고자 하는 주제를 훨씬 정확하게 맞추었다고 보고하고 있다. 이처럼 비용 면에서도 질적 연구가 현저하게 저렴하다. 보드카 중심으로 시작한 이 연구는 추후 "사람들이 왜 술을 마시는가?"라는 주제로 발전해서 "음주행동" 연구로까지 진행되었다.

10.4

디자인 챌린지 정의하기

우리는 어떤 주제에 대해서 이미 상당히 많은 지식을 가지고 프로젝트를 시작하는 경우가 많다. 따라서 우리가 이미 알고 있는 정보나 지식을 문서로 정리해 두면, 실제 프로젝트에서는 아직 모르는 것을 발견하는 것에만 초점을 맞추어 집중할 수 있다.

진행 가이드

디자인씽킹 팀이 프로젝트를 진행할 때 표 10.1과 같은 단계를 밟아 가는 것이 바람직하다.

디자인 과제를 선정한 후에는 표 10.2에 제시된 요소를 참고하여 공감하기 경험을 계획한다. 공감이야 말로 디자인씽킹이 가지는 독특한 특징이기 때문에 이를 통해 인간중심의 진정한 문제를 발견하는 것이 가능하다.

공감 경험을 계획할 때 사전에 알고 있는 지식이 무엇이고 추가적인 조사가 필요한 분야를 확인한다. 이때 인터뷰 대상자를 선정할 필요가 있다(IDEO, 2014).

표 10.1 디자인씽킹 팀 프로젝트 진행 단계

1단계	팀원 모두가 볼 수 있도록 디자인 과제(챌린지)를 게시한다.
2단계	각 멤버들에게 포스트잇을 나눠주고, 과제에 대해 이미 잘 알고 있는 것을 쓰도록 한다. 이때 포스트잇 한 장에 하나의 정보만 기록한다.
3단계	팀원 각자는 자신이 기록한 것을 소리 내어 읽고, 디자인 과제(챌린지) 밑에 붙인다. 다른 팀원들에게 제시된 내용에 대해 코멘트나 반대 의견이 있으면 이를 제기하도록 유도한다.
4단계	팀원들에게 과제(챌린지)와 관련하여 불확실한 것이 있으면 이를 포스트잇에 기록하고 소리 내어 읽도록 한다. 이때 기록한 것들은 별도의 공간에 붙인다
5단계	포스트잇을 주제별로 분류하여 조사방법, 모임계획, 그리고 인터뷰 가이드 등을 개발하는 데 활용한다.

표 10.2 디자인씽킹 공감경험 계획하기

공감하기 위한 대상자를 열거하라. 주류(mainstream) 사용자와 극단적(extreme) 사용자를 구분하여 파악한다.
대상자(잠재적 사용자, 고객)에 접근하기 위한 쉬운 방법은 무엇인가?
어떻게 하면 고객/사용자를 자연스러운 맥락에서 관찰할 수 있을까?
고객/사용자와 어떻게 하면 인터뷰를 할 수 있을까?
어떻게 하면 고객/사용자가 하는 경험을 팀원들이 체험할 수 있을까?

1) 알고 있는 지식 확인하기

먼저 포스트잇에 디자인 챌린지에 대해 알고 있는 것을 다음 사항을 포함하여 적어보자. 디자인 챌린지 밑에 팀원 각자가 포스트잇에 주제와 관련된 내용을 한 장에 하나씩 쓰고 벽에 붙인다. 이때 팀원들이 개별 포스트잇 하나씩에 대하여 의견을 제시한다. 다음과 같은 의견이 대상이 된다.

- 사람들이 필요로 하거나 원하는 것이 무엇인가?
- 어떤 기술이 이 챌린지 해결에 도움을 줄 것인가?
- 해결 방안이나 아이디어가 다른 분야에서 이미 시도된 적이 있는가?
- 기존에 디자인챌린지 해결방안에 대한 초기의 가설로는 어떤 것이 있는가?
- 갈등이나 모순이 있는가?
- 사람들의 니즈, 기술적 가능성 그리고 아이디어 구현 방법 중에 프로젝트 팀이 가진 강점은 무엇인가?

2) 조사가 필요한 분야는 무엇인가?

디자인 챌린지와 관련하여 아직까지 모르는 콘텐츠는 포스트잇에 적고 읽도록 한다. 포스트잇을 주제별로 클러스트링하여 조사방법, 모집계획, 및 인터뷰가이드를 개발하는데 활용한다. 조사가 필요한 분야는 다음과 같은 질문으로 구성된다.

- 팀원들이 무엇을 하고, 생각하고, 느끼는가?
- 팀원들의 디자인 챌린지에 대한 생각은?
- 팀원들의 잠재적 니즈는 무엇인가?
- 아이디어 구현에 장애물은?
- 가장 중요한 니즈는 무엇인가?
- 모집전략은?
- 토의 가이드를 어떤 기준으로 분류할 것인가?

3) 인터뷰 대상자 정하기

인터뷰 대상자를 누구로 하는가는 과제수행에 대단히 중요하다. 프로젝트의 목적에 부합하고 영향을 미칠 수 있는 대상자를 선정해야 한다. 대상자 선발에는 성별, 연령, 인종 등을 고려하고 계층간 균형을 이루는 것이 중요하다. 특히 주류(main stream)와 극단적 사용자(extreme users)로 분류하여 양 카테고리를 대표하는 대상자의 참여가 사람들의 불분명한 행동, 바람, 및 니즈를 찾는 데 도움을 준다. 다양한 사람들을 참여시키는 것은 디자인씽킹 프로세스 후반부로 갈수록 적절한 프레임워크를 구성하는 데 또 브레인스토밍으로 통찰을 얻는 데 중요한 역할을 한다.

10.5

인터뷰 실시

디자인씽킹 팀이 현장에 나가 고객과 인터뷰하는 것은 용이하지는 않다. 그 이유는 고객들은 늘 자신의 일정을 가지고 있고 시간도 제한되기 때문에 항상 우호적으로 인터뷰에 임한다고 기대하기가 어렵다. 다음에 인터뷰를 효과적으로 진행하는 방법을 살펴보자.

그룹 인터뷰

그룹 인터뷰를 실시하는 목적은 개인 인터뷰 보다 다양한 정보를 참가자들로부터 얻는 데 있다. 효과적인 그룹 인터뷰를 실시하기 위한 가이드를 제시하면 다음과 같다.

- 서로 다른 연령, 성별 그리고 사회경제적 배경을 가진 인터뷰 대상자 7~10명을 선정한다.
- 인터뷰를 실시하는 장소는 성별, 연령, 지위, 인종 등에 관계없이 모든 사람이 쉽게 접근할 수 있는 중립적인 오픈 공간이 바람직하다.

- 인터뷰를 실시하는 나라, 문화 나아가 지역의 습관 및 관습을 준수하여 남녀 혼성 또는 동성으로 그룹을 구성한다(남자와 여자가 따로 만나야 하는 경우도 있다). 이때 인터뷰 진행자는 두 명(2인 1조)이 바람직하고 한 사람이 인터뷰를 실시하는 동안 다른 사람은 기록을 맡는다.

그룹 인터뷰를 통해 참가자들로부터 다양한 정보를 얻기 위하여 특히 다음과 같은 내용들에 대해 참가자들의 반응을 추가로 조사한다.

- 참가자들이 무엇을 생각하고 또 느끼는가?
- 이들은 프로젝트 팀이 한 제안에 대해 어떻게 평가하는가?
- 장래에 필요로 할 수 있는 잠재적 니즈에는 어떤 것이 있는가?
- 아이디어를 실행하는데 장애가 되는 것은 무엇인가?
- 조사를 가장 많이 필요로 하는 니즈는 무엇인가?
- 논의한 내용을 어떤 카테고리로 분류할 것인가?

다음에 기술하는 공간적, 환경적 그리고 사회심리학적 사항들을 유의하여 그룹 인터뷰를 진행한다.

- 인터뷰 참가자와 반드시 같은 높이의 의자에 앉는다.
- 인터뷰를 실시하는 조사원이 한 명 이상인 경우, 조사원끼리 함께 앉지 말고 인터뷰에 참가하는 집단 속에 섞여서 앉는다.
- 인터뷰를 실시하는 조사원 신분을 나타낼 수 있는 옷은 착용하지 않는다.
- 그 대신 인터뷰 참가자와 동일한 신분임을 느낄 수 있는 복장을 하는 것이 바람직하다.

대상고객에 대한 인터뷰 노트를 다음의 표 10.3과 같은 양식을 활용하여 작성한다.

표 10.3 대상고객 인터뷰 노트 작성 양식

대상고객 인터뷰 노트

인터뷰대상자 이름	
노트 작성자 및 관찰자	
인터뷰 대상자 정보	
인터뷰 대상자와의 구체적 접촉 방법	
인터뷰 일자/시간	
인터뷰 장소	

인터뷰 대상자 배경정보

성별	
연령대	
직업	
교육배경	
가족	
취미	
좋아하는 것/ 싫어하는 것	

인터뷰 방법 가이드

인터뷰는 고객 집단으로부터 문제와 관련된 정보를 얻어 내는 것이 목적이다. 따라서 고객과는 호기심을 가지고 공감하는 친구로서 대등한 관계를 맺을 필요가 있다. 이같이 상호 균형을 유지하면서 인터뷰를 진행하는 것이 중요하다.

인터뷰를 통해서 찾고자 하는 연구결과를 얻기 때문에, 이를 위해서는 상당한 수준의 경험과 지식이 필요하다. 적합한 인터뷰 방법을 개발하는 데 도움이 되는 것에는 다음과 같이 세 가지 있다. 인터뷰 가이드(Interview guide), 상쇄개념(Sacrificial concepts), 인터뷰 기법(Interview technique)이 그것이다. 이제 이들을 차례로 살펴보자.

1) 인터뷰 가이드

반 구조화된 인터뷰(Semi-structured) 방법이 있다. 이 방법은 특정한 주제를 중심으로 인터뷰 참가자들과 대화를 나눌 뿐만 아니라 이들로 하여금 깊이 관여할 수 있게 하는 방법이다. 사려 깊게 구조화된 인터뷰 질문을 활용하면 인터뷰를 원활하게 진행하는데 도움이 된다. 즉 구조화된 인터뷰 질문은 인터뷰 참가자들로 하여금 일상의 주제에서 시작해서 그들의 니즈가 반영되는 이상적 상태까지 자기 생각을 자연스럽게 또 적극적으로 이야기하도록 유도할 수 있다.

인터뷰를 실시할 때 참고하면 좋은 점을 인터뷰 진행 단계에 따라 정리하면 다음의 표 10.4와 같다.

표 10.4 인터뷰 진행 단계

단계		다루는 내용 예시
1	일반적인 질문을 가지고 시작해서 구체적인 질문으로 진행: 참가자가 편하게 느낄 수 있는 질문부터 가볍게 시작	1) 가족의 인적 사항 2) 가정에서 부부가 서로 어떤 역할을 담당하는가? 3) 최근에 있었던 스토리를 말하도록 요청함
2	범위를 넓히기: 일상생활에서 벗어나 개인적으로 가진 희망, 포부, 생각 등에 대해서 말하도록 요청	1) 미래에 대한 소망 2) 장래에 대한 계획
3	심층적 탐구하기: 과제(챌린지)에 대해 "만약 ~하다면, 어떻게 될까?"(what~ if~) 등의 질문을 던지면서 깊게 탐구함	1) 생계 수입원 2) 정보 입수처 3) 재정 상태 4) 살아가면서 혹시 좌절을 경험했을 때 누구에게 조언을 구하는가? 5) 새로운 일을 하는 방식에 대해 들어본 적이 있는가? 어떻게 그것에 대해서 듣게 되었는가?

2) 상쇄 개념

상쇄 개념은 문제를 더욱 깊이 있게 이해할 수 있도록 도와준다. 상쇄개념을 적용하는 목적은 주제에 대해 깊이 있게 이해하기 위한 것이기 때문에 실현 가능성이나 지속성을 엄격하게 적용할 필요는 없다.

상쇄 개념을 잘 활용하면서 대화를 촉진시킨다. 상쇄개념은 인터뷰 참가자들이 자신들의 이야기를 좀 더 구체적으로 하도록 부추기기 때문에 우리가 가정한 가설을 점검하고 그 해결 방안에 도전하는데 도움을 준다.

참고로 대답하기 어려운 추상적 질문들이 있다. 위험, 보험, 보상에 대한 질문, 상쇄 관계에 대한 질문, 투자 수익(ROI)에 대한 질문, 그리고 미래의 행동에 대한 질문 등은 대답하기 어려운 추상적 질문들에 속한다. 따라서 추상적인 내용을 질문할 때는 상당한 기술이 필요하다.

3) 인터뷰 기술

사람들은 스토리를 통해서 일상적 경험에서 나오는 중요한 문제와 기회를 제시한다. 또 자신이 그렇게 한다고 말하는 것과 실제로 하는 행동은 종종 서로 다른 경우가 있다. 인터뷰를 할 때는 직설적인 질문은 하지 않는 것이 좋다. 왜냐하면 인터뷰를 통해서 개인들의 풍부한 스토리를 수집하는 데는 간접적인 인터뷰가 더 효율적이기 때문이다.

스마트폰 사용방법에 대한 인터뷰 실습

1) 두 사람씩 짝을 지어 팀을 만든다(A와 B가 한 팀).
2) 먼저 A가 스마트 폰 주소록에 전화번호를 입력하는 방법을 보여 달라고 B에게 부탁한다.
3) B도 A에게 똑 같은 과정을 요청한다.
4) 2인 1개 팀으로 “5 Why” 질문법 사용을 연습한다.
5) 파트너에게 최근 주소록에 입력한 연락처에 대해 물어 본 후에 5회에 걸쳐 연속적으로 “왜 그렇게 했습니까?"라는 질문을 한다.

☞ 심층질문인 ‘5 Why’를 활용하면 상대방의 행동양식을 깊이 이해할 수 있음.

표 10.5 대상자 인터뷰 노트 양식

대상자 인터뷰 노트

인터뷰 노트	관찰/인터뷰 답변
질문 1	인터뷰 답변 1
질문 2	인터뷰 답변 2
질문 3	인터뷰 답변 3
⋮	⋮

인터뷰 결과는 인터뷰 노트 양식(표 10.5)과 AEIOU 관찰 양식(표 10.6)에 기록하였다가 인터뷰를 종료한 후 기록양식<표 10.7>에 정리하도록 한다.

공감하기 단계에서 인터뷰 기록 양식과 더불어 같이 사용할 수 있는 것은 "AEIOU 관찰" 방법 양식이다. 구체적 내용은 앞의 4장과 5장에서 다룬 AEIOU 관찰법을 참조하기 바란다.

표 10.6 AEIOU 관찰 양식

활동 (Activities)	
환경 (Environment)	
상호작용 (Interaction)	
대상 (Objects)	
사용자 (Users)	

표 10.7 대상자 인터뷰 후 기록 양식

인터뷰 종료 후 토의 : 개별 인터뷰 대상자에 관하여 작성

인터뷰 대상자 목표 혹은 동기	인터뷰 대상자 소망
인터뷰 대상자의 좋은/나쁜 경험	인터뷰 대상자가 가지는 도전의 두려움/고통스러운 점
인터뷰대상자에 대해 기억나는 3가지 일	사용자 통찰 및 니즈

인터뷰 후 기록 양식은 니즈파인딩 프로세스에서 대상자의 니즈를 찾는데도 사용할 수 있다.

10.6 공감적 디자인

공감을 통하여 문제해결책(솔루션)을 개발하는 방법은 디자인 팀이 가진 전문성과 고객이 가진 현실적 니즈를 결합시키는 방법이다. 공감이 가지는 주요한 의미는 디자인 대상이 되는 고객들의 문제에 대해 깊은 이해를 가능하게 해주기 때문이다.

따라서 창조 단계(아이디어 발상단계; Create phase)에 들어가기 전에 공감적 디자인(Empathic design) 방법을 활용하여 다양한 고객들을 조사하고 그들의 입장이 되어서 진정한 문제를 찾는 것이 중요하다.

고객이나 사용자를 깊이 이해할수록 공감적 디자인은 더욱 적절한 또 혁신적인 솔루션으로 이끌어 갈수 있다. 그러나 이 방법이 가진 어려움은 탐색하는 고객의 문제를 머리로만 이해해서는 안 된다는데 있다. 그 대신 깊은 고민을 통해 고객의 심층적인 내면과 감성을 반영한 문제를 발견하고 이에 대한 해결 방안(솔루션)을 만들어야 한다.

공감적 디자인이 특별히 필요한 경우가 있다. 특히 디자인씽킹을 활용하여 공감적 디자인을 하는 것은 다음의 경우에 유효하다.

- 디자인 팀이 솔루션을 개발하는 데 필요한 특정 기술을 가지고 있을 때
- 찾고자 하는 솔루션이 "기존에는 존재하지 않는 새로운 것"일 경우
- 조직 또는 커뮤니티의 정치적 문제 때문에 같이 일할 팀원들 선정이 어려울 때

공감적 디자인은 다음 표 10.8과 같이 4단계로 이루어진다.

표 10.8 공감적 디자인 4단계

1단계	디자인 팀원들로 하여금 고객의 이성적 및 감정적인 측면을 모두 고려한다.
2단계	디자인 팀원들이 고객들의 행동이나 태도에 대해 인터뷰할 때 이는 이들을 이해하고 공감하기 위한 것이지 판단하기 위한 것이 아니라는 점을 반드시 유념해야 한다.
3단계	공감을 이루기 위해서 듣기 단계(Hear Stage)에서 디자인 팀원들은 고객들과 충분한 대화를 나눴는지를 확인한다.
4단계	고객이 하는 행동의 원인 및 이유를 팀원들이 이해나 공감을 하지 못하는 경우 현장에 가서 더 많은 조사를 실시해야 한다.

10.7

공감지도, 통찰하기, 그리고 니즈파인딩

조사결과를 파악하는 것은 일정한 유형(패턴), 테마, 정보 사이에 나타나는 관계를 인식하는 것으로 마무리한다. 이 과정은 때로는 혼란스럽고 어렵지만, 궁극적으로 매우 보람이 있다. 수집한 자료 간에 나타나는 패턴을 연결하고 이를 인식하는 것은 실제로 해결방안(솔루션)에 이르도록 하는 데 큰 도움을 준다. 이때 주제에 따라 선택적으로 사용할 수 있는 3단계 프로세스는 주요 통찰 도출, 테마 찾기, 그리고 프레임 만들기 등이다.

공감지도 작성

5.4절에서 다룬 공감지도 작성 방법에 따라 인터뷰, 관찰, 그리고 체험에서 얻은 결과를 말하기/행동하기/생각하기/느끼기(Say/Do/Think/Feel) 등 각 4 분면에 나열하고 여기에서 스트레스, 모순, 고통점(pain point), 놀람 등과 같이 불편하거나 스트레스를 주는 요인을 찾아내도록 한다.

주요 통찰 도출(Extract Key Insights)

통찰을 통해서 시사점을 발견하는 것은 숨겨진 가시성과 명확성을 얻는 것이다. 공감을 통해 획득한 관찰 및 인터뷰 결과는 패턴, 테마, 정보 사이에 나타나는 관계를 인식하는데 도움이 된다.

통찰은 주목을 하지만 찾지 못한 문제의 근본 원인이나 행동패턴 등 예상치 못한 것을 밝혀내는 데 도움을 준다. 나아가 통찰은 개별적인 스토리에서 중요한 사실을 추론해 내는 데도 도움을 준다. 이처럼 통찰은 새로운 시각으로 디자인 과제를 볼 수 있도록 도와준다. 자세한 내용은 5.4절 문제정의문 작성에서 다룬 통찰방법과 사례를 참조할 수 있다.

테마 찾기(Find themes)

테마 찾기(주제어 찾기)는 서로 다른 정보 간에 있는 공통점, 차이점, 관계를 탐구하는 것이다. 이 작업을 수행하는 방법에는 카테고리 찾기와 분류하기, 카테고리들 사이의 관계 고려하기, 그룹핑(grouping) 및 재그룹핑(re-grouping), 팀의 의견 구하기 등이 있다.

수집한 자료를 그룹핑(클러스터링)하여 테마를 만드는 것은 귀중한 경험이 될 수 있다. 이때 다음과 같은 몇 가지 유용한 기법을 활용할 수 있다.

- 어떻게 분류하고 테마를 만들 것인지를 결정하기 위해 팀원들이 함께 협력하면서 토의한다.
- 분류작업이 만족스러울 때까지 벽에 붙인 포스트잇들을 몇 번이고 재정리한다. 이때 포스트잇을 적당한 그룹핑을 하기 위해 이동시킨다.
- 대부분의 포스트잇을 포괄하는 테마가 있을 경우에는 몇 개의 작은 테마로 나누고(클러스터링) 정보들 간의 연관성뿐만 아니라 차이점도 검토한다.

테마를 찾는 기법 중의 하나는 스토리에서 확인된 문제와 니즈를 가지고 통찰과 테마로 변환시키는 P.O.I.N.T 기법이 있다. 이 기법은 다음과 같다.

1. 문제(Problem, P)
2. 장애물(Obstacle, O)
3. 통찰(Insight, I)
4. 니즈(Needs, N)
5. 테마(Themes, T)

프레임워크 만들기

프레임워크는 시스템을 시각적으로 표현하는 방법으로 상호작용하는 각 요소 및 관계하는 사람들이 누구인지 또 그들 사이의 관계가 어떤지를 보여준다. 나아가 프레임워크는 스토리에서 얻은 특정 정보를 더 큰 시스템이란 맥락에 대입할 수 있게 해준다.

좋은 프레임워크는 명확하고 포괄적인 방법으로 문제와 관계를 볼 수 있도록 도와준다. 이를 만들면 구성원들, 커뮤니티 내의 다른 참여자들, 그리고 이들이 조직에 어떤 의미를 가지는지 등을 논의할 수 있다. 프레임워크를 만들 때 핵심이 되는 통찰을 그 바탕으로 하는 것이 바람직하다. 따라서 통찰을 찾아내고 이를 추가 목록에 포함시켜야 한다.

두 개의 서로 다른 프레임워크를 만드는 것이 적절하다. 왜냐하면 여성 스토리와 남성 스토리는 서로 다를 수 있고, 이 경우 성별 차이가 하나의 테마가 될 수 있기 때문이다. 예컨대 여성들이 말하는 가족 활동이나 소득 관계 스토리는 남성들이 말하는 것과 다를 수 있다. 이상의 질문에 답이 긍정적이라면 남녀를 위해 서로 다른 영역을 포착하는 두 개의 프레임워크를 만드는 방법도 생각해야 한다. 또한 대학 내의 공간 설계 등의 문제라면 이해관계자인 학생과 교직원 두 집단의 요구 사항을 두 개의 프레임워크로 파악하는 것이 바람직하다.

니즈 파인딩 과정(Needs Finding Process)

- 데이터로부터 클러스터로, 클러스터로부터 니즈로
- 패턴과 관계를 찾아본다
- 챌린지, 동기, 고통점, 전망 등을 고려한다.

공감지도를 활용하여 통찰과 니즈파인딩을 하면 디자인 챌린지 문제를 정의할 수 있다. 공감 단계에서 작성한 공감지도로부터 얻은 데이터를 적절히 분류하여 사용자의 니즈와 통찰을 얻기 위한 데이터 클러스트 간에 관계를 분석할 때 다음과 같은 관계 도표를 활용하면 도움이 된다.

표 10.9 고객의 통찰 및 관계성 파악

연결	긴장과 대비
사건	성공과 실패, 선과 악
인과관계	A가 B를 초래함, 필요하나 충분치 않음
갭	맞지 않음(mismatch): 정렬되지 않은(misaligned), 부족, 당혹함, 고통점(pain point)
시간대	계획보다 앞서거나 혹은 계획, 시간, 마감보다 늦음
성과	계획된 혹은 의도치 않은 성과
속도	프로세스가 속도를 내거나 혹은 지연되는 것

챌린지, 동기, 고통점, 모순, 전망 등을 고려하면서 이들이 고객의 행동패턴과 어떤 관계를 가지는 가를 찾는 것이 필요하다. 니즈파인딩의 경우 공감하기 결과에서 파악한 데이터를 친화도에 따라 클러스터링하고 분류함으로써 니즈를 찾아낼 수 있다. 고객의 니즈를 파악할 때 스파이스(SPICE) 니즈 프레임워크를 사용하면 도움이 된다.

이는 사회적, 신체적, 정체성, 의사소통, 및 정서적 니즈 등을 토대로 고객의 니즈 및 딥 니즈를 찾는 데 활용하는 방법이다. 이를 정리하여 페르소나를 작성하면 문제정의에 도움을 준다. 또한 니즈파인딩 프로세스는 공감지도로부터 직관(intuition)에 의해 직접 찾아 낼 수도 있으므로 생략할 수 있다.

스파이스 니즈 프레임워크 (SPICE Needs Framework)

니즈파인딩 프로세스에 사용할 수 있는 모델로 대상의 니즈를 체계적으로 찾는 표 10.10과 같은 SPICE 니즈 프레임워크를 들 수 있다.

인터뷰, 관찰 및 체험 등 공감하기 결과로부터 직접적으로 니즈파인딩을 할

표 10.10 SPICE 니즈 프레임워크

구분	내용
S 사회적(Social)	주변사람들과 관계를 할 때 무엇이 필요한가? (예, 신뢰, 질적인 상담, 즉각 응대하는 서비스 등).
P 신체적(Physical)	신체적, 기능적 수준에서 필요한 것은 무엇인가? (예, 응대 서비스, 편리한 환경, 쾌적한 설비에 접근성 등)
I 정체성(Identity)	이 사람이 자신을 정의하는데 필요한 것은 무엇인가? 어떤 사람이 되기를 원하는가? (예, 기여자, 돌보는 교사, 좋은 관리자, 사랑하는 부모, 팀 플레이어 등)
C 의사소통(Communication)	이 사람에게 어떤 정보가 필요한가? (예, 비권위적 언어, 신뢰할만한 정보, 책임감 있는 피드백 채널 등)
E 정서적(Emotional)	이 사람이 정서적 및 심리적으로 필요한 것은 무엇인가? (예. 애국심, 공정성, 정의감, 자율성 유연성, 성취 등)

때 다음과 같이 단계를 나누어 체계적으로 실시할 수 있다(태국-RMUTT 대학 디자인씽킹 워크숍, 2019.) (이 과정은 공감지도로 부터 직관적으로 통찰하고 니즈를 찾을 수 있을시 생략할 수 있다).

1단계: 팀원들이 함께 인터뷰 노트를 공유한다.

- 인상적인 인터뷰 노트를 하나 선정하여 그 스토리를 팀 전체가 공유하도록 한 사람이 읽는다.
- 다른 팀원은 집중해서 경청하고 '왜'라는 질문을 계속적으로 한다.
- 사용자 경험에 공감한다.

2단계: 인터뷰 스토리로부터 학습한 것을 포착한다.

- 스토리를 주의해서 경청하며 떠오르는 정보(문장, 인용, 흥미로운 내용 등)를 기록한다.
- 포스트잇 하나에 한 가지 내용을 적고 주요한 세부 내용도 포착한다.

3단계: 공통주제 혹은 패턴에 따라 데이터를 클러스터링(친화도 도표, Affinity diagram) 한다.

- 팀원들은 순차적으로 각자 포스트잇을 하나씩 공유한다.
- 개별 데이터 클러스터에 대해 심층적으로 토의한다. 데이터 클러스터가 동기, 소망, 근심, 쟁점, 좌절, 장벽, 고통점, 공동의도, 행동, 정서 등 무엇을 다루고 있는가?
- 각 데이터 클러스터에 적절한 주제 부여(이때 한 단어가 아닌 문장을 사용한다.)
- 이 프로세스를 동일한 사용자 그룹에 있는 모든 인터뷰대상자에 대하여 실행한다.

4단계: 팀원 모두가 포스트잇의 모든 클러스터/주제를 살펴본다. 여기에서 패턴, 관계, 행동간의 연계, 거동 및 느낌도 찾아본다.

- 주제 간에 관계와 패턴을 찾아본다. 포스트잇, 주제들을 자유롭게 패턴과 관계가 이루어지도록 이동시킨다.
- "왜"라고 질문을 계속한다. 각 주제는 무엇인가? 관계는 어떤가?, 어떻게 연결되었는가? 이것이 왜 인터뷰 대상자에게 중요한가?(표 10.9의 관계성 도표 참조)
- 주제 하나나 혹은 관련된 주제를 가지고 짧은 사용자용 통찰을 문장/니즈 문장으로 바꿔 써 본다.
- 사용자 인터뷰로부터 적절한 인용을 해서 이들 각자의 통찰이나 니즈의 근거로 사용한다.
- 통찰 혹은 니즈문장으로 돌아가서 도전과제와 연관되지 않은 것들은 버린다. 이때 대략 5~6개 정도의 통찰과 니즈문장만이 필요하다

이러한 니즈파인딩 프로세스는 위와 같이 공감하기 결과로부터 직접 수행하거나 공감지도와 연동하여 활용할 수 있다. 즉 1단계와 2단계를 수행하고 그 결과를 포스트잇에 기록한 후 관련 공감지도에 말, 행동, 생각, 느낌(Say, Do, Think, Feel) 등 적절한 4분면에 붙이도록 한다. 이어서 3단계에서는 모든 인터뷰 결과를 화이트보드 혹은 벽에 붙여 주제별로 클러스터링한 후 4단계에서 클러스터링한 데이터간의 관계 및 패턴을 찾고 근본적인 문제의 원인을 통찰하여 고객의 니즈를 찾는다.

니즈파인딩을 통해 구한 니즈와 딥니즈를 활용하여 페르소나를 작성한다. 니즈파인딩을 통해 찾은 니즈와 딥니즈를 활용하면 다음에 예시하는 페르소나(4.5절 참조) 작성이 가능하다. 이제 페르소나 작성에 필요한 각 세션에 대해 [그림 10.2]에서 살펴보자.

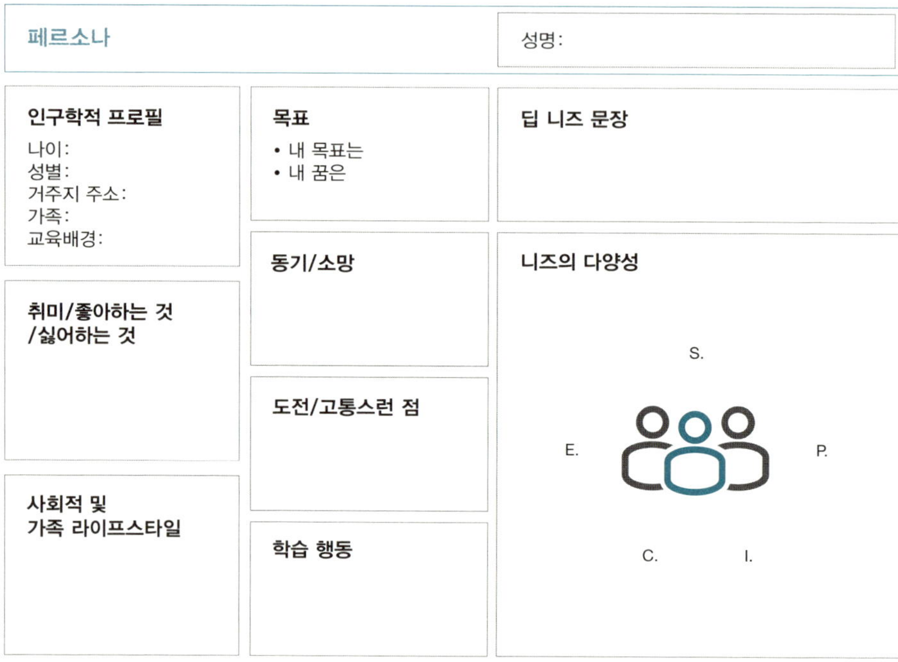

그림 10.2 페르소나 양식 샘플

문제 정의/기회영역 만들기

지금까지 한 활동으로부터 디자인 프로젝트의 테마, 패턴, 니즈를 도출했다면 이제부터는 기회영역 만들기(Create opportunity areas)를 시작할 수 있다. 이처럼 통찰을 기회로 전환시키는 과정은 현재의 상태에서 미래의 가능성을 확인하는 단계로 이행하는 것과 같다. 기회는 아이디어와 솔루션을 내기 위한 발판이다. 기회영역이 가진 특성을 정리하면 다음과 같다.

- 기회영역은 아이디어 창출의 디딤돌이다.
- 기회영역은 생산적이며 미래 지향적으로 문제나 니즈를 다시 드러내는 것이다.
- 기회영역은 솔루션은 아니지만, 그 이상의 의미를 가진다.
- 기회영역은 팀으로 하여금 다수의 솔루션을 도출해 낼 수 있게 한다.

이제 기회영역을 구성하는 방법을 살펴보자. “어떻게 하면 ~할 수 있을까?”(HMW)라는 문장으로 기회영역을 기술한다. 이처럼 시작한 각 문장을 포스트잇에 “어떻게”라고 표기한다. 이때 통찰에 사용하였던 포스트잇의 색깔과 구분되는 다른 색의 포스트잇을 이용하여 기회영역을 적는 것이 바람직하다. 이렇게 하면 다음 단계에서 통찰과 기회를 시각적으로 구분하는 데 편리하다.

디자인씽킹을 통한 프로젝트의 성공을 위해서는 다음과 같은 주요 요소가 필요하다.

1. 다양한 고객 즉 대상의 페르소나를 작성한다.
2. 공감지도를 작성하여 통찰을 통해 니즈를 찾는다.
3. 문제를 다양한 시각에서 보고 재구성(reframe)함으로써 기회를 찾는 것이 중요한다는 것을 항상 염두에 둔다.

10.8

새로운 솔루션을 위한 브레인스토밍

브레인스토밍은 디자인씽킹에서 가장 많이 사용되는 유용한 아이디어 개발 스킬이다. 브레인스토밍을 성공적으로 적용하려면 반드시 다음의 7가지 규칙을 준수하여야 한다.

1. 판단은 뒤로 미룬다. 브레인스토밍 단계에서는 나쁜 아이디어란 없다. 아이디어를 평가 및 판단하는 기회와 시간은 추후에 있다.
2. 거친 아이디어도 장려한다. 왜냐하면 때때로 다듬어지지 않은 아이디어가 혁신적 아이디어가 될 수 있기 때문이다. 또 추후에 아이디어를 검토하는 것은 어렵지 않다.
3. 다른 사람의 아이디어를 승계해서 발전시킨다. 반드시 "그러나" 대신에 "그리고"라는 표현을 사용한다. 만약 다른 사람의 아이디어가 마땅치 않다면 그것을 받아서 좀 더 발전시켜 더 좋게 만들도록 도전하는 것이 바람직하다.
4. 주제에 계속 집중한다. 팀원 모두가 이 원칙을 지키면 훨씬 더 좋은 결과를 얻을 수 있다.

5. 아이디어 제시를 가능하면 시각적으로 표현한다. 좌뇌와 우뇌를 번갈아 사용하면서 논리와 감성 양면을 함께 사용하도록 한다.
6. 한 번에 한 사람씩 아이디어를 내도록 한다. 그리고 제시된 아이디어를 경청한 후에 이를 발전시킨다.
7. 아이디어의 숫자가 많아지는데 목표를 둔다. 나아가 이 목표를 초과하도록 노력한다. 모든 멤버에게 아이디어에 대한 비판을 금지해서 아이디어 발상 물결이 팀 내에서 흐르도록 한다.

다음에 디자인씽킹 팀이 브레인스토밍을 위한 열린 생각과 활기 넘치는 마인드셋을 가질 수 있도록 워밍업 실습 활동을 소개한다.

브레인스토밍 워밍업 실습

1) 파트너와 짝을 이룬다.
- A는 자신이 시작하고자 하는 프로젝트에 대해 생각한다.
- 그 예로 올해 "여름휴가"에 대한 계획과 여기에 대한 많은 아이디어를 준비할 수 있다.

2) 제 1 라운드
- A가 연속하여 아이디어를 하나씩 말한다.
- B는 각 아이디어에 대해 "반대합니다."라고 말하고, 반대하는 이유를 설명한다.
- 약 2~3분 계속한다.

3) 제 2 라운드
- B가 사업 프로젝트나 이벤트에 대한 아이디어를 하나씩 낸다.
- 이때 A는 각 아이디어에 대해서 "찬성합니다."라고 말하고 이 아이디어를 발전시켜 더 큰 아이디어를 만든다.
- 2~3분 계속한다.

4) 제 3 라운드
- 그룹에서 두 가지 경험에 대해서 사람들이 어떻게 느끼는지에 대해서 논의한다.
- 대부분 제2 라운드 경험이 팀의 성공적인 브레인스토밍 환경을 만드는 데 도움을 준다고 반응할 것이다.

10.9

실행하기

디자인 팀이 바람직한 다수의 솔루션을 만들어 냈으면, 그 다음에는 이들 솔루션을 어떻게 실현 가능하고 지속시킬 것인가를 고려해야 한다. 실행(Deliver) 단계는 최선의 아이디어를 실천으로 옮기는 단계이다.

실행 단계에서 팀이 해야 할 과업은 다음과 같다.

1. 필요한 역량 파악
2. 예산 및 재정적으로 지속 가능한 모델 만들기
3. 혁신 절차 개발
4. 모의실험(Pilot) 계획 및 영향력 측정

실행하기 단계에서 하는 일은 다음과 같다.

1. 실현 가능성(Feasibility) 평가
2. 지속가능성(Viability) 평가
3. 혁신절차(Innovation Pipeline) 평가
4. 실행(Implementation) 계획 수립
5. 학습(Learning) 계획 수립

구성원에게 솔루션을 전달하는 것은 개발한 솔루션이 잘 실행되고, 지속될 수 있는지를 확인하고 나아가 재무적 모델(financial model)을 구축하는 것이다. 이를 위해서 지속적 학습 및 반복적인 계획을 수립해야 한다.

다음에는 디자인씽킹을 활용해서 덴마크에서 노인이 직면하는 복지문제를 해결한 사례를 예시한다.

디자인씽킹 4단계 예시 : 덴마크 노인복지연구

프로젝트 명:

굿키친 프로젝트(Good Kitchen Project)

해결 과제:

- 덴마크 사회보장제도에 따라 정부 지원을 받는 노인들은 정부가 지원하는 아파트에 거주함. 노인들이 식사(meal)를 정기적으로 제공받고 있음에도 불구하고, 조사결과 상당수가 영양실조라는 놀라운 사실이 밝혀졌음
- 이에 놀란 시정부, 노인 단체, 컨설팅회사가 서로 협력하여 디자인씽킹을 통해 문제를 해결한 사례임

디자인씽킹, 4단계 모델 적용:

- 무엇이 문제인가?(What is?) - 발견(*discover*)
- 만일 ~하면 어떨까?(What if?) - 정의(*define*)
- 이런 방법은 어떨까?(What wows?) - 개발(*develop*)
- 작동하는 솔루션은 무엇인가?(What works?) - 실행(*deliver*)

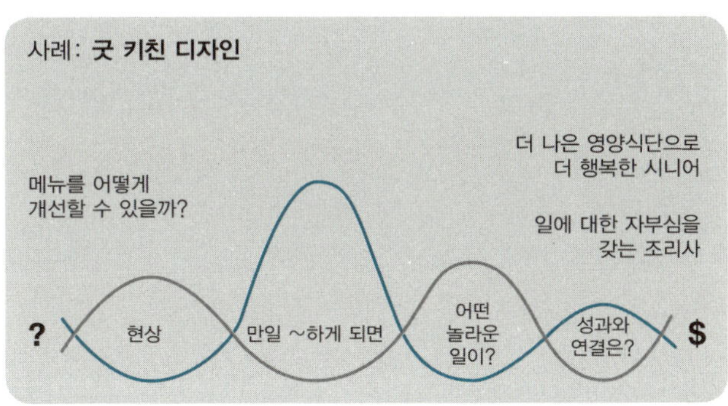

부록

부록 1

디자인씽킹 툴

질문 또는 문제를 재구성(Reframing)하는 방법

1) **분명한 해법에서 한 걸음 뒤로 물러나라**

좋은 쥐덫 대신에 쥐가 꾀지 않는 방법을 모색한다.

2) **관점을 바꿔라**

더 중요한 쪽으로 초점을 이동한다.

3) **진짜 문제가 되는 것을 드러내라**

사람들이 원하는 것은 직경 5mm 드릴이 아니라 직경 5mm의 구멍을 뚫는 것임. 이때 만일 드릴에만 집중하게 되면 레이저를 고려하는 것은 불가능하게 됨.

4) **저항이나 심리적 장애를 극복할 방법을 모색하라**

질문을 장애를 극복할 수 있도록 재구성하라.

5) 반대편에서 생각하라

> 예) 오클라호마 공동체 행동 프로젝트
> 주제: 주민의 참여율 제고 방법 모색
> "우리가 부모를 프로젝트에 끌어들이지 못하는 이유는 무엇인가?"
> "프로그램이 무료인 것을 강조하는 대신 얼마나 값진 것인가로 소통 시작"

6) 문제에 답을 포함하지 않게 구성하라

7) 구체적으로 시작해라

참가자들이 편안하게 대답할 수 있는 질문들로 시작해라.

8) 광범위하게 진행하라

희망, 두려움, 야망과 같이 좀 더 깊이 있는 질문을 하라.

9) 깊고 철저하게 조사하라

인터뷰 중간에 당신이 선택한 흥미있는 주제에 대해 좀 더 깊이 있게 조사해라.

10) "만약 ~~라면"(what if?)으로 시작되는 시나리오를 활용하여 즉각적인 생각을 이끌어내라

부록 2

교육과정 개선을 위한 '어떻게 하면'(HMW) 질문 사례

교육과정(Curriculum)

- 학생들을 독서 활동에 어떻게 참여시킬 수 있을까?
- 중국어 수업에서 "실제" 중국사회를 이해하도록 어떻게 연관시킬 수 있을까?
- 학생들을 효과적으로 가르치기 위한 교육과정을 어떻게 만들 것인가?

공간(Space)

- 교실 공간을 학생들 중심으로 만들려면 어떻게 디자인할 것인가?
- 교사들 간의 협력을 위해 공간을 어떻게 만들 것인가?
- 큰 소리로 협력하는 것과 조용하게 사색할 수 있는 것이 상호 유연하게 이루어지도록 만들기 위해 도서관을 어떻게 재설계할 것인가?

프로세스와 도구(Processes and tools)

- 학교와 가정의 파트너십을 어떻게 구축 할 수 있을까?
- 학교 일정을 학생들의 학습 리듬에 어떻게 적용할 수 있을까?

- 저학년 학생들이 어떻게 하면 체계적으로 토의하도록 지원할 수 있을까?

시스템(Systems)

- 교사들이 지역을 넘어 협업할 수 있도록 도와주는 기구를 어떻게 개발할 것인가?
- 좀 더 평안히 휴식을 취할 수 있는 캠퍼스를 어떻게 지원할 수 있을까?
- 어떻게 학생들이 지역 사회에 봉사할 수 있는 캠퍼스를 설계할 수 있는가?

부록 3

가상집중강좌 (Virtual Crash Course) 통한 실습

여러분은 짧은 시간동안 사용자/고객/혹은 특정대상의 경험을 토대로 문제를 정의하고 혁신적인 방법을 찾아내기를 원하는가? 그런데 필요성은 의식하고 있지만 디자인씽킹이 가진 큰 줄거리를 이해하지 못해서 흥미를 잃어버리지는 않는가?

디자인씽킹을 실습을 통하여 체험하고 실제 문제에 적용하기까지는 상당한 시간과 경험이 필요하다. 따라서 우리는 가상문제에 적용하여 빠른 시간에 디자인씽킹의 전과정을 체험하게 하는 방법이 필요하다. 이러한 방법을 가상집중강좌(virtual crash course)라고 한다. 스탠포드 대학에서는 디자인씽킹을 신속히 가상체험하는 과정을 단기 워크숍에서 많이 사용하고 있다. 다음은 그 주제중 하나인 '모닝커피를 마시는 경험을 재설계(redesign)하라'이다.

DT주제: "모닝커피를 마시는 경험을 재설계(redesign) 하라"

커피 마시는 행위를 둘러싼 사람들의 행동을 관찰해 잠재해 있는 욕구와 기회를 알아내라고 주문한다.

"한 가지 큰 프로젝트보다 다수의 작고 쉬운 프로젝트를 수행하는 경험을 함으로써 디자인씽킹을 배울 수 있는 기회를 최대한 늘리는 것이 중요하다." 보통 이러한 과정은 1~2시간 내에 실시되고 있다. 유튜브 등에서 볼 수 있는 다양한 동영상과 인터넷상에 소개되는 자료를 보면 다음과 같은 주제가 많이 다뤄지는 것을 알 수 있다.

가상집중강좌 주제(Virtual crash courses):

- "선물 주기 경험(gift giving experience)"
- "매일의 통근(통학) 과정을 리디자인(redesign) 하라"
- "모닝커피를 마시는 경험을 리디자인 하라"
- "이상적인 지갑 재설계(ideal wallet redesign)"
- "헌혈 경험(blood giving experience)"
- "자동차 정비 경험을 개선하라"
- "가나자와 지역의 관광경험을 리디자인 하라"

국내에서 본서 저자들이 선정하여 적용한 주제들에는 다음과 같은 것들이 있다.

- "경주의 관광 경험을 리디자인(redesign) 하라"
- "더 좋은 라면 경험 디자인"
- "노래방 경험을 리디자인 하라"
- "여성용 핸드백을 리디자인 하라"
- "환자 경험 리디자인"

팀 구성 및 팀 빌딩:

- 팀 구성을 할 때 주제중심으로 팀 구성을 한다. 나아가 팀장이 아닌 팀 퍼실리테이터를 선정해서 토의의 효과적인 운영을 설계하는 것이 바람직하다. 그 밖에 일반적인 팀구성 방법에 따라서 조장, 기록자를 선출하고 각자의 역할을 정해서 진행한다.

- 워크숍을 효과적으로 진행하기 위해서는 전공이 다른 복수의 강사와 진행을 도와주는 퍼실리테이터가 필요하다. 이러한 역할을 할 수 있는 퍼실리테이터는 디자인씽킹 전과정을 알고 있어야 하고 강사를 도와 워크숍이 잘 진행되도록 각 팀을 돌며 팀원들이 제대로 하고 있는지 지원하고 개선해 주는 역할을 수행해야 한다.
- '디자인씽킹이란 무엇인가?' 라는 소개를 약 1~2시간에 걸쳐서 먼저 소개한다. 이때 디자인씽킹이 왜 필요하며, 문제해결을 해야 할 때 어떻게 해결할까(how to solve)?로부터 출발해서 무엇을(what to solve), 왜(why to solve) 해결할지 등을 찾아가는 과정으로 진행한다.
- 디자인씽킹 각 단계별로 그 의미에 대한 간단한 설명을 하고, 적시적소에서 실제 활용 사례를 풍부히 제시한다. 또 참여자들이 수행하는 작업에 대하여 피드백, 코칭을 제공해줄 때 디자인씽킹의 성과와 만족도가 더 커진다.
- 퍼실리테이션에 따라 디자인씽킹 교육의 성과가 많이 달라질 수 있다. 스탠포드 대학 디스쿨 과정에 참여한 교수들의 경우 언어와 문화 차이 때문에 퍼실리테이션의 도움을 많이 받지 못했음을 인정하였다. 따라서 디자인씽킹이 가지는 오묘한 묘미를 자신의 것으로 소화하고, 이를 다른 직장 동료나 학생들에게 전파하는 것이 어려운 것은 지극히 당연하다.

[참고] MYSE 디자인씽킹 퍼실리테이션

본격적인 주제에 대하여 디자인씽킹을 수행하기 전에 전과정을 경험할 수 있는 가상집중강좌 (virtual crash course)는 팀원들에게 전체적인 개관을 체험하게 하여 디자인씽킹에 대한 이해도를 높여 줄 수 있어 효과적이다.

디자인씽킹 워크숍을 2~3일 정도 진행하는 경우에도 초기에 가상집중강좌를 1~2시간에 걸쳐 실시하는 것이 효과적이다. 물론 하루 정도의 워크숍을 한다면 이러한 가상집중강좌만으로 구성해도 좋을 것이다. 다음에 가상집중강좌의 흐름을 제시한다.

가상집중강좌(virtual crash course) 시간표

내용	비고
1단계 공감하기	
1. 조사 및 인터뷰(dig)	10분 (A → B, B → A 각 5분씩)
2. 깊이 파고들기(dig deeper)	10분 (A → B, B → A 각 5분씩)
2단계 문제정의하기	
3. 조사한 것을 파악(needs & insight 파악)	5분씩 각자 수행
4. 문제정의문(Point of View) 확립	5분씩 각자 수행
3단계 아이디어 발상	
5. 스케치	5분씩 각자 수행
6. 솔루션공유 및 피드백받기	5분씩 상대방에게 피드백 받기
7. 새로운 해결책 반영 & 스케치하기	5분씩 새로운 해결책 스케치
4단계 프로토타입	
8. 솔루션 만들기(prototype)	30분간 각자 수행
5단계 테스트	
9. 솔루션을 공유하고 피드백을 받기	10분간 상대방에게 피드백 받기

디자인씽킹 워크숍 재료 예

준비물	포스트잇(8 × 8CM), 녹색(연두), 적색, 노랑, 파랑색 등	30묶음 혹은 팀별 두세트 이상
	3M이젤패드(64 × 74 아래 참조)	40장 혹은 팀별 두개
	색지(A4,A3), 하드보드지	7장
	네임팬(매직펜), 싸인펜, 색연필 (각종 색깔)	팀별 1세트 이상
	스티로플 봉, 스티로플 판	적정량
	스파게티 , 머쉬멜로우, 털실	1봉
	칼, 가위,풀, 테이프(양면테이프, 셀로판, 면), 스테플러	팀당 1세트
	수수깡, 스트로우,나무막대, 젓가락, 도일리페이퍼, 스티커	3봉
	리본, 색끈, 풍선,	1개
	A4용지	500매 한묶음

디자인씽킹 테이블 세팅 예

- 시작 전에 테이블, 참가자명찰, 프로토타입 재료 세팅을 완료한다.
- 테이블 세팅의 좋은 예(테이블별로 세팅이 바람직함) -싸인펜, 매직펜을 색깔별로 충분히 준비하는 것이 필요함

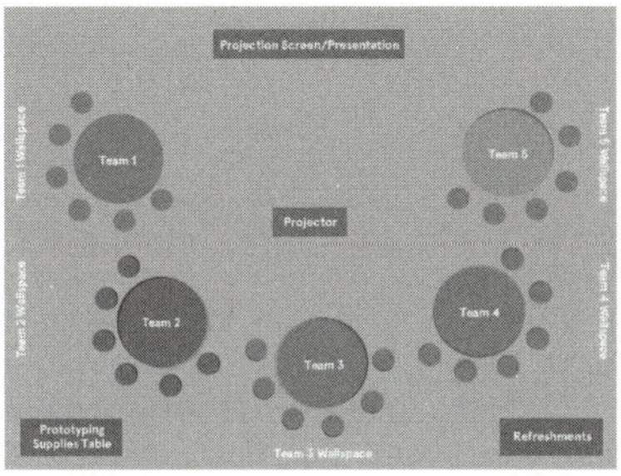

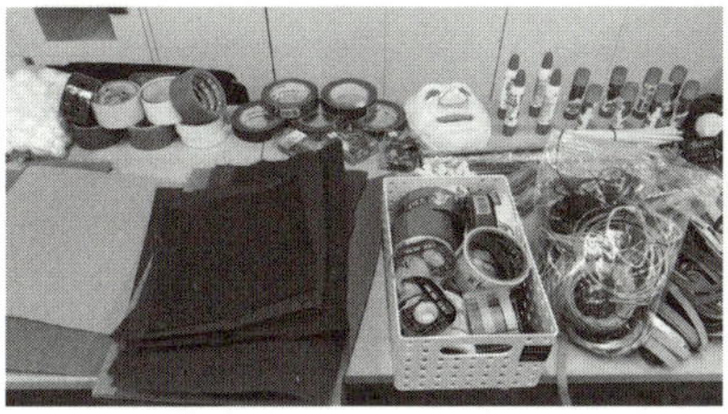

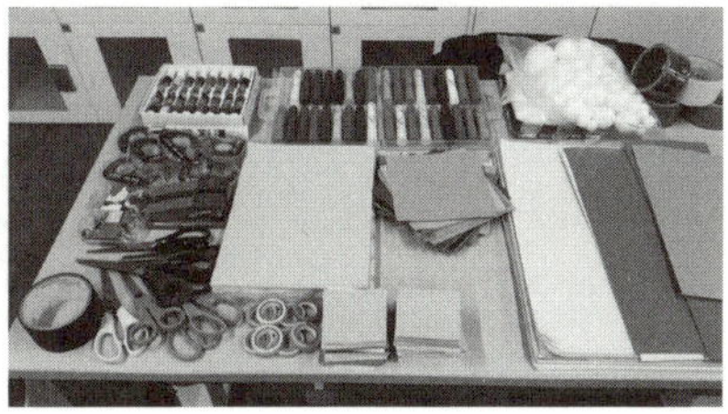

- 프로토타입 재료 세팅의 예(프로토타입 재료는 공간 사정에 따라서 팀별로 별도로 할 필요가 없이 한 장소에 그림처럼 세팅해도 가능함) - 특히 빈 박스 같은 것을 마트에서 가져와 준비

Design Thinking

부록 4

디자인씽킹을 활용한 캡스톤디자인 프로젝트 사례

주제: 3D 프린터를 이용한 휴대용 수평축 풍력발전기 실험모델 제작

공감하기를 통한 문제 정의

- 설문조사 대상: 기사용자 5명, 비사용자 15명
- 다음 표는 설문조사 및 인터뷰를 통하여 사용자와 비사용자에게 공감한 내용을 정리한 공감지도(empathy map)이다. 이 공감지도로부터 소비자의 니즈를 파악하고 통찰을 통하여 풍력발전기를 개발하여야 되는 근본적 원인(이유)을 도출하였음
- 디자인씽킹 마인드세트 및 도구: 인간가치에 집중(focus on human value), 설문조사, 인터뷰, 관찰

SAY(인터뷰,설문)	DO(관찰, 경험)
• 폰 케이스처럼 쓸 수 있었으면 • 다른 제품과 혼용이 가능했으면 • 휴대가 간편했으면 • 여러 가지 기능이 있었으면 • 오래 쓰기 위해서 튼튼해야지 • 그래도 너무 무거워도 안돼! • 태양광 등 기타전력과 같이 사용 • 오래 쓸 수 있는 제품이 좋다. • 가방에 들어가야지	• 캠핑장에 갔는데 전기가 없어서 불을 켜지 못했다. • 충전한다고 시간이 오래 걸림 • 평소에 다른 베터리 가지고 다녀 • 고장 좀 안 났으면 • 충전기만 몇 번을 샀는지 모르겠네
THINK(생각)	**FEEL(느낌)**
• 고속충전 되면 좋겠다. • 약한 바람에도 충전가능 하겠지? • 충전기는 맨날 가지고 다니는데 게임 기능 있으면 안 심심하겠다.	• 대부분 사람들이 쓰고 있지 않다. • 아이폰처럼 심플한 디자인이 나온다면 사볼 생각이다.

문제정의문(Point of View)

대상: 캠핑을 가는 사람
필요: 휴대가능한 충전기를 개발할 필요가 있다
통찰: 왜냐하면 캠핑 사이트에는 전기가 없고, 발전기는 너무 크고 무거워 휴대 가능하지 않기 때문이다.

이러한 문제정의문을 보다 구체적으로 표현하기 위하여 전통적인 공학설계 방법론의 요구사항목록, 설계목적계통도, 및 설계사양을 작성하였다.

설계 문제 정의 – 요구목록

1. 폰케이스를 열 수 있어야한다.	W
2. 다른 전자기기로 사용 가능해야한다.	W
3. 여러 가지 기능이 있어야한다.	W
4. 튼튼해야한다.	D
5. 가벼워야한다.	W
6. 하이브리드	W
7. 수명이 길어야한다.	D
8. 가방에 들어갈 정도로 크기가 작아야한다.	D
9. 고속충전이 되어야한다.	W
10. 약한 바람에도 충전이 가능해야한다.	D
11. 고장이 적게 나야한다.	D
12. 디자인이 심플했으면 좋겠다.	W
13. 가격이 저렴해야한다.	W

여기서 W는 희망사항, D는 필수사항을 의미한다.

품질의 집 작성 결과 고객이 요구하는 사항을 공학적변수 혹은 설계변수에 반영해야 할 우선순위는 휴대성, 발전효율, 날개구조, 강도 순으로 나타났다. 이러한 설계변수의 우선순위는 대체안(alternative solution)을 평가할 때 사용될 수 있다.

이러한 요구사항과 자료조사를 통하여 설계사양을 작성하였다.

휴대용 풍력발전기의 품질의 집(HOQ)

중요도 방향				↑	↓	↓		↑	↑			↑	↑
고객요구사항 (Customer Requirements)			Importance	강도 1	크기 2	무게 3	디자인 4	수명 5	발전효율 6	조립 7	날개구조 8	휴대성 9	방수성 10
1.	친환경	재생에너지	3	0	3	0	1	0	9	1	3	0	9
2.	심미성	심플한 디자인	1	0	0	0	9	0	0	1	0	3	0
3.	안전성	튼튼한 설계	3	9	1	3	0	9	0	3	1	3	3
4.	편의성	가벼움	4	3	1	9	0	0	0	0	0	9	0
5.		작음	5	0	9	1	0	0	3	0	3	9	0
6.	경제성	가격저렴	2	3	0	0	0	3	0	0	0	0	0
7.		긴 제품수명	3	9	0	0	3	9	0	3	3	1	3
8.	성능	호환성 높음	2	0	0	0	1	0	0	3	0	1	0
9.		고속충전	1	0	0	0	0	1	9	1	1	0	0
10.		낮은 풍속에서도 사용가능	4	0	0	0	0	0	9	1	9	0	0
절대중요도 합계(raw score)				72	61	50	23	61	87	33	73	98	45
상대비중 (relative weight)				11.9	10.1	8.3	3.8	10.1	14.4	5.5	12.1	16.3	7.5
공학변수순위(rank, order)				4	5	7	10	5	2	9	3	1	8

상관관계: 강함 9, 보통 3, 약함 1, 없음 0

아이디어창출(ideate)

처음에는 브레인스토밍을 활용하여 다양한 아이디어를 제시하였으며 특히 트리즈의 물리적 모순과 기술적 모순을 도출하고 시간분리 방법과 모순테이블을 활용하여 개념안을 창출하였다.

1) 쥐불놀이에서 따온 풍력발전기

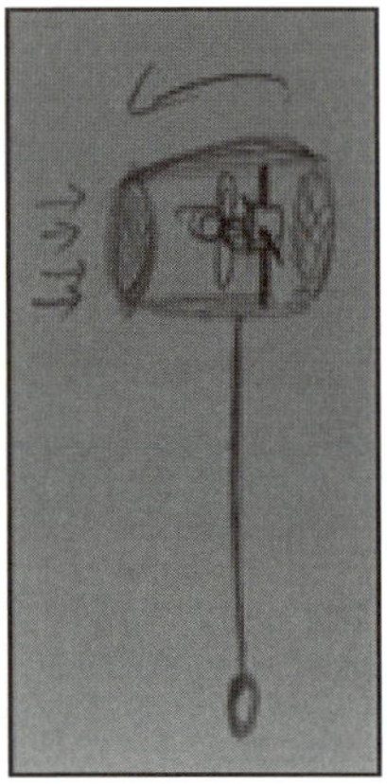

장점:
주위에 바람의 영향 없이 거의 일정한 출력이 나온다. 소형이라 휴대가 간편하다.

단점:
무겁다. (몸체의 추의 기능) 발전을 위해 계속 돌려야 한다.

평가표(1, 2, 3)

휴대성	발전효율	날개구조	강도	크기	수명	총점
3	1	1	1	3	1	10

2) 휴대성이 좋은 수직축 발전기

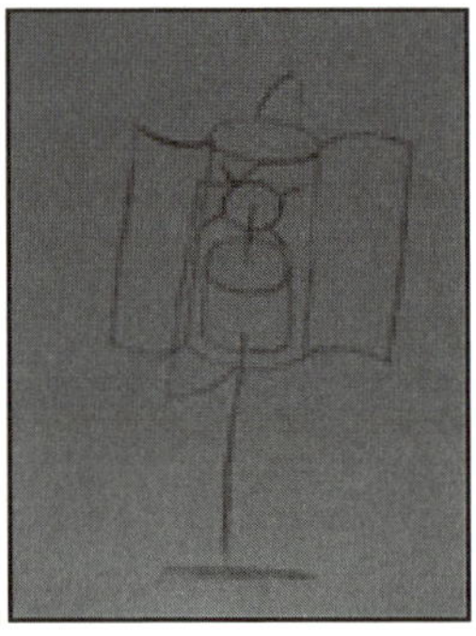

장점:
휴대성이 좋다. 높은 곳에서 바람을 얻을 수 있다. 사방에서 부는 바람에 따라 충전 가능하다. 여러 장소에서 설치 가능하다.

단점:
봉 부분이 취약하다.

평가표(1, 2, 3)

휴대성	발전효율	날개구조	강도	크기	수명	총점
3	2	2	1	3	1	13

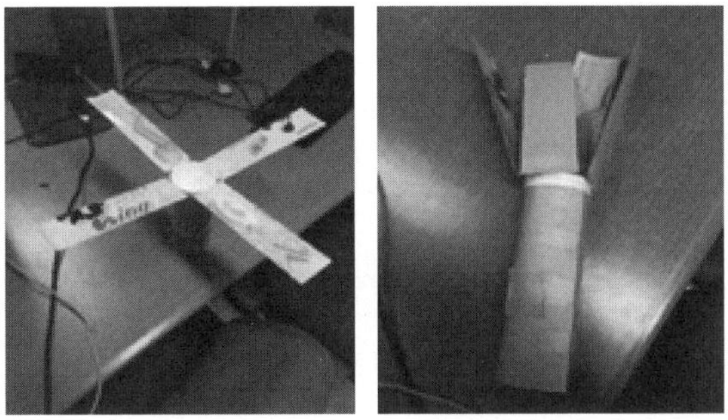

휴대성 관점에서 본 풍력발전기 프로토타입

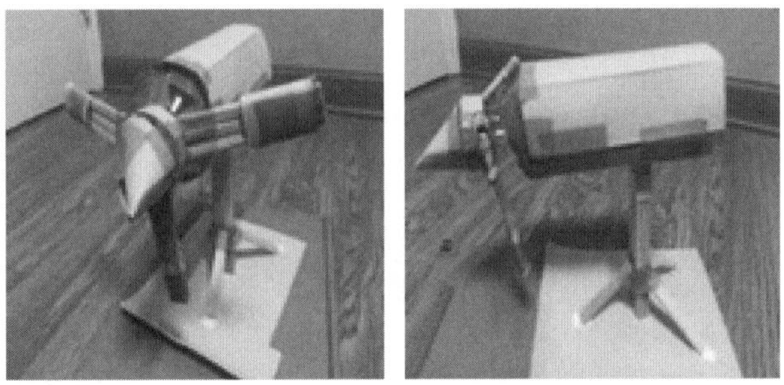

Quick and Rough Prototype of whole wind power generator

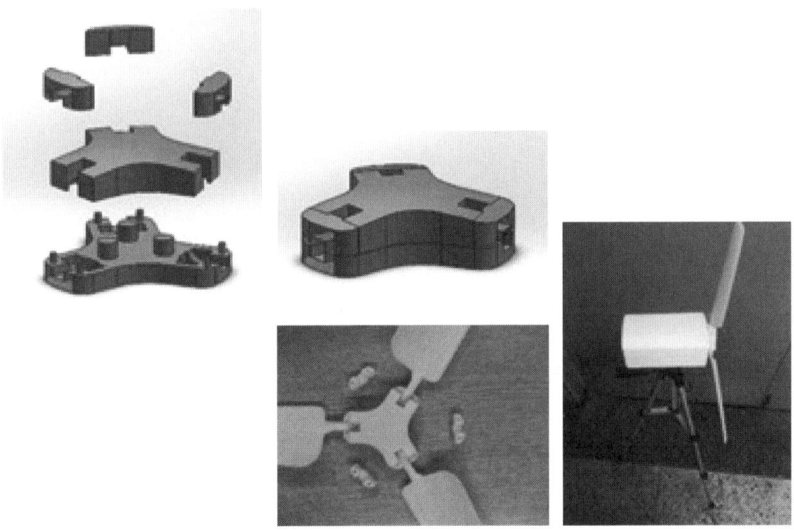

Rotor housing 3-D modeling, blades manufactured by using 3D printer. Final assembled shape of portable wind power generator

트리즈를 적용하여 제시된 아이디어가 모순을 포함하고 있고 이를 해결하기 위하여 , '미리 조치를 취하기', '쪼개어 사용하기' 등 발명의 원리를 적용하였는가를 검토하였다.

모순 1: 날개의 길이: 발전시에는 길어야 하고 휴대시에는 짧아야 한다.
물리적 모순: 시간분리 해결책 적용
해결책: 풍력발전기의 블레이드를 접을 수 있도록 한다.
모순 2: 휴대할 때와 사용할 때 지지대를 포함한 크기
발명의 원리 적용: 한물체를 독립적인 여러 부분으로 나눈다.

구체적인 개념설계안을 만들기 위하여 개념설계 절차를 적용하여 기능분해, 작용원리의 탐색, 작용구조의 생성, 모포로지(morphology)표, 변이안의 생성, 및 선정을 수행한다.

디자인씽킹의 공감하기, 문제정의하기 절차는 초기에 올바른 문제를 찾기 위해 적용하였다. 이어서 공학설계방법의 요구사항목록, 설계목적계통도, 설계사양을 거쳐 보다 정확한 설계문제를 정의한다. 이어서 아이디어 창출, 프로토타입핑에서는 시각화, 촉각화, 조기에 자주 실패하라는 원리를 적용하여 테스트와 피드백을 받으며 설계의 완성도를 높여갔다. 최종적으로 3D프린터와 실제 발전기를 사용하여 최종작품을 제작하였다. 즉 디자인씽킹과 공학설계 방법론을 활용하여 종합설계프로젝트를 효율적으로 수행할 수 있었다.

참고 자료

1. 저서

Brown, Tim(2008). "Design Thinking", Harvard Business Review, 84-92.

Brown, T.(2009). Change by Design, New York: HarperCollins.

Brown, T. & Wyatt, J., 2010. Design Thinking for Social Innovation. Stanford Social Innovation Review, 8(1), pp.30 – 35.

Carlgren et al.(2014) Design Thinking: Exploring Values and Effects from an Innovation Capability Perspective. The Design Journal, 17(3), pp.403 – 423.

Collins, H.(2013). "Can Design Thinking still add value?". Design Management Journal, 24(2), pp.35 – 39

Cross, N.(2000). Engineering Design Methods: Strategies for Product Design. Chichester: John Wiley & Sons.

Kelly, Tom & Kelly, David(2014). 박종성(옮김). 유쾌한 크리에이티브. 청림출판.

Kelly, Tom & Kelly, David(2015). Creative confidence. Harper Collins Publishers.

Liedtka(2014) Innovative ways companies are using design thinking. Strategy & Leadership, 42(2), pp.40 – 45

Martin, R.(2009). The Design of Business: Why Design Thinking Is the Next Competitive Advantage, Boston: Harvard Business School Press.

Mootee, I.(2013). Design Thinking for strategic innovation, New Jersey: John Wiley & Sons.

Plattner, H,, Meinel C., & Leifer, L., Springer(2011). Design Thinking: Understand-Improve-Apply. Springer.

Root-Bernstein, R. & Root-Bernstein, M.(1999). 박종성(옮김). 생각의 탄생. 에코의서재.

Seidel, V.P. & Fixson, S.K.(2013). "Adopting design thinking in novice multidisciplinary teams: The application and limits of design methods and reflexive practices". Journal of Product Innovation Management, 30, pp.19 – 33.

Simon, Herbert(1978). "Design is transformation of existing conditions into preferred ones". Sciences of the Artificial.

Ellen Simon, "The application of Design Thinking in the Automotive Industry-An Exploratory Study", Master Thesis, University of Twente, May 07, 2015.

Simons, T., Gupta, A. & Buchanan, M.(2011). "Innovation in R & D: Using design thinking to develop new models of inventiveness, productivity and collaboration". Journal of Commercial Biotechnology, 17, pp.301 – 307

Van Aken, J.E.(2004). "Management Research on the Basis of the Design Paradigm: the Quest for Field-tested and Grounded Technological Rules". Journal of Management Studies, 41, pp.219 – 246.

Wattanasupachachoke(2012) Design Thinking, Innovativeness and Performance: An Empirical Examination. International Journal of Management & Innovation, 4(1), pp.1 – 14.

Yoo, Y., Boland, R.J. & Lyytinen, K.(2006). "From Organization Design to Organization Designing". Organization Science, 17(2), pp.215 – 229.

2. 강연 및 인터넷 자료

기술인문융합창작소(2013). UX기반 기술인문융합 1. 프레임워크와 방법론.

김보름(2016). 디자인씽킹 실습특강 2. 김보름@주소아 교사연수 2016. 8. 4

고등교육미래위원회 전문위원회(2017). "국내외 미래교육 우수 혁신사례 분석". 고등교육미래위원회 전문위원회 보고서.

마쓰시다(2016). 제2회 국제 디자인씽킹 컨퍼런스 및 워크숍 발표자료. 2016.4.29.~30.

송동주(2018). "디자인씽킹을 활용한 효과적인 종합설계과제 과목 운영사례", 한국창의응용학회 춘계학술발표대회, 2018. 6. 22

송해덕(2018). KOSCA 발표자료

이경원(2012). "한국산업기술대학교, QUICK TRIZ process", 영남대학교 공학교육혁신거점센터 창의융합캠프 강연자료, 2012. 9. 20

이정주(2018). "Design Capability beyond Design Thinking: How Singapore Government Innovates through Design". 한국창의융합학회 발표자료. 2018. 6. 22.

이희우. Design Thinking 발표자료 heewoo7@gmail.com

한수원. "Design thinking 창의성을 만들어 갈 수 있을까?". LG 경제연구원

Andre Paul Guillaum Gide (French author and Nobel Prize literary)

Doorey, Scott and Witthoft, Scott. Make space

IDEO(2014). Human Centered Design Toolkit. IDEO.org

IDEO. Design Thinking Process of IDEO 발표자료

Lee Jong Hwa(2019). SP-ROK Enhancing Tertiary Engineering Education Programme, Singapore Polytechnic. 2019. 2. 18.

Liedtka, J., King, A., & Bennett K.(2013). Solving Problems with Design Thinking, Columbia Business School, 2013.

Liedtka, J.(2014) Batten Briefing: Understanding the Power of Design Thinking. Retrieved from https://issuu.com/batteninstitute/docs/designthinking-121814-issuu

Lewrick, M., Link, P. & Leifer, L.(2018). "The Design Thinking Playbook", Wiley

Nussbaum, Bruce(2006). Business Week, June 19, 2006.

Schmiedgen, Jan. Innovation Facilitator at Hasso Plattner Institute 참고

Simon, Ellen(2015). "The application of Design Thinking in the Automotive Industry-An Exploratory Study", Master Thesis, University of Twente, May 07, 2015.

Steinert, Martin.(2015). Seminar at Yeungnam University 2015. 4.

Thoring, K., & Müller, R. M.(2011b). Understanding Design Thinking: A Process Model based on Method Engineering. International Conference on Engineering and Product Design

Education, City University. London, UK.

SP-RMUTT(2019). 디자인씽킹 워크숍, 2019. 4.29-5. 2,

Stanford d.school.(2011). Bootcamp Bootleg, from http://dschool.stanford.edu/wpcontent/uploads/2011/03/BootcampBootleg2010v2SLIM.pdf (last accessed 1.6.13).

Teoh Swee Bing(2019). Industry Application of Design Thinking at Singapore Polytechnic, 한국창의응용학회 춘계학술발표대회, 2019.6.21.

https://www.linkedin.com/pulse/ibm-design-thinking-sivakumar-avkd

디자인 프로세스를 읽다-디자인전문기업 성공사례(kidp 한국디자인진흥원)

http://skccblog.tistory.com/2187http://www.slideshare.net/BeeCanvas/brainwriting

http://www.slideshare.net/BeeCanvas/all-about-brainstorming

crashcourseplaybookfinal3-1-120302015105-phpapp02

https://www.ideo.com/work/method-cards

http://www.youtube.com/watch?v=16p9YRF0l-g

https://www.utexas.edu

Tim Brown, CEO and President, IDEO, Change by design.

(Footnotes)

1 이희우 경영학박사 Design Thinking 발표자료 heewoo7@gmail.com

디자인씽킹 제품과 서비스개발을 위한 혁신적 문제해결방법

초판 발행 2020년 03월 03일

지 은 이 박재호 송동주 강상희
펴 낸 곳 가디언북
펴 낸 이 이상령
출판등록 제2013-000009호
전 화 070-4226-8351(주문 및 고객지원)
팩 스 053-722-0667
이 메 일 gdpub@naver.com

정 가 20,000원
ISBN 979-11-87021-07-0 03190